마태복음에 새겨진 예수의 숨결

마태복음에 새겨진 예수의 숨결

발행일   초판 2023년 11월 28일

지은이   이병창
펴낸이   이병창
펴낸곳   맘(MOAM)
출판등록   2022년 8월 31일
주소   전북 전주시 완산구 충경로 18-3
전화번호   063-232-2258, 010-6346-6941
전자우편   moamm@hanmail.net
홈페이지   http://www.moam.co.kr
네이버카페 https://cafe.naver.com/decagram
신고번호   제 2022-000035 호
등록번호   346-96-01586

편집/디자인 (주)북랩
제작처   (주)북랩 www.book.co.kr

ISBN   979-11-950377-5-9 (03230) (종이책)   979-11-950377-6-6 (05230)(전자책)

The Gospel According to St. Matthew

마태복음에 새겨진 예수의 숨결

숨 이병창 지음

진달래마을에서 만나는 예수의 초상

박찬섭 선교사

(지구별 선교회)

전주 인근에 자리한 진달래마을 예수 서당에는 훈장 '숨'님과 밥퍼 '도도'님, 눈 밝고 귀 뚫린 형제자매들 30여 명이 함께 모여 사랑과 깨침의 공동체를 이루고 있다. 나도 아프리카 황무지 맨 끝자락에서나마 말씀과 나눔에 동참할 수 있었음을 행복하게 생각하며 감사한다.

나는 남과 북 통일 코리아 그날의 동터옴을 기도한다. 백두대간 남쪽 끝 호남정맥 경각산 진달래꽃이 활짝 피면 북조선 북쪽 끝 영변에 약산 진달래꽃도 방긋 웃고, 그래서 삼천리 금수강산이 '진달래꽃동산'으로 동방의 밝은 빛 되리라 기도하고 있다.

북과 남 통일 공화국, 그날이 오면 프랑스의 떼제 공동체보다 더 많은 젊은이가 모이고, 지구촌 퀘이커 모임보다 더 열린 가슴들이 한반도 평화 통일 공원으로 모여드는 비전을 바라보고 있다. 아니, 지구적 종교개혁으로 500년 갈라진 신구교가 성모 마리아의 어머니 영성을 다시 찾고 함께 발원시켜 인류의 하나 됨까지 이룩하리라는 꿈을 꾸고 있다

숨님의 성모 마리아와의 만남, 그것은 운명을 넘어 섭리였다. 산티아고 길, 파티마 성당 새벽 미사 때 일어난 '영혼의 지진' 체험 속

에서 성모 마리아와 깊은 삼 일간의 만남이 있었다.

베드로의 새벽닭이
내 안에서 울고 있습니다
파티마 대성당의 새벽 미사
이게 무슨 일인가 생각할 겨를도 없이
그냥 눈물이 흐릅니다.
참으로 죄송스럽습니다
하늘과 땅
눈에 밟히는 산천초목
모두에게 죄송합니다
돌아보면 멀리 왔다고 생각했는데
이제야 첫발입니다. (중략)

-영혼의 지진

영혼의 지진 속에서 만난 성모 마리아, 개신교 500년 역사에서 잠자던 그 새벽닭 소리가 숨님을 통하여 울려 퍼지게 되었다. 천주교의 마리아 숭배에 대한 종교개혁자들의 반감 때문에 개신교회는 어머니를 잃어버린 자식 꼴이 되었다. 『마태복음에 새겨진 예수의 숨결』은 심장에 가시관을 쓰신 성모 마리아를 이제야 만나게 한다.

나는 4복음서의 영성을 이렇게 비유하고 싶다. 겨울 영성 마태에서 동이 터, 마가의 봄철 영성, 누가의 여름 영성, 요한의 가을 영성으로 밝아지면서 혼돈과 공허의 카오스와 코스모스를 거듭하며 우주 영성(Caomos)으로 성숙하였다.

마태복음은 예수와 하나님 나라의 동트는 시작과 성장과 완성을 다루고 있다. 이런 관점에서 숨님은 시대를 초월하여 마태가 보여 주고자 했던 예수의 초상을 우리에게 보여 주고 있다. 그리고 우리가 어떻게 예수를 오해하고 있는가를 그의 직관과 진실을 다해 드러내주고 있다. 이천년 전에도 예수는 함부로 대해졌고, 그 뒤에 이어진 교회의 역사 속에서도 함부로 대해져 왔다. 이 책은 함부로 대해지고 있는 예수, 오해되어 지고 있는 예수에 대한 숨님의 슬픔과 눈물을 바탕으로 하고 있다.

나는 무엇보다 이 책이 한 권의 책이 아니라, 세상이 모두 잠들었을 때 사랑과 생명과 자유의 가치를 향하여 깨어나게 하는 종소리가 되기를 간구한다. 이제 세상은 지금까지 경험하지 못한 격변의 순간으로 달려가고 있다. 불운했던 한 시대가 끝이 나고 숭고한 인류의 새 시대가 열리기 위해 몸살을 앓고 있다. 이러한 시대에 그리스도인 됨의 의미가 무엇인지를 이 책은 새롭게 성찰해주고 있다.

"행복하여라, 가난한 마음이여. 텅 빈 충만의 영혼이여, 하늘나라를 함께 누비며 살고 지고."(훈민정음 통일성경 마태복음 5:3)

한반도 지성소에서
2023년 여름, 새벽을 일깨우며

마태복음의 신세계로 떠나보기를

고재호 목사

(한국초교파신학대학원 목회자연합회 총회장)

산을 오르는 사람들은 산에 대해 즐겁게 말하곤 한다. 그러나 정작 산에 오래 사는 사람은 산에 대해 가볍게 말하지 않는다. 그는 산을 살고 산을 말할 뿐이다. 『마태복음에 새겨진 예수의 숨결』은 '마태복음'이라는 산을 말하고 있다. 그렇다면 무엇 때문에 저자는 마태복음을 선택하였던 것일까?

1980년대 어려운 시대 상황에서 저자는 교사를 그만두고 갈 곳 없는 걸인과 주로 사지 마비 중증장애우와 함께 삶의 애환을 같이 했다. 비닐하우스에서 지내던 그 시절부터 시작된 숨님과의 만남은 이날까지 이어져 오고 있다.

40여 년 동안 곁을 지켜 보아온 사람으로서 나는 저자를 '예수 안(en)의 사람'이라고 말하고 싶다. 또 예측할 수 없는 자유로운 영혼이고 불의 가슴을 가지고 있다고 생각한다. 놀라운 지적 호기심과 광범위한 독서, 다양한 영적 유산들에 대한 수련과 체험은 완성(9)에서 완전(10)으로 가는 길의 안내서 '데카그램'이라는 지혜의 종합적 체계로 완성되기도 했다.

『마태복음에 새겨진 예수의 숨결』은 하나님 앞에서 살아있는 자가 된다는 것, 예수의 사람이 된다는 것이 무엇인지를 깨닫게 한다. 동시에 자신에게 허락된 인생을 지혜와 사랑과 권능으로 살아가는 방법을 안내하고 있다. 무엇보다 인생을 깊이 살기 위해서 예수를 깊이 알아야 한다고 강조한다.

저자는 암기된 지식으로 글을 쓰지 않고 철저하게 확인하고 씹어서 먹어보는 것을 중요하게 생각한다. 특히 시인으로서 저자의 문학적 상상력은 그 깊이를 더한다. 상상력을 동반한 생각은 영감을 크게 불러일으킨다. 독자들은 바로 이 점을 축복처럼 확인하게 될 것이다.

그리스도 예수는 하나님을 아빠 아버지라고 불렀다. 유대인들은 하나님이란 이름을 감히 부르지 않는다. 성서를 필사할 때 하나님이란 이름이 나오면 쓰던 붓을 옆에 놓고 새로운 붓으로 하나님이란 이름을 썼다고 한다. 성서를 암송할 때도 하나님이란 이름인 '엘로힘'을 부르지 않고 '아도나이' 즉 나의 주님으로 대치하여 불렀다. 그러다가 한번 엘로힘이라고 암송할 때면 자신의 입을 손바닥으로 치면서 죄인이 감히 하나님의 이름을 불렀다고 하면서 회개하였다고 한다. 그래서 마태복음에는 하나님이란 말보다는 하늘이란 말이 많이 등장한다.

그리스도 예수는 하나님을 어떻게 감히 아빠 아버지라 불렀을까? 이 물음에 대하여 저자는 아버지 요셉을 통하여 그 단초를 제공한다. 친아들이 아닌 아이를 의로움과 한없는 사랑으로 키웠던 요셉, 그 요셉을 보고 자란 예수의 마음에 남은 아버지의 자비로운 모습에 뿌리를 두고 있다고 말한다. 본문은 이러한 이야기를 누구나 쉽게 이해할 수 있도록 상상력을 불러일으키도록 하면서 진행

한다. 이러한 이야기들이 이 책에 보물창고처럼 저장되어 있다.

이 책과 함께 자기를 알고 자기를 초월하는 신약의 창세기 마태복음의 신세계로 떠나보기를 추천한다.

숨, 숨결, 숨通하는 나라

심광섭 교수

(감리교신학대학 은퇴, 한국영성예술협회_예술목회연구원 원장)

숨 이병창 목사님은 시인이자 목회자이다. 필자는 최근 가나안교회의 순례 중 진달래(眞達來)교회를 방문하고 하룻밤을 보내면서 대북을 처음 쳐보았고, 놀이와 축제 속에서 그의 네 번째 시집『하마터면』의 시 한 편을 참여자들이 뽑아 낭송하며 감상하고, 다음 날 주일에 대화하는 예배를 드린 것이 매우 인상적으로 남아 있다.

호방하고 시원한 첫인상과 달리 목사님의 섬세한 감각은 시집의 한 편, 한 편의 시에도 배어있지만 처음 만나는 사람을 대하는 그의 깊은 마음의 눈에도 반짝인다는 사실을 알게 되었다. 알고 보니 숨님은 국제데카그램협회와 전주맘힐링센터 대표로 활동하신다. 몸과 마음을 애초부터 분리할 수 없는 하나로 보아 '맘'(몸+맘)이라는 신조어를 만들어 표기한다는 것도 처음 알았다. 그 '맘'과 통하는 다른 말이 '숨'이 아닐까 생각한다.

"시대가 어려울수록 우리의 몸과 맘과 얼 빛을 더욱 빛나게 해야 한다."

하나님은 '맘'으로 오시고 '숨'으로 오신다. 마태복음에 새겨진 예수의 숨결은 우리의 몸과 마음으로 성육신되어 활기찬 몸이 되고 사랑과 자비의 마음으로 출렁인다. 그리스도인은 "즐거워하는 자들과 함께 즐거워하고 우는 자들과 함께 우는 자들"(롬 12:15)이다.

숨 쉬는 하나님, 숨을 주시는 하나님, 곧 살아계신 하나님은 "노래하고 춤추고 우는 자와 함께 울고 기뻐하는 자와 함께 기뻐할 줄 아는 인간의 하나님"이다. 돌처럼 가슴이 굳어 무감각, 무감응, 무감동, 무공감하는 사람들에게 하나님은 "거룩한 불꽃의 숨결"을 다시 가슴에 불 지피는 성령이다. 그래서 목사님은 마태복음 전체를 통해 구석구석 두루두루 나타난 하나님의 창조 세계를 숨의 나라로 보고 있다.

신학자 위르겐 몰트만은 "영성은 새로운 생동성을 말하며, 삶을 종교적, 도덕적으로 제한하고 약화시키는 것이 아니라 하나님의 기쁨 가운데 있는 삶의 즐거움"이라고 말한다. 바로 이 영성이 '숨'이며, 숨의 파동이 넘실거려 자연스럽게 지어내는 결, 숨결이며, 숨결은 정서의 바탕이며 이것이 문화이고 문명이 되는 바, 성서적으로는 숨의 나라, 하나님의 나라인 것이다. 목사님의 하나님의 나라 신학은 숨결의 신학, 숨의 신학이다.

목사님은 '만민'이 하나님의 이름을 콧숨으로 부를 뿐 아니라 '만물'이 하나님의 숨을 쉬고 있다고 말씀한다. 하나님의 숨을 쉬는 존재는 인간만이 아니라 생물도 포함된다. "동물과 식물에게도 똑같이 '생명의 숨'을 주셨다." 그래서 그들도 비의식의 방법으로 하나님을 찬양하고 하나님의 이름을 부른다. "숨은 천지만물의 기도"이고 "지구는 하나님의 포도밭"인 바, 우리가 비생물이라고 여겼던 물질도 숨을 쉰다. 신학자 폴 틸리히는 우리가 물질(matter) 혹은 사물(thing)이라고 부르는 비유기적인 것의 종교/신학적 의미는 매우 크다고 말하면서 '무기질의 신학'(A Theology of the inorganic), 곧 물질의 신학, 사물의 신학을 예시한 바 있다.

우리는 기후 위기 시대에 하나님의 숨이 어떻게 물질과 사물에 임하여 사물의 숨결이 일렁이는지 공감해야 하는 시대에 살고 있다. 하나님의 나라는 물질과 사물의 나라로부터 기계와 인공지능의 나라에까지 미쳐야 할 것이다. 하늘과 함께 땅으로서의 지구, 인간과 비인간이 함께 어울리는 포스트휴먼을 목사님은 내다보신다. "삶은 물질로부터 시작해서 신성을 향해 나아간다. 하나의 세포로부터 몸을 입은 생명체가 되고 육체 의식으로부터 영적 자각과 신성에 이르기까지 인간은 이 땅에서 성장과 성숙의 길을 경험해 간다."

마태복음을 통상 오경의 패턴을 따라 다섯 개의 말씀 덩어리로 구성되었다고 본다. 목사님은 이 구성을 염두에 두신 듯 마태복음 전체를 5부로 나누어 설파하되 마태복음을 신약의 창세기라고 보신다. 목사님은 시작과 처음을 중시한다. 예수 그리스도에 의한 시작이며 그 동력은 성령의 숨(바람)이다. 신영복 교수의 "처음처럼"이라는 시도 있지만, 희망의 신학자 몰트만은 독일어 속담 "끝이 좋으면 모든 것이 좋다"(Ende gut, Alles gut)는 말을 "처음이 좋으면 모든 것이 좋다"(Anfang gut, Alles gut)로 뒤집는다. 새 창조의 말이고 선후천복음 개벽의 말이라 하겠다. "다시 시작하기에 너무 늦은 시간은 없다."

개벽의 복음 세상을 알린 이는 여성 마리아다. 예수는 여인의 아들이다. 예수의 족보에서 숨님은 "하나님은 남성들의 족보, 남성이 규정해온 모든 권위와 가치의 잣대를 허물었다"고 말하고 있다. 족보에 나오는 이방의 여인들인 다말, 라합, 룻, 밧세바, 그리고 마리아, 이들은 한국문화사에서 걸출한 여성 5인방, 송도 기생 황진이, 이조 초기의 자유연애 여성 어을우동, 최초의 여성 기철학자 임윤지당, 최초의 여성 명창 이화중선, 천도교 여성 리더였던 주옥경을 연상케 한다. 이들은 모두 출애굽의 히브리 해방의 여인 미리암을 닮은 해방의 여인들이다.

　"마음이 하늘처럼 비어 있어야 하늘을 닮는다." 목사님의 수신(修身)과 수심(守心)의 핵심은 허심(虛心)에 있다. 31장이나 되는 구약의 잠언에는 '마음'이라는 단어가 많이 나온다. 유교와 불교 및 동학에서 心學이 중시되고, 특히 불교에는 일체유심조(一切唯心造)라는 말이 있는데, 잠언은 기독교의 心學 텍스트가 아닐까 생각될 정도다. "무엇보다도 너는 네 마음을 지켜라. 그 마음이 바로 생명의 근원이기 때문이다. '操存此心(守你心) 生命以立'(한문성경)"(잠 4:23)
　예수께서는 산상수훈에서 수심(守心)은 허심(虛心)이라고 말씀한다. "마음을 비우는 자는 복이 있나니 천국이 저희 것이라(虛心者福矣 以天國乃其國也)."(마 5:3) 허심(虛心)은 곧 광명심(光明心)이다. 그래서 목사님은 이렇게 말씀한다. "인간의 마음이 색의 마음이라면 예수의 마음은 빛의 마음이다. 빛의 마음은 많이 모일수록 더 밝아지고 투명해진다." 예수의 빈마음(虛心)은 "0(空)이신 하나님"에 기인한 것이다. 목사님은 마태복음의 예수를 통해 '0'이신 하나님을 만나고 '0'의 세상이 열렸음을 고백한다. 참으로 경이롭고 놀라운 하나님의 세상이다.

목사님은 아름다움을 느끼고 美를 살아가는 영적 감수성을 강조한다. "산자는 신성한 하나님의 형상, 거룩한 빛의 불꽃이 타오르는 자이다. 영혼의 불을 가진 사람은 존재의 온기(사랑과 자비)가 있다. 자신을 살리는 지혜의 빛이 모든 생명에게 비추게 된다. 그는 아름다움을 느끼는 영적 감수성이 살아있다."

숨통이 트이고 숨이 통하는 세상은 결국 하나님의 아름다움을 이 세상 안에서 즐기는 아름다운 세상이 아닐까 생각한다. '신앙의 아름다움(美)'이라는 말의 화살이 나의 심장에 꽂힌 적이 있다. 그것은 신앙의 진리나 신앙의 행위보다 더욱 어마어마한 힘으로 다가왔기 때문에 나를 압도했다. 신앙의 아름다움을 찾아가는 작업이 설레고 즐거운 일이었다.

영성가 안셀름 그륀은 『종교란 무엇인가』의 여는 글에서 "신앙의 빛나는 아름다움"을 발견할 수 있기를 바란다는 말로 시작한다. "신앙의 아름다움", 누가 이 말 쓰는 사람 없나, 그동안 참 외로웠는데 드디어 동지를 만난 것이다. 그의 말을 인용하고 싶다. "신앙은 수백 년 동안 지어진 집과 같습니다. 우리 사회는 신앙의 집으로 가는 통로가 막혀 있습니다. 그래서 삶의 아름다움을 느끼지 못하고 일상에서 작은 위안조차 받지 못합니다. … 여러분이 이 책을 편견 없이 살펴본다면 신앙의 아름다움을 발견할 수 있습니다."

그륀은 신앙의 아름다움과 신앙의 삶이 엮어내는 예술의 아름다움에 새롭게 매료되기를 바란다고 말한다. 그륀은 닫는 글에서 "하나님의 감미로움을 맛보는 시간"이라고 쓴다. "신앙은 모든 충격에도 세상의 아름다움을 보기 위해 우리의 눈을 열고자 합니다. 왜냐하면 우리가 모든 아름다운 것 안에서 하나님의 아름다움을 바라보기 때문입니다. 아름다움은 언제나 우리를 치유하고 해방시키며 영혼에 이롭습니다." 그륀은 그리스도교 신앙을 감각적이며 가시적으로 표현한 예술과 익숙해지길 권한다.

마지막으로 그륀은 신앙이란 매 식사에서 '하나님의 감미로움'(dulcis Dominus; 벧전 2:3)을 맛보는 것이라고 말한다. 먹고 마시고, 듣고 보고, 냄새를 맡고, 맛을 보는 것들은 신앙을 통해서 다른 차원으로 고양된다는 것이다. "하나님을 찾는 모든 이들도 마찬가지입니다. 하나님의 감미로움을 전혀 느끼지 못하는 사람은 아주 게으르겠지만, 하나님의 감미로움을 느끼는 사람은 기쁨 속에서 하나님을 찾게 될 것입니다."(마이스터 에크하르트)

빈 맘에서 몸과 마음이 비로소 진정 깨어나게 된다. 목사님은 "깨어 있으라"는 말씀을 거듭 반복한다.

"깨어 멈추어야 안식일의 주인인 그리스도의 뜻을 알아차릴 수 있다."

"깨어 있는 눈을 떠서 자신의 삶을 참되게 살아갈 때 내 인생의 등에 기름이 채워진다."

"아직도 자고 있느냐?"

겟세마네의 비상사태의 시간에도 동행한 제자들처럼 우리의 감각과 의식이 여전히 잠들어 있음을 지적하시는 말씀이다. 깨어 있음이란 몸 감각의 열림이고 의식의 확충이며 확장이다.

"감각은 진동이다."(질 들뢰즈), "한나가 마음속으로만 기도를 드리고 있었으므로, 입술만 움직이고(진동하고) 소리(로고스)는 내지 않았다."(삼상 1:13) 신체는 전적으로 살아있지만 아직 유기적이지 않다. 따라서 감각이 유기체를 통해 신체를 접하면, 감각은 과도하게 발작적인 모습을 띤다. 그래서 제사장 엘리는 한나가 술에 취한 줄로 생각하고 그를 꾸짖었다. 엘리가 타자의 상태를 이해할 수 있는 범주는 거기까지이기 때문이다. 그는 타자의 몸(살) 떨림을 이해할 수 있는 개념이 없었다. 아니 개념이 있다 하더라도 의식 이전의 영의 들림에 의한 원초적 몸의 떨림을 즉각 포착하여 규정할 수 있는 개념을 찾기란 쉽지 않았을 것이다.

신체적 감각은 어떻게 신앙의 감각과 관계할 수 있고 어떻게 신체적 감각을 통해서 믿음의 지고한 상태를 포착할 수 있는지, 이 책은 신앙과 신체(몸)의 관계를 알기 쉽게 해명한다.

목사님은 여러 곳에서 나방(굼벵이)의 탈태(奪胎)에 관한 비유를 들어 영성적 몸의 세계인 하나님의 나라를 서술한다. "굼벵이의 껍질을 벗고 매미가 나오고, 알껍질을 깨고 새가 나오듯이 인간은 이 지구에 있는 동안 자신의 육신에서 빛(천상)의 몸이 태어나야 한다." 삶의 신산고초(辛酸苦楚)와 근원적 부조리의 혼돈을 통과함으로써 탈태한 몸의 세계, 새로운 세계가 도래한다. 이른바 대개벽이고 새 하늘과 새 땅이다.

또한 지구적 재난의 시대에 진정한 부활 사건이란 "죽음이 죽은 사건"으로서 인생의 반전 드라마라고 목사님은 표현한다. "천국은 꼴찌가 일등이 되고 일등이라고 믿는 사람들이 꼴찌가 되는 반전 드라마가 펼쳐지는 곳이다." 그런데 이 반전의 힘은 지금까지 세상에서 일등을 누렸던 권력자와 부자들이 행사한 지배의 논리가 아니라 은혜와 자비의 힘을 통해 대등한 사귐과 우정이 넘치는 세상임을 목사님은 강조한다. 따라서 반전 드라마가 펼쳐지는 부활의 세상은 또 다른 차별과 차등의 세상이 아니라 대등(對等)한 세상, "사람 위에 사람 없는" 세상이다.

부활을 "죽음을 죽인 사건"이란 이해에는 헤겔과 마르크스의 변증법의 논리가 숨어 있다. 그러나 목사님의 '죽음이 죽어 생명으로 변화(환골탈태)'된 사건은 서양의 변증법의 논리보다는 음양의 논리, 불연기연(不然其然)의 논리, 상생(相生)과 상극(相剋)이 하나인 생극(生克)으로, 해원상생(解冤相生)과 함께 보은(報恩)을 말하는 은혜의 철학, 은혜의 신학이다. 바로 이 관점이 『마태복음에 새겨진 예수의 숨결』을 이해하는 데 적합하리라 생각한다.

차례

제2부 9의 세례 요한과 10의 그리스도 ✦

제5부 부활 - 죽음이 죽은 사건 ━━━━━━━━━━━━━━━ ✦

우주가 하나의 숨을 쉬고 있다

나의 10대 시절을 뒤흔들었던 운명의 책은 성서와 니체전집이었다. 17살 때 500원을 주고 구입한 신구약 성서를 읽어가다가 어느 순간부터 성서가 나를 읽어간다는 생각이 밀려왔고 겨울방학 내내 말씀에 취해 읽었던 성서는 내 운명이 되고 말았다.

니체를 만나게 된 것은 목사님의 학생 헌신 예배 때 하신 설교 때문이었다. 그 내용 중에 니체라는 철학자가 '신은 죽었다'라는 말을 했는데 그것 때문에 하나님께 벌을 받아 미쳐버리게 되었다는 것이었다. 나는 아무리 애들 대상으로 하는 설교라 해도 그렇지 너무 심하시다는 생각에 참지 못하고 예배가 끝나자마자 목사님 서재로 따라 들어갔다.

나는 "하나님 수준을 인간보다도 못하게 말씀하신 것 아닙니까. 손양원 목사님은 자기 자식을 죽인 원수도 용서하고 수양아들로 삼았다는데 하나님이 당신 죽었다고 말했다고 해서 어찌 풍뎅이 모가지 돌리듯이 미치게 만들 수 있느냐 …."고 말했다.

그때 나는 니체라는 사람이 너무나도 궁금하여 아예 니체전집을 구해서 읽기 시작했다. 돌아보면 그 독서로 인해 나는 '영혼의 화상'을 입었다고 생각한다. 하지만 니체를 이해할수록 니체를 비난하는 사람들은 모두 니체의 책조차 읽어 보지 않은 사람들이라는 것을 알게 되었다. 그들은 성서에 "'하나님이 없다' 하는 어리석은 사람들이 있으니"라는 말씀에서 '하나님이 없다'는 부분만 강조하는 것과 같았다.

내가 만난 니체는 죽은 자들의 하나님은 죽은 하나님이라는 사실을 외치고 있었다. 입술로는 하나님을 말하면서도 영혼이 죽어 있고 삶의 감각이 마비된 인간들에 의해서 하나님이 살해당했다는 것이다. 니체는 예수의 가슴을 대신해서 외치는 자의 소리였다. 율법의 사각지대에 있는 사람들에게 율법의 엄격한 잣대를 들이대면서 그들의 인간성을 파괴하는 자들에 대한 분노를 그는 반어법으로 쏟아내었다. 살벌한 눈으로 누구 잘못한 사람 없나 찾으러 다니는 니체 당시의 기독교인들은 예수에게 늘 시빗거리를 찾던 바리새인들과 다를 바가 없었다.

주홍글씨에 등장하는 청교도들은 웃지 않고 울지 못하고 춤추지 못했다. 그들은 누가 잘못을 저지르나 서로 감시하고 돌팔매질할 대상을 찾기 위해 혈안이 되어 있었다. 니체는 그런 사람들을 향해 악마만이 춤을 추지 못한다고 말했다. 그가 사용한 아모르 파티(라틴어, amor fati)는 삶을 좋은 일 나쁜 일로 구분하지 말고 통째로 받아들여 운명을 사랑할 줄 아는 사람이 되라는 충고이다.

노래하고 춤추고 우는 자와 함께 울고 기뻐하는 자와 함께 기뻐할 줄 아는 인간의 하나님이 살아계신 하나님이다. 인간성을 잃어버린 사람들은 자신 안의 영성과 신성의 길을 스스로 막고 있다. 그들은 거룩한 불꽃의 숨결이 가슴에서 사라진 사람이다. 돌처럼 가슴이 굳어버린 사람들에게 하나님은 존재하는가? 예수와 니체는 단연코 아니! 라고 외친다. 그들이 죽어있는 것처럼 그들의 하나님 역시 죽었다고…

그리스도인으로 산다는 것은 인간적인 인간으로 사는 것이다. 예수는 자신을 사람의 아들(人子)이라고 표현하였다. 니체는 『즐거운 학문』에서 이렇게 외쳤다.

"신은 어디에 있지? 그는 부르짖었다. 나 너희에게 말하고 싶다!
우리가 신을 죽여버렸다, 너희와 내가! 우리는 신을 죽인 자들이다! …
신은 죽었다. 신은 죽어있다! 그리고 우리가 그를 죽여버렸다! 어떻게 우리는 스스로를 위로할 것인가? 살인자 중의 살인자인 우리는…"

나는 니체의 말을 '나는 죽었다. 나는 죽어있다. 내가 죽어있음으로 나의 하나님은 죽은 하나님이 되었다'라고 해석한다. 니체는 하나님을 가장 잘 섬기고 있다고 믿고 있던 유대인들이 예수를 십자가에 못 박았던 것처럼 그 역사는 오늘의 한국 땅에서도 반복해서 이어질 수 있다는 사실을 통찰해 주고 있다.

예수와 니체가 나에게 선물처럼 남긴 것은 '지금 나는 살아있는가?', '나의 하나님은 살아계신 하나님인가?'라는 물음이었다. 이 물음은 내 인생을 관통하는 주제가 되었다. 하지만 이 물음을 물어갈수록 나는 고독해졌다. 그 시절을 생각하며 나는 이렇게 적었다.

해풍이 불던

어린 날의 노을 길

달과 함께 걷다가

달마저 사라지던 길

길의 끝은 보이지 않았다.

몸으로 가봐야만 아는 길

길을 아는 사람은 없었다.

흐린 불빛 하나에도

눈물 나던 길을 걷다가

내가 길일 수밖에 없는

길을 만나기까지

내가 넘은 고갯마루는 몇이었던가

사람으로 사는 것을 한마디로

무엇이라 정의할까를 생각하는 밤

내가 걸어온 길 속에

내가 가야 할 길이 보인다

나는 이 밤을 붙잡고

여기에서 여기로 가는

지도를 그리고 있다.

- 밤에 그리는 지도

이제 그 소년은 온갖 우여곡절을 치르며 70대가 되었다. 이 책은 마태복음을 통하여 나의 한 생애 동안 말씀 안에서 무엇을 보았는지 기록하고 있다. 그리고 신앙의 고민과 방황하는 사람들에게 지도가 될 수 있기를, 교회가 잃어버린 예수와 그분의 가르침이 회복되기를 바라는 염원이 담겨 있다. **나는 이 염원의 끝자락에서 순**

우주가 하나의 숨을 쉬고 있다   27

간마다 숨으로 찾아오시는 하나님을 만났다. 이 우주는 하나님의 숨 안에서 일체 생명이 하나의 숨을 쉬고 있다.

만물이 하나님의 숨을 쉬고 있고 만민이 하나님의 이름을 콧숨으로 부르고 있다. 첫 사람 아담(사람)의 코에 불어 넣으셨던 하나님의 숨은 지금도 동일하게 내 콧속으로 들어오고 있다. 갈릴리 호숫가를 거니시며 내쉬던 그리스도 예수의 숨, 십자가에서 거두어진 그리스도 예수의 숨, 부활하신 그리스도의 성령으로 내쉰 숨이 나에게 들어오고 있다.

그리스도인은 유한과 무한을 함께 보아야 한다. 우리는 땅에 살지만 별을 보며 살아야 하고 일체 생명이 숨 쉬는 그 숨을 쉬어야 한다. 숨은 생명과 죽음의 교차이다. 인간 생명의 구성 요소가 삶과 죽음이다. 삶이 없다면 죽음도 없고, 죽음이 없다면 삶도 없다. 삶의 질서와 죽음의 질서가 통합된 인간 존재의 질서는 땅의 질서와 하늘의 질서가 하나 될 때 제 모습을 드러낸다. 그 하나의 질서를 찾아가는 길은 숨의 자각에서부터 시작된다.

입으로 발음하는 하나님이라는 이름이
하나님이 아니라,
흙덩어리 아담을 생령의 존재로 일으켜 세운
그분의 숨이 그분이시다.

구약의 창세기는 남자에게서 여자가 나오지만, 신약의 창세기인 마태복음은 여인에게서 남자가 출현하고 있다. 예수는 남자의 아들이 아니라 순수한 여인의 순수한 아들이었다. 구약의 세상이 남성문화의 세상이었다면 신약의 새 세상은 여성성의 시대이다. 이러한 반전의 개벽 세상을 열기 위해 피 흐르는 가시밭길을 걸어갔던 마리아와 요셉, 그리고 여인의 아들 예수가 있었다.

그리스도 예수를 따른다는 것은 인생을 깊이 살아보고자 함이고 인간 해방의 세상으로 변혁하는 길에 동참하는 것이다. 그 세상은 어린이와 여인들과 사회적 약자들이 존중받는 세상이다. 그런데 세상의 소금과 빛의 사명을 위해 부름을 받은 그리스도인들이 모여 있다고 하는 교회는 스스로 교회 안에 갇힘으로써 세상이 함부로 대하는 대상으로 전락하였다. 그렇다면 한국교회의 현실에 돌파구는 없는 것인가?

교회의 위기는 말씀의 위기이고 말씀의 위기는 일방적인 설교방식에 있다고 생각한다. 영혼의 스승들은 제자들의 생각하는 힘을 길러주기 위해 물음을 주었고 대화로 소통했다. 민주화 시대의 열린 교육환경에서 성장한 젊은 세대들은 일방적인 교회교육 풍토에서 적응하기 어려울 것이다.

나는 진달래 예배를 통하여 성경을 함께 읽고 말씀에 대한 자신만의 고유한 빛을 서로 나누어 왔다. 말씀을 나누는 것은 성경에 대한 지식을 나누는 그 이상의 의미, 곧 각자의 가슴에 찾아온 영혼의 빛과 감동을 나누는 데 있다. 나는 그것이 참을 구하기 위해서 모이라는 진달래(眞達來) 정신을 구현하는 하나의 방법이라고 생각해 왔다.

이 책은 나와 함께 말씀을 나누어온 진달래공동체 성서 읽기의 결과이다. 또한 수의 언어를 통해 인간과 이 세계를 움직이는 에너지 법칙을 설명한 필자의 저서 『에니어그램을 넘어 데카그램으로』(정신

세계사, 2011.)의 관점이 바탕에 깔려있다. '에니어'는 아홉이고 '데카'는 열이다. 숫자는 1에서 9까지이다. 1은 시작이고 9는 완성이다.

어느 분야이든지 9단이 되면 그 분야에서는 완성이 된 것이다. 그러나 완성이란 달걀 껍질 속에 들어 있는 병아리와 같다. 이제 그 껍질을 열고(10) 나올 때 새 하늘 새 땅을 만나는 완전함을 누리게 된다. 안정과 평화라는 명분으로 유지되는 완고한 율법의 껍질을 깨고 나갈 때 우리는 그리스도의 새 하늘과 새 땅을 만나게 될 것이다.

그리스도인의 정체성은 예수를 깊이 있게 알고 깊이 있게 살아가는 데 있다. 예수 믿는다는 말은 그리스도 예수와 '나' 자신을 깊이 알아가는 것이다. 깊이 아는 사람은 그 어디나 하나님이 계심을 알아차리는 사람이다. 그는 어떤 일을 하던 깊이 사색하고, 깊이 관계 맺고, 깊이 바라본다. 깊이 파고드는 사람은 마침내 우(위)로 솟게 될 것이다.

이 책에 인용되는 성서는 개정판 현대어 성경(성서원)과 남북한 병행 성경(개역한글 성경)이다. 나는 한국 개신교가 K-한국교회로서 지구적 차원의 영성을 리더하는 교회이기를 소망한다. 지구의 종말이 거론되는 위기의 시점에서 인류의 고통을 끌어안고 비전을 제시하는 역량이 있기를 소원한다. 믿음의 선배들이 고난의 역사를 품었던 것처럼 남북통일 시대를 바라보며 북한 동포를 품어 안을 수 있는 큰 가슴이 열리기를 바라는 마음으로 남북한 병행성경을 사용하였다.

이 자리를 빌려 지난 20여 년 동안 케냐마운틴 자락에서 아프리카 선교의 새역사를 쓰신 박찬섭 선교사님과 고재호 목사님, 신학자 심광섭 교수님의 격려 글에 깊은 감사를 드린다. 또한 표지 작품 '성모 마리아'를 제작하신 조각가 안경진 님, 책의 완성을 위하여 수고하신 평화 황호건님과 아내 송화미님에게 감사를 드린다.
그리고 예배당 마루를 눈물로 적시며 한 생애를 기도해 주셨던 어
머니 영전에 감사의 절을 올린다.

조문의 꽃장식 속에서
어머니 웃고 계신다
나를 우로 솟게 하시는 웃음
웃고 계신다.
땅 위에 발 딛고 살아도
우를 보고 살아야 한다고
말씀하신다.
너와 나 사이에
무슨 생사의 갈림길
이승 저승의 벽이 있겠느냐고
말씀하신다.
이 새벽에도 너는 나의 기도
속에 있다고
나의 웃음 속에 네가 있다고.
- 어머니 영전에

아무쪼록 마태복음에 깃든 예수의 숨결이 말씀으로 솟아오르고
자 하는 독자들의 가슴과 영혼에 임하기를 소원한다.

경각산 진달래마을에서
숨 이병창

제1부

여인의 아들 예수

날마다 태어나는 사람은 날마다 잘 죽는 사람이다.
어제의 나가 아닌 나로 오늘을 살아간다.

1장
마태복음의 역사적 배경과 특징

저자 마태

마태는 레위 지파에 속한 알패오의 아들이었다. 히브리 이름으로는 레위였으나 예수는 아람어에서 유래한 마태(하나님의 선물)라는 이름을 주었다. 사도가 되기 전에는 가장 경멸을 받는 직업인 세관원이었다. 그는 에티오피아에서 사역을 하다가 순교하였다.

마태복음은 80-90년경 안디옥에서 저술된 것으로 보고 있는데, 안디옥은 그리스도인과 유대인, 그리스인, 그리고 여러 인종이 함께 살던 지역적 특성이 있었다. 전통적으로 교회에서는 교부들의 가르침으로 세리 마태를 마태복음서의 저자로 믿어왔다. 그러나 성서학자들은 저자를 헬라어를 사용하고 율법에 대해 잘 아는 익명의 유대 그리스도인으로 이해하고 있다.[1] 익명의 그 저자는 성령 안에서 마태의 영과 함께해 온 마태공동체의 일원으로 추정된다.

---

1)　정양모(역주), 마태오복음서, 분도출판사, 1990.

역사적 배경

물이 끓기 위해서는 비등점까지 가기 위한 과정이 있다. 예루살렘 멸망 후 90년경 얌니아에서 랍비들이 공식적으로 그리스도교를 배척하여 완전히 갈라지기까지 유대교와 그리스도교는 치열한 갈등의 과정이 있었다.

서기 70년 8월 10일 티투스가 이끄는 로마군은 예루살렘을 점령하고 철저히 파괴하였다. 예루살렘 성전은 예수께서 예언하신 바처럼 돌 위에 돌 하나 남기지 못하고 무너졌고 모조리 약탈당하였다. 요세푸스에 의하면 당시 예루살렘 성안에는 어림잡아 270만 명에 달하는 사람이 있었다고 한다. 그때 전쟁 과정에서 사망한 사람은 110만 명이었다고 하는데, 한마디로 피가 강물처럼 흐르는 대참사가 일어난 것이다.

73년 마사다 요새가 점령되면서 유대 전쟁은 완전히 끝이 났다. 이 전쟁의 결과로 유대인은 이천년 동안 자신의 나라를 잃어버리고 유랑하는 디아스포라가 되었다. 전쟁 후에는 열심당원, 사두개파, 에세네파 등은 사라졌고 바리새파만이 유일하게 살아남아 지금까지 유대교의 핵심 세력으로 남게 되었다.

전쟁이 끝나자마자 73년에 베스파시아누스 황제는 얌니아에 랍비를 양성할 수 있는 할라카(halakha, 유대인의 종교법 총칭) 학교를 세우는 것을 허가했다. 이 허가의 배경에는 최고위 랍비였던 요하난 벤 자카이(Yohanan Ben Zakai)가 있다. 그는 미래를 내다보며 전략적 사고를 할 줄 아는 바리새파의 지도자였다. 열심당원이 주도한 유대의 반란이 결국 실패할 것을 예견하고 유대교의 미래를 준비하기 위해 당시 로마군 사령관이었던 베스파시아누스 장군을 비밀리에 만나 최소한의 유대교 랍비의 존속을 허락받았다.

랍비 학원을 로마제국으로 부터 허락받음으로 얌니아(오늘날의 야브네, Yavne)는 유대인들의 부흥을 위한 새로운 교두보가 되었고, 유대 랍비들의 최고 회의가 열리는 장소가 되었다. 90년경에 열린 얌니아 회의에서 외경을 첨가 부록으로 담았던 70인 역 헬라어 구약성서를 배격할 것을 결의하고 모세 오경, 예언서, 그 외 문서들을 39권 경전으로 확정하였다. 16세기 이후 종교개혁자들은 로마 가톨릭교회의 성경 목록 대신, 유대교에서 정경으로 인정된 구약성경 39권을 수용하고, 신약성서는 이미 카르타고 공의회에서 인준된 27권의 목록을 그대로 정경으로 인정하였다. 이는 그대로 개신교의 성경이 되었다.[2]

얌니아 회의에서 18개 항목의 매일 드리는 기도문(아미다)에 그들에게 있어 '이단들(하미님)' 곧 나사렛 사람들이라고 불리던 유대계 그리스도인들을 저주하는 문구를 삽입하고 회당에서 완전히 추방하자는 결의를 했다. 이로 인해 그리스도교는 공식적으로 유대교와 결별하게 되었다.

얌니아의 청원기도문에는 이런 구절이 있다.

"배신자들에게는 희망이 없도다. 오늘날 잘못된 왕국을 속히 제거하소서. 그리스도인들과 이단자들은 당장 죽음에 이르게 하소서. 그들의 이름을 생명책에서 지워 주시고, 의인들과 함께 적혀있지 않게 하소서."[3]

---

2) 위키백과 '얌니아 회의' 참조
3) 안셀름 그륀, 예수, 구원의 스승, 이성우 역, 분도출판사, 2004, p.11.

마태복음의 특징

마태복음의 주요한 특징은 바리새인들과 율법학자들에 대한 신랄한 비판과 논쟁이다. 하지만 마태는 유대교와의 연속성을 유지하려 하였다. 마태복음은 이스라엘에게 주어진 구약의 약속은 예수에게서 실현되었다고 주장한다. 이를 뒷받침하기 위해 구약성서를 많이 인용하고 있다.

구약성서를 인용할 때마다 "이리하여 이사야 예언자를 시켜서 하신 말씀이 이루어졌다"라는 표현을 반복하고 있다. 바로 이런 주장이 바리새인들의 심기를 크게 자극하고 결국 얌니아 회의 결정으로 결말 짓게 되었다.

마태는 교회를 향한 기존 유대교의 엄중한 공격 앞에서 어떤 태도를 가져야하는지 교회공동체에 묻고 있다. 마태복음을 교회의 복음서라고 한다. 그 이유는 다른 복음서에는 교회라는 단어가 등장하지 않기 때문이다.

"내가 네게 말한다. 너는 베드로다. 내가 이 반석 위에 내 **교회**를 세우리니 그 어떤 죽음의 세력도 그것을 누르지 못할 것이다." (마 16:18)

"만일 그들의 말도 듣지 않거든 **교회**에 알리고 **교회**의 말조차 듣지 않거든 그를 이방인이나 세리처럼 여겨 상대조차 하지 말라."(마 18:17)

예수 생전에 함께 생활했던 제자들조차 예수를 알아보는 데 실패했다면 오늘 이 시대에 우리는 예수를 어떻게 어디까지 이해할 수 있을까? 마태복음은 마태 공동체가 이해하고 고백한 예수의 모습을 과거로 거슬러 올라가 전해 주고 있다. 이런 관점에서 마태복음에 다가서는 독자들은 무엇보다 예수 승천 후 50여 년이 지난 당시의 유대계 그리스도인들이 처한 역사적 배경에서 읽어가고자 하는 노력이 필요하다.

이 전제가 있어야 50여 년 전 십자가에 허무하게 못 박힌 예수께서 왜 그토록 유대인들이 고대하던 메시아이며 하나님의 아들이었는지를 변증하려 한 저자의 의도를 쉽게 파악할 수 있을 것이다.

마태복음은 임마누엘 예수의 활동은 오늘도 교회를 통해 이어지고 있다고 강조한다. 교회는 예수께서 지금 활동하시는 공간이며 살아계신 예수의 몸이다. 교회는 세상을 향한 그리스도의 살아 있는 증거이다. 그러기 위해서 예수를 올바로 이해하고 말씀을 육화(肉化)하는 실천적 노력이 있어야만 한다.

마태는 그리스도인의 정체성은 예수 그리스도의 제자 됨에 있다고 강조한다. 동시에 예수의 제자들이 우리처럼 약점 많은 인간이었음을 적나라하게 보여주고 있다. 그것은 성서 속의 인물들이 모두 나의 빛과 그림자를 반영하고 있기 때문이다. 시대와 상황은 다르지만 나도 베드로처럼 스승을 부인하고 배신할 수도 있고 때로는 가룟 유다처럼 예수를 팔 수도 있다. 예수를 나의 입맛대로 왜곡하거나 우상의 대상으로 섬길 수도 있다. 그렇지만 우리는 늘 흔들리는 나침반처럼 그리스도의 별을 향하여 걸어가고 있다.

오늘의 교회 현실은 제자 됨의 길을 포기한 면모를 보여주고 있다. 경쟁과 속도를 앞세우는 자본주의 체제에서 말씀과 기도를 멀리하는 신앙생활은 취미생활로 변질되고 있다. 마태는 이러한 결과에 대한 책임에 대해서 생각하라고 경고하고 있다. 최후 심판에 대한 엄중한 경고를 통하여 우리에게 매 순간 주어지는 삶의 기회를 가볍게 여기지 말라고 권면하고 있다. 삶으로부터 깨어나서 참되게 살아야 한다고 응원하고 있다.

마태복음은 우리 각자가 추구해야 할 영성으로서 예수의 비움과 낮아지심, 연민의 가슴, 자비와 정의, 이미 도래한 하나님 나라의 실현 과제를 제시하고 있다. 그 과제를 완수하기 위해서 말씀 안의 진리와 말씀 너머에 있는 하나님의 뜻을 찾아 생명의 샘물을 만날 때까지 깊이 파 들어가야 한다. 우리가 신약시대를 새롭게 여는 제2의 창세기 마태복음을 읽어가는 목적이 여기에 있다.

이스라엘의 독립과 교훈

유대인들은 이천년을 떠돌다가 1948년 5월 14일 이스라엘이라는 이름으로 독립하였다. 그들은 과거에 조상들이 살았던 팔레스타인 지구를 이스라엘의 새로운 유대인의 영토이자 이스라엘 왕국과 유다 왕국을 계승한 국가로 선포했다. 그러나 날벼락을 맞은 팔레스타인 사람들은 매년 5월 15일을 재앙의 날이라는 뜻을 가진 '나크바의 날'로 기념하고 있다.

이천 년 전에 망한 나라가 독립을 했다는 것은 세계사에 유래가 없는 일이다. 그들의 독립이 가능했던 것은 어느 곳에 살아도 민족의식을 잃지 않고 유지해왔기 때문이다. 이스라엘 독립의 힘은 안식일과 율법과 가정을 생명처럼 지키는 데 있었다. 이스라엘의 가정은 안식일이 오면 모든 가족이 가정으로 모여야 한다. 출가한 딸도 '샤바트 샬롬'(안식일에 평안을 빕니다)이라는 인사를 전화를 통해서 부모에게 한다.

나는 랍비들이 율법을 가정교육과 종교교육으로 철저하게 적용하고, 과거의 아픈 역사를 잊지 않고 뼈에 새기는 전통을 만들어낸 결과가 이스라엘 독립의 결과라고 생각한다. 이스라엘은 가정의 달도 없고 어린이날이나 어버이날도 없다. 그들에게는 '아버지의 달'(아브월, 우리 달력으로 7-8월)이 있다. 이스라엘의 아버지들은 아브월이 오면 9일간 성전이 파괴되고 민족이 망한 역사를 참회하면서 「예레미야 애가」를 낭독하며 지내는 전통이 있다. 그들은 아버지(어른)들의 잘못으로 나라가 망했고 성전이 파괴되었기 때문에 후손들에게 고난을 물려주어 자녀들을 볼 면목이 없다고 생각한다.

아브월을 지내는 아버지의 경건한 모습을 바라보면서 자식들은 신앙을 키워가고 가정을 중요하게 알아간다. 이런 면에서 관광과 장난감 가게에 연중행사처럼 사람들이 붐비는 우리의 오월을 돌아보게 된다. 한국교회는 기독교 생활문화가 과연 있기는 한 것인가? 입시와 과외에 공들이는 자녀들이 교회로부터 멀어진 결과가 어떻게 나타나고 있는가를 우리의 교회 현실이 아프게 보여주고 있지 않은가?

우리나라도 이스라엘 이상의 아픈 역사를 간직하고 있다. 그런데 우리는 통곡의 벽 하나조차 바로 세우지 못했다. 아직도 우리 사회는 지방색과 연고주의를 벗어나지 못하고 있다. 가장 합리적인 정치행태로 민주주의를 말하지만, 민주주의를 실현했었던 고대 그리스의 아테네조차도 우매한 군중들의 다수결에 의해 무너졌다. 어리석은 민중이 이끄는 정치판을 중우정치(衆愚政治)라고 한다.

이에 대해 플라톤은 폭민정치(暴民政治), 그의 제자 아리스토텔레스는 빈민정치(貧民政治)라고 했다. 플라톤은 아테네의 몰락 원인을 중우정치의 병폐 때문이라고 지적했다.

우리 국회의 실상을 보여주는 TV 뉴스를 보다 보면 아이들과 시청하는 것이 부끄럽다. 플라톤이 지적한 바처럼 우리 사회는 아직도 중우정치를 벗어나지 못하고 있다. 정치 현실은 그 시대의 종교 수준과 같이 가게 된다. 간교한 정치인들의 선동에 생각 없이 박수하고 환호하는 군중들이 교회 안에 채워지고 있다면 세상은 갈수록 어두워질 수밖에 없을 것이다. 우리 사회는 아직도 진실하고 실력 있는 사람들이 선택되고 존경받는 수준까지 이르지 못하고 있다. 국민을 무시하는 구태 정치인들이 청산되지 못하고 있다.

바로 이 때문에 그리스도인들은 이성적으로 생각해야 하고 말씀과 역사를 공부해야 한다. 무엇보다 지역과 연고주의를 넘어서서 올바른 투표권을 행사할 줄 알아야 한다. 구약성서의 역사는 공부하면서 어찌하여 한국 역사는 무시되고 있는가. 교회가 한국현대사를 공부할 때 이 시대를 향한 하나님의 뜻을 발견하게 되고 역사가 발전하게 될 것이다. 대한민국의 미래를 이끌어갈 훌륭한 인재들이 교회에서 배출되게 될 것이다.

나는 안중근 의사를 비롯한 독립운동가들의 원혼이 서려 있는 현장인 중국의 여순감옥에서 이렇게 적었다.

사람을 가장 잔혹하게
죽일 수 있는
온갖 방법을 보여주는

여순감옥

산 채로 불태우고

토막을 치고

가죽을 벗기던 도구들을

바라보며

이방인의 땅에서 이방인으로 고생하시던

애국지사를 생각합니다

안중근, 신채호, 이회영 …

그 거룩한 이름과 동상 앞에서

호랑이 떠나간 조국의 산하에 우글거리는

늑대와 독사가 떠오릅니다

나무토막보다는

자신들을 잡아먹는 황새를

지도자로 원했던 개구리 이야기를 생각합니다

이토가 환생한 나라

홍범도 장군이

능욕당하는 나라

독립운동은 아직도 끝나지

않았습니다

안중근 의사를 참배하고

올려다본 여순의 하늘이

더욱 슬퍼 보입니다.

- 여순 감옥에서 2023.9.5

2장

예수의 족보와 마리아

마태 1:1-17

신약성서를 처음 접하는 사람들은 마태복음 1장의 족보를 읽다가 흥미를 잃어버리곤 한다. 그러나 족보 속에 숨겨진 비밀스러운 뜻을 이해한다면 가슴 뛰는 성서 읽기가 될 것이다. 마태복음은 수비학적 의미가 담긴 숫자 언어와 구조를 가지고 있다.

수비학은 서양의 비전을 이해하는 데 있어 가장 기본적인 필수 과목이다. 수비학(數秘學, numerology)이라는 말은 숫자(number)를 의미하는 라틴어 '누메루스'(numerus)와 사고, 표현 등을 의미하는 그리스어 '로고스'(logos)의 합성어이다. 즉 수비학은 '숫자의 과학'이라 할 수 있다. 실제로 우주의 구성 요소는 파동이며 이는 수로 환원되어 설명할 수 있다. 숫자는 특정 주파수와 연결점이 있고, 각각의 숫자와 연관된 주파수는 그에 해당하는 지식과 법칙을 담고 있다.

서양에서 수비학의 발달은 "수는 만물의 원리이며, 우주의 모든 것은 수에 의해서 질서가 정해진다"라는 피타고라스학파의 철학과 유대인의 카발라(Kabbalah) 전통에 바탕을 둔 것으로 여겨진다. 이 때문에 숫자에는 동서고금을 관통하는 원형적 상징과 개념이 확립되어 있다.

　수비학은 수를 통해 사물의 본성을 이해하고, 특히 사람의 성격과 운명 및 미래를 예견하는 데도 사용되어왔다. 동양의 사주학이나 성명학도 숫자로 인간의 운명을 감정하는 분야이다. 고대로부터 세계를 다스렸던 대제국들은 수의 의미와 에너지를 통하여 인간과 이 세계를 깊이 이해하는 지혜를 집대성한 '생명나무 도형'을 활용하여 왔다.

　카발라는 신에게 도달하기 위하여 갖추어야 할 10가지 빛의 속성과 찾아가는 길을 '생명나무 도형'으로 제시한다. 내면의 생명나무가 모두 깨어날 때 인간은 에덴을 회복하고 신과 대면하게 된다.[4] 유대인의 '생명나무 도형'은 존재의 중심에 연민의 기둥을 세우고 오른손에 정의를, 왼손에 자비를 갖출 때 삶을 아름답게 살아갈 수 있다는 지혜를 제시하고 있다.

　숫자는 홀수(1, 3, 5, 7, 9)와 짝수(2, 4, 6, 8)가 있다. 홀수는 태양과 남성성의 에너지라면 짝수는 달과 여성성을 나타낸다. 숫자는 직선으로 된 1, 4, 7과 곡선으로 된 3, 6, 9, 그리고 직선과 곡선이 함께 있는 2, 5, 8이 있다. 이것은 하늘 1, 인간 2, 땅 3이 분리되지 않고 '하나'라는 세 개의 삼진법적 수열로 이어지고, 수학자 피보나치[5]가 밝힌 바처럼 인간과 자연의 설계를 이해할 수 있는 중요한 열쇠가 된다.

　영어는 나와 너라는 이진법의 언어이다. 컴퓨터도 0과 1이라는

---

4)　김태항, 카발라의 신비열쇠, p.125-127, 물질왕국(10), 광휘, 확고함, 기초, 정의, 자비, 아름다움, 지성, 지혜, 왕관(1)
5)　레오나르도 피보나치(Leonardo Fibonacci, 1170-1250), 이탈리아 수학자, 피보나치 수열과 황금비율로 유명하다.

이진법적 시스템으로 구성되어 있다(my house, my wife). 한글은 하늘과 땅과 인간이 하나라고 하는 바탕에서 나온 삼진법적 언어이다(우리 집, 우리 마누라). 숫자와 컬러는 우주의 언어이다. 삼원색인 파랑(1, 하늘), 노랑(2, 인간), 빨강(3, 땅)은 삼진법의 비의를 담고 있다.

아라비아 숫자가 있기 전에는 히브리어, 헬라어, 라틴어의 알파벳은 숫자를 대치해서 사용했다. 피타고라스 수비학이나 유대 신비주의 계열인 카발라 전통에서는 단어적 해석과 함께 한 단어가 가지는 숫자로서의 의미를 파악하는 게마트리아(gematria) 관행이 있었다. 게마트리아는 알파벳 문자에 숫자를 할당하여 문자 언어의 해석을 다양하고 깊게 할 수 있었다. 세리로서 숫자에 밝았던 마태는 마태복음 속에 문자적 언어를 뛰어넘는 수비학적 언어와 구조를 담아내고 있다.

14대의 의미

예수의 족보는 14대가 3번 반복되는 구조로 되어 있다. 그러나 이 구조는 사실의 역사와 다르다. 두 번째 14대는 첫 번째의 마지막에 있는 다윗을 끼워 넣어 14대로 맞추고 있다. 보다 자세하게 언급한다면 마태는 다윗에서 바빌론으로 끌려갈 때까지의 14대를 짜 맞추기 위해 요람과 웃시야 사이에 아하지야, 요아스, 아마지야를 생략했고, 요시야와 여고냐 사이에 여호야킴을 생략해서 모두 네 명의 왕을 족보에서 빼고 있다.[6] 그렇다면 마태는 왜 이런 무리

---

6) 김근수, 여성의 아들 예수, 클라우드 나인, p.245.

수를 두면서까지 14를 강조하고 있을까? 여기에는 그만한 이유가 있을 것이다. 두 번째 14대는 눈 있는 사람이라면 누구나 14대가 아니라는 것을 한눈에 알 수 있지 않은가.

수비학적 관점으로 보면 14는 파괴와 창조, 새로운 변화를 의미하는 5(1+4)의 숫자이다. 5는 새로운 완전성을 위한 해체와 분산의 숫자이다. 5는 피타고라스 숫자판에서 중심에 있다. 피라미드의 바닥이 4각형이라면 5는 꼭짓점이다. 5는 중심에서 전체에 영향을 준다.

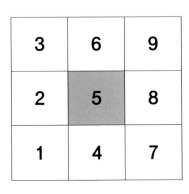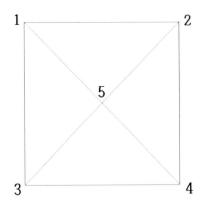

5가 나타나려면 땅과 안정의 숫자 4의 어느 부분(면)이 무너지든지 위로 솟아야 한다. 그것은 기존 질서의 창조적 파괴이고 초월이다. 4는 이미 자신 안에 내장된 지식이다. 그러나 5는 나의 지식과 지혜를 더 폭넓게 사용할 수 있도록 타인들과 나누고, 새로운 방식으로 전하기 위해 주어진 기회를 기꺼이 활용한다. 구약의 시대가 율법의 틀에 공고하게 굳어진 4의 시대라면 신약의 시대는 만인에게 평등한 새로운 신세계가 열리는 5의 시대이다.

첫 번째 14대는 이스라엘 역사에서 빛나던 시대이고, 두 번째는 멸망해서 바빌론에 포로로 끌려간 비운의 시대였다. 세 번째는 바빌론 포로 시대에서 예수의 오심으로 완성에 이르는 복음의 시대이다. 예수의 족보는 당시 유대인들에게 예수께서 메시야로서 그리고 유대의 왕으로서의 정통성을 계보로 알리고 변증하기 위한 목적이 있다. 그리고 역사의 흥망성쇠가 예수 그리스도에 의해 중심축이 꿰어지면서 완성이 되고 새로운 차원으로 도약하게 된다는 것을 함축하고 있다.

네 명의 이방 여인들

족보에서 중요하게 다루어져야 할 주제는 이방인 여자들인 다말, 라합, 룻, 밧세바이다. 왜 한결같이 족보에서 감추고 싶은 이방 여인들을 마태복음은 전면에 내세우고 있는가? 밧세바는 다윗의 충성스러운 부하 우리야의 아내였다. 다윗은 그녀와 간통하여 솔로몬을 낳았다. 그리고 다말은 유다의 며느리였다. 그녀는 시아버지의 자식을 얻으려고 창녀로 위장해 다가간 여인이다. 룻은 모압족 여인으로서 나이 든 시어머니를 따라 베들레헴으로 왔던 이방 여인이었다. 또한 라합은 이스라엘이 정복 전쟁을 할 때 여리고성을 점령할 수 있도록 도와준 창녀였다.

예수의 족보에 천하게 여기는 이방인 여자들을 굳이 올린 이유는 예수는 어떤 이방인이라 할지라도 그들을 위한 구원을 선포한 분임을 강조하기 위함이다. 그런데 이 네 명의 여인을 지나서 다섯 번째 여인 마리아가 등장하고 있다.[7] 족보는 남성 위주로 이어져 왔다. 앞의 네 명의 여인들과 마리아는 예수의 족보에서 감추고 싶은 여인들이다. 마리아는 당시의 율법 기준으로는 돌에 맞아 죽어야 할 여인이었다. 그러나 마태는 예수를 여인(마리아)의 아들이라고 말하고 있다. 마리아는 앞서 등장한 이방 여인들의 역사에 마침표를 찍고 있다.

구약의 창세기는 흙으로 빚어진 남자에게서 여자가 나오지만, 신약의 창세기인 마태복음은 여자에게서 남자가 출현하고 있다. 마태복음의 족보는 가부장적 전통 사회를 향하여 여성의 새 하늘과 새 땅을 선언하고 있다.

예수는 새로운 시대의 역사를 여는 다섯 번째 여인의 아들이었다. 예수는 남성들의 족보, 남성이 규정해온 모든 권위와 가치의 잣대를 허물었다. 인간 역사를 향한 하나님의 놀라운 일은 기존 질서를 파괴하고 새롭게 창조하는 다섯 번째 여인 마리아를 통해서 드러났다. 마땅히 '아버지 요셉에게서 예수가 나셨다'라고 해야 할 규범의 족보 역사가 깨어지고 '여인에게서 예수가 나셨다'라고 말씀하고 있다. 역사는 반전되었다.

하나님이 마리아의 몸을 통해 사람이 되시고 그리하여 인류는 자기 자신을 뛰어넘어 하나님과 하나 됨을 이루는 문이 열리게 된 것이다. 마태복음 1장에 등장하는 족보는 인류의 신기원을 선포하는 위대한 헌장이다. 마태복음을 신약의 창세기라고 말하는 이유가 여기에 있다.

---

7) 안셀름 그륀, 예수, 구원의 스승, 분도출판사, 이성우 옮김, 2004, p.30.

개벽의 새 세상을 꿈꾸는 여인 - 마리아

구약성서의 시작은 창세기이고 신약시대의 시작은 마태복음이다. 창세기의 시작이 아담이라면 신약의 시작은 마리아이다. 창세기의 아담은 흙으로 빚어진 존재로서 고유명사가 아니라 '사람'이라는 뜻을 가진 보통명사이다. 여자가 나타나기 전에 아담은 남자가 아니었다. 여자가 없는데 어찌 남자가 있을 수 있겠는가. **창조의 마침표는 여자에 의해서 완성되었다. 남자는 남자로 태어나는 것이 아니라 여성에 의해 남자로 완성된다.**

아담이 흙에서 나온 반면에 여자인 하와(영어로 Eve)는 아담의 갈비뼈로 창조되었다. 이를 비유하자면 흙은 먹을 수 없지만, 흙에서 나온 열매는 먹을 수 있는 것과 같은 질적 차원이 남자와 여자가 다르다는 것이다. 하와는 생명, 또는 인류의 어머니를 뜻한다. 남성의 본질이 육체라면 여자는 마음과 영혼이다. 마음은 육체와 영혼의 사이에 있다.

예수는 처녀 마리아를 통해 세상에 태어났다. 처녀는 순결 또는 순수를 의미한다. 하와는 뱀의 꼬임에 의해 하나님을 거역했다. 그러나 마리아는 하나님의 뜻을 과감하게 받아들였다. 그것은 그녀를 찍어 누르는 운명과 시대에 대한 반항이었다. 그 반항은 하나님의 뜻을 온전히 이루고자 하는 반항이었다.

예수는 아담처럼 흙의 자식이 아니라 순수의 자식으로 잉태되었다. **창세기에서 여자는 하나님의 창조 과정에서 마지막 완성점(9)에 있었다. 마태복음에서 여자는 완전(10)의 새로운 세계를 여는 시작점(1)에 있다.**

천주교의 마리아 숭배가 미신화되는 부분에 대한 종교개혁자들의 반감 때문에 개신교회는 마리아와 연관한 중요한 주제를 놓쳐 버렸다. 한마디로 어머니를 잃어버린 자식 꼴이 된 것이다.

　　나는 2022년 10월 한 달을 포르투갈 리스본에서 산티아고까지 걸어가다가 성모 마리아의 발현으로 유명한 파티마 성당에 들른 적이 있다. 하룻밤 머물고 떠나려 새벽 미사에 참석했다가 나는 '영혼의 지진'이라고 표현한 경험을 하게 되었다. 3일 동안 머물면서 나는 성모 마리아를 새롭게 만나게 되었다.

　　베드로의 새벽닭이
　　내 안에서 울고 있습니다
　　파티마 대성당의 새벽 미사
　　이게 무슨 일인가 생각할 겨를도 없이
　　그냥 눈물이 흐릅니다.
　　참으로 죄송스럽습니다
　　하늘과 땅
　　눈에 밟히는 산천초목
　　모두에게 죄송합니다
　　돌아보면 멀리 왔다고 생각했는데
　　이제야 첫발입니다
　　지구에서 보낸 날들이
　　모두 죄송합니다.
　　닭 울음소리는 더욱 커지고
　　나는 성당 밖으로 뛰쳐 나와
　　바닥에 주저앉아

울고 있습니다

영혼의 지진입니다

- 영혼의 지진(시집 『하마터면』 중에서)

10월 9일 그 날, 예수의 머리에는 가시관이 한 번 올려졌지만, 어머니 마리아의 심장에는 예수의 임신에서부터 골고다의 십자가에 이르기까지 수없는 가시관이 올려져 있었음을 알게 되었다. **무조건 마리아를 우상으로 폄하하는 사람들처럼 나 역시 실제 마리아와 천주교 성당에 세워진 마리아상에 대한 이미지를 혼동하고 있었다.**

만삭의 몸으로 베들레헴까지 걸어가 결국 마굿간에서 해산하던 마리아, 아기 예수를 안고 이집트에까지 피난을 가서 난민생활을 하고 돌아왔던 마리아, 결국 아들이 매달린 십자가를 부여잡고 통곡하던 어머니 마리아를 나는 눈물 속에서 만나게 되었다.

역사의 어둠이 깊어갈수록 새로운 빛을 갈망하는 민중의 욕구 역시 깊어간다. 우리나라에서도 민중을 착취하고 억압하는 세력의 무자비한 폭력이 3·1운동과 동학 혁명에 이어 촛불로 이어지듯이 로마에게 유린당한 유대인들 역시 새로운 질서를 갈급하게 찾게 되었다. 예수 혁명은 그런 시대적 요구에 대한 응답이었다. 예수 혁명은 마리아에게서 시작되었다. '마리아의 노래'(눅 1:46-55)는 예수의 영적 뿌리가 어떤 것인지를 보여주고 있다.

"이 몸이 주님을 찬양하며

내 구주 하나님을 기뻐함은

주님이 비천한 계집종을 돌보셨음이라.
이제부터는 모든 세대가 나를 하나님의 복을 받은 자
라 하리니
전능하시고 거룩하신 그분이 내게 큰일을 하셨음이라.
그분의 자비는 그분을 경외하는 자들에게 대대로 있으
리로다.
그분은 팔로 능력을 베푸시고 교만한 자들을 흩으셨
도다!
그분은 왕들을 그들의 왕좌에서 쫓아 내시고 천한 자
들을 높이셨도다.
그분은 마음이 갈급한 자들을 만족하게 하시고
부자를 빈손으로 돌려 보내셨도다.
그분의 종 이스라엘을 도우심이여!
자비를 베푸시겠다는 약속을 잊지 않으셨도다.
우리 조상 아브라함과 그 후손에게 약속하신 대로
그분의 자비는 영원히 있으리로다."

  마리아는 개벽의 새 세상을 꿈꾸는 여인이었다. 자신의 기도와
한을 풀어줄 수 있는 자식만 태어난다면 돌에 맞아 죽어도 좋다
는 선언이 마리아의 노래이다.
  마리아는 "그분의 종 이스라엘을 도우심이여!"라고 한다. 이스라
엘(Israel)은 세 개의 언어가 조합되어 있다. Is는 이집트의 달의 여
신 Isis이다. 유대인들이 포로생활을 했던 바빌론의 달의 여신은
Ishtar이다. 가운데 Ra는 이집트의 태양신 이름에서 온 단어이다.
엘(el)은 히브리어로 하나님을 의미하는 엘로힘(elohim, אלהים)에

서 왔다.[8]

이스라엘은 달의 여성성과 태양의 남성성이 0이신 하나님의 자리에서 만남을 의미한다. 그것은 남자와 여자라는 상대성을 넘어선 인간의 완전한 완성이요 사랑의 조화이다. 인간의 완성은 남자와 여자를 넘어서는 데 있다. 0으로 깨어나 그 무엇이 아닌 나로서의 '나(I AM)'로 살아가는 데 있다는 것을 '이스라엘'은 의미하고 있다.

반역의 여인 마리아

마리아(Marya)는 히브리어로 미리암(מרים)이 그리스어나 라틴어로 음차된 이름이다. 모세의 누이 이름에도 등장하는 미리암의 히브리 어원의 의미는 '반역적인(rebellious), 불순종하는(disobedient)'이다.[9] 이에 대하여 어떤 사람들은 출애굽 전에 지어진 이름이니 이집트어로 해석해야 한다는 주장도 있다. 그 주장의 밑바탕에는 어찌 마리아의 이름에 불경한 의미의 단어를 적용할 수 있겠느냐는 의도가 들어 있다. 이집트어로는 '사랑받는, 고귀한, 아름다운'이라는 뜻이 있다. 그러나 나는 히브리어의 어원대로 해석하는 것이 미리암으로서 마리아를 마리아답게 해석하는 관점이라고 생각한다.

모세의 누님 미리암은 모세가 감당할 수 없을 정도로 강렬한 개성의 여선지자였다. 모세가 지도자로서의 원칙과 품위를 잃을 때

---

8) *el*(단수)은 아람어, 고대 히브리어 및 우가리트어를 포함한 기타 관련 셈족 언어에서 '신'에 대한 표준 용어이다.
9) www.abarim-publications.com

미리암은 가차 없이 신랄하게 모세를 꾸짖었다. 신약의 미리암인 마리아 역시 하나님의 창조 질서를 거역하는 세상을 향해 반항했다. 사람을 함부로 죽이고 억압하는 불의한 세상의 판이 뒤집혀야 하나님의 정의가 살아날 것이라고 믿었다.

마리아는 하나님을 거역하는 세상에 대해 순종하지 않았다. 마리아의 노래에는 구구절절이 세상의 판을 뒤집어엎고자 하는 염원이 서려 있다. 마리아는 사회의 규율과 법규를 따르는 순응주의자가 아니라 이름 그대로 반항의 여인이었다. 바로 그런 여인의 아들이 예수였다.

예수는 유대교와 당시 사회에서 가장 위험한 인물이었다. 그 이유가 무엇이었던가. 예수는 기존의 어리석고 썩은 질서에 반항했기 때문에 십자가에 못 박혔다. 그는 너무나 순수했기 때문에 진실만을 말했다. 무엇보다 예수 정신의 핵심은 자유이다. 자유는 예수의 양보할 수 없는 최고의 가치였다. 그는 존재의 중심에 서서 하늘 아버지의 뜻과 하나 되었기에 인간을 옥죄이는 율법의 틀로는 가둘 수 없는 영혼이었다. 예수의 언어는 정치적인 언어가 아니라 영혼에서 우러나오는 시적 언어이다. 바로 거기에 역설적인 예수의 권능과 힘이 있었다.

예수는 폭력의 역량을 힘이라고 믿고 있는 세상을 향해 지혜의 힘, 사랑의 힘, 용서의 힘을 삶과 죽음으로 증거했다. 우리는 예수가 왜 위험한 인물이었고 십자가에 달리셨는가에 대한 깊은 성찰이 있어야 하지 않을까? 예수의 십자가는 예수처럼 선한 사람이 억울하게 못 박히는 세상에 대한 고발이 아니던가? 예수 믿어 죽은 뒤에 천당 가겠다고 예수를 믿는 것인가? 예수를 관념화하고 우상화하는 것은 예수를 두 번 죽이는 일이 아닌가?

성 프란치스코는 이런 말을 남겼다. "나는 천국에 가려고 예수를 믿지 않는다. 또 지옥 가는 것이 두려워 예수를 믿지도 않는다. 예수께서 가시는 곳이 어디이든 나는 그분이 좋아서 그분을 따를 뿐이다."

최근 교회에는 아이들과 청년들이 썰물처럼 빠져나가고 구성원들은 급속도로 고령화되고 있다. 이런 긴박한 시대적 상황에 대처하지 못하고 교회가 너무나 재미가 없고 변화가 없다는 말에 귀를 닫고 있다. 그렇다면 새 술을 새 부대에 담으라는 말씀을 적용할 수 있는 지혜를 어디에서 구할 것인가?

최근에 경기도의 한 교회에서 교회 청년부를 청년교회로 독립시켰다는 기사를 보면서 참으로 반가웠다. 장년 세대의 그늘에 묻힌 청년들이 예산 결정과 집행까지 독자적 운영을 하는 교회의 출현에 대해 한국교회에 희망의 불빛이 보이는 것 같다. 아무쪼록 기존 교회의 축소판이 아니라 시대를 선도하는 과감한 발상과 상상력이 발휘되기를 바란다.

나는 오늘날 교회에 다니는 젊은이들이 온순 착실하기는 해도 기백이 없이 우유부단한 모습에 가슴이 시리다. 고등학교에 입학하면 공부한다고 그나마 교회 출석을 하지 않는 것을 당연하게 생각하는 현실이 절망스럽다. 도대체 믿음의 부모라면 어떤 자식으로 성장하기를 원하는 것일까. 다양한 체험과 생각의 힘과 자립의 실력을 기를 기회를 갖지 못하고 청소년기를 시험공부에 보내는 아이들의 미래가 안타깝다. 이런 현실에 대해 어머니들이 마리아처럼 깨어나야 한다고 생각한다.

종교는 어머니의 젖을 통해 전해진다. 아기가 잉태되는 순간부터 어머니의 기도와 경험이 전달된다. 자궁에서의 경험은 그의 선택 기준이 되고 삶의 뿌리가 된다. 심은 대로 거두는 법칙은 자궁 안에서도 적용되고 있다. 어머니의 기도와 염원을 이기는 자식은 없다. 어머니 믿음의 그릇이 자식의 그릇이다. 기도의 어머니가 사라지면 믿음의 대가 끊어지게 된다. 교회의 위기, 나라의 위기 역시 이 주제와 이어져 있다.

명리학과 관련한 사주에 대하여 묻는 이에게 나는 이렇게 대답했다. "사주보다도 더 중요한 것은 어떤 어머니에게서 태어나느냐 하는 것이다. 영혼이 깨어난 어머니, 기도하는 어머니를 만나면 그 이상의 복이 없다." 이런 관점에서 나는 큰 복을 받았다고 생각한다. 아무리 가난해도 인간으로서의 자존감을 지킨다는 것이 무엇인지를 나는 어머니로부터 배웠다. 어떤 절망적 상황도 기도하는 어머니의 무릎을 이길 수 없다는 것을 배웠다.

이건 아니야
이건 나로 사는 게 아니야 하고
머리를 흔들 때
당신은 나를 바라보고 있습니다
오늘처럼
내 가슴의 산천들이 깨어날 때
늘 예배당의 마루를 눈물로 적셔온
당신의 눈물이

내 열병의 이마 위에
뿌려지고 있습니다

당신의 길은 너무나도
좁은 길이었습니다
한 곡조의 선율이 지나가고
또 다른 선율의 음률이 이어지듯
그렇게 이어져 온 파란의 세월 속에서
어머니
당신의 주름은 깊기만 합니다

나는 당신의 자궁처럼 좁은
그 길을 통해서
오늘 이렇게 여기 있습니다
그 어느 곳도 아닌 여기
눈물과 탄식과 죽음을 넘어선 자리
내가 당신을 낳아주는 자리
그리하여 당신은 나의 딸이 되고
영원한 누이가 되는 자리
지금 여기에서
홀로 당신을 바라보고 있습니다.
- 어머니

가난한 시대의 어머니는 식구들을 먹이기 위해 온갖 노동을 하였고 가족의 평안을 위해 기도했다. 어머니가 행복한 나라가 온 식구들이 행복한 나라이다. 과거의 어머니들이 꿈꾸었던 개벽의 세상은 양반 쌍놈의 신분이 철폐되고 여자와 어린아이의 인권이 뭉개진 사회적 모순이 사라진 세상이었다.

동학농민혁명, 3·1운동이 실패로 돌아간 뒤 일제에 의해 조선과 북간도의 땅이 의기(義氣) 있는 남자들의 피로 물들었을 때 남아 있는 여인들의 피눈물은 얼마나 진했을까. 나는 여순감옥과 독립운동의 본산지 용정, 안중근 의사가 거사한 하얼빈역 등을 답사하면서 조선 마리아의 피울음을 들을 수 있었다. 나는 광화문광장에 독립군 어머니와 아내의 동상이 세워지는 날, 우리 역사가 바로 세워지게 될 거라고 생각한다.

마리아의 노래는 야만적인 일제와 군부독재 시대의 어머니 가슴과 이어져 있다. 고난의 삶을 이어간 마리아의 젖을 먹고 자란 여인의 아들 예수는 이 세상 여인들의 한을 열어 이 세상의 모든 억압과 차별을 넘어서는 개벽의 새 하늘과 새 땅을 열었다.

3장

자비로운 사람 요셉

마태 1:18-25

예수의 탄생을 둘러싼 배경에는 첫 번 인물로 마리아가 등장하고 그다음 요셉이 등장한다. 요셉을 생각하면 예수와 마리아라고 하는 커다란 짐을 지게에 지고 먼 길을 걸어가는 고독한 남자의 모습이 떠오른다. 예수의 역사는 요셉의 헌신에 바탕을 두고 있건만 요셉은 예수와 마리아의 빛에 가려져 주목받지 못하는 무대의 조연처럼 인식되고 있다.

마태는 요셉을 '의로운 사람'이라고 말한다. 요셉은 아름답고 순수한 마음을 가진 침묵의 사람이었고 위기의 순간이 다가올 때 즉각적으로 대처하는 행동의 사람이었다. 그는 율법을 준수하는 사람이었지만, 혼외 임신을 한 여인은 돌로 쳐 죽이라는 율법을 무조건 따르지는 않았다. 요셉은 마리아가 죽게 되는 혼인 무효의 선택이 아니라 마리아를 살리기 위해 이혼장을 써주고 조용히 파혼함으로 율법과 자비를 합리적으로 동시에 실현하고자 했다.

자비의 품이 넓은 사람

인간적으로 보면 요셉은 당시로서는 매우 어려운 선택과 결단을 보여주고 있다. 어떤 남자가 사랑하는 약혼녀의 난데없는 임신을 수용할 수 있겠는가. 그것은 남자로서 자존심이 한없이 상처받는 일이다. 요셉은 자비의 품이 넓은 사람이어서 '가만히 끊고자' 했으나 그의 생각과 판단을 넘어서는 운명의 폭풍을 만나게 되었다.

　전혀 상상조차 할 수 없는 사건으로 혼란에 빠진 요셉에게 천사가 꿈에 나타나 일어난 일의 의미를 전해 주었다. 하지만 약혼녀가 임신한 아기가 성령에 의한 것이라고 하는 말은 이성의 차원에서 납득할 수 없는 말이다. 하지만 요셉은 자신의 자유의지에 의한 선택을 했고 그에 의하여 그리스도의 세상이 열리게 되었다.

　살다 보면 벼락을 맞듯이 충격적인 경험을 할 때가 있다. 가늠할 수 없는 사건이나 불행이 가슴을 짓누를 때가 있다. 바로 그때 우리는 '왜 하필이면 나에게?'라고 묻게 되고 내적으로 깊은 숙고에 들어가게 된다. 그 끝자락에서 이해가 일어날 때 삶에 가라앉아 있던 내가 떠오르게 되고 자신의 소명을 깨닫게 된다.

　소명은 자신이 하늘의 뜻을 이루기 위해 지금 해야 할 일이 무엇인지를 아는 것이다. 마침내 요셉은 자신의 소명을 깨닫게 되었고 천사의 말을 받아들여 마리아가 낳은 아들을 법적인 아들이 될 수 있도록 결혼하였다. 예수의 말씀 가운데 이스라엘 사회에 큰 충격을 준 것은 하나님을 아빠(아람어 Abba, 압바) 아버지로 부른 사건이었다. 복음서는 이에 대하여 유대의 종교 권력자들이 얼마나 큰 충격을 받았고 신성모독이라고 격분했었는가를 잘 보여주고 있다. 예수의 십자가 사건도 이 문제와 연결되어 있다.

예수의 아빠 아버지라고 하는 표현의 뿌리에는 성장의 과정에서 참으로 온유하고 든든했던 아버지 요셉이 있었기 때문일 것이다. 요셉이 얼마나 성숙한 인물이었는가를 가장 깊이 보여주는 증거는 '아바 아버지'라고 생각한다. 아바(압바, 아빠)는 어린아이들이 아버지를 부르는 유아어이다. 아바를 우리말로 풀면 '아'는 감탄사, '바'는 밝다는 뜻이다. 밝은 것은 빛이다. 어린 예수에게 요셉은 감탄의 존재이며 빛의 존재였음을 미루어 짐작할 수 있다.

신앙생활에 어려움을 겪는 분들 가운데는 어린 시절 폭력적이고 무능한 아버지에 대한 깊은 트라우마를 가진 분들이 있다. 그들은 교회에서 하나님 아버지라는 말을 들을 때마다 거부감이 올라온다고 토로하기도 한다.

어린 날의 아버지상을 아름답게 간직한 사람은 복이 있는 사람이다. 그런 사람에게 아빠 아버지로서의 하나님은 거부감이 없다. 어린 예수를 사랑의 날개로 품어 보호한 요셉은 남성들에게 어떤 아빠가 되어야 하는지를 잘 보여주고 있다.

예수 - 임마누엘

이스라엘의 전통은 아이의 이름을 아버지가 지어주는 것이 관례였다. 요셉은 천사가 지시한 이름인 예수를 아기에게 지어주었다. '예수'라는 이름은 '자기 백성을 죄에서 구원하실 분'이라는 의미이다. 여기에서 백성은 온 인류를 포함한다. 마태는 이름을 통하여 예수를 죄에서 구원하는 권능을 가진 분으로 설명하고 있다. 예수를 통하여 성취된 메시아의 약속은 '하나님이 우리와 함께 계시다'라는 임마누엘이라는 이름으로 확증된다(마 1:23). 임마누엘은 그리스도인들에게 있어 신앙의 주선율과 같다. 이 주제를 놓치면 믿음의 핵심을 놓치게 된다.

　이스라엘을 새롭게 세우시리라는 약속, 낡은 세계가 무너지고 새로운 세상이 오리라는 약속은 그리스도를 통해서 성취되었다. 그리고 예수와 함께 계셨던 하나님은 우리와 함께 세상 끝날까지 함께 계신다(마 28:20). 예수는 하나님과 인간의 분열을 회복하고 새로운 인류를 탄생시키는 시작이다. 1장의 아기 예수는 28장 끝에서 임마누엘 예수로 연결된다. 마태복음은 예수로 시작해서 임마누엘로 완성된다. 예수의 탄생은 역사가 완성되는 오메가 포인트의 그날까지 '우리와 함께'(임마누엘) 하신다는 증거가 된다.

4장

동방박사의 경배

마태 2:1-12

　　일본의 치과의사인 호리 야스노리의 『모든 병은 몸속 정전기가 원인이다』를 읽었다. 이분은 턱관절 장애의 원인을 발목 근육 이상에서 찾아내 치료하는 것으로 유명한 의사이다. 그는 치아만 고치는 의사가 아니라 병의 최초 원인을 밝혀내 인간의 통합적 건강을 안내하는 명의로 존경받고 있다. 이 책을 번역한 사람은 10여 차례의 암 수술을 받고 왜 자신의 암이 재발하는지 알아보다가 근본적인 치료 방법을 호리 야스노리에게서 발견하고 건강을 찾았다고 한다.

　　턱관절의 이상을 발목관절에서 찾아낸 내용을 읽다가 나비효과가 떠올랐다. 나비효과(butterfly effect)는 중국 베이징에 있는 나비의 날갯짓이 다음 달 미국 뉴욕에서 폭풍을 발생시킬 수도 있다는 과학 이론이다. 미국의 기상학자 로렌츠(E. Lorentz)가 1961년 기상관측을 하다가 생각해낸 이 원리는 곧 작은 변화가 결과적으로 엄청난 변화를 초래할 수 있는 경우를 표현하고자 한 것이다. 나비의 날갯짓이 마침 잦아들던 산들바람에 영향을 주고 그 바람이 점차 커져 돌풍이 되고 지구 반대편까지 가는 태풍이 되기도 한다.

이스라엘의 궁벽한 곳에서 마리아라고 하는 한 처녀가 품은 뜻과 기도가 그리스도의 탄생으로 이어지고 역사를 바꾸는 태풍이 불게 되었다. 한 여인의 소원과 믿음에 의하여 세상이 바뀌게 된 것이다.

페르시아의 현자들

본문은 예수 탄생과 연관된 5개 이야기 중에 두 번째인 동방박사 경배 이야기이다. 페르시아(이란)의 조로아스터교(배화교) 사제이자 점성술에 정통했던 세 사람이 주인공이다. 그들은 고대의 과학이자 초자연적인 지식 체계인 점성술로 인간의 운세와 세상의 흐름을 파악하는 현자들이었다.

동방박사 이야기는 예수를 다윗왕에 비견할 수 있는 존재로 설정하기 위한 전설로 여기는 사람들이 있다. 나는 이란에 가서 옛날부터 전해져온 동방박사 기념교회를 방문한 적이 있다. 작은 건물임에도 바깥 벽과 굴곡진 실내 복도의 벽 두께가 1m쯤 되어 보이는 특이한 건물이 있고 그 옆에 규모 있는 현대식 예배당이 있었다. 그 교회는 예수의 언어였던 고대 아람어 주기도를 지금까지 예배시간에 사용하고 있었다. 담임목사가 들려준 아람어 주기도는 아름다운 노래와 같았다. 그는 동방박사들이 30년 후에 자신이 경배했던 아기 예수가 실제로 왕이 되었는지 궁금해서 사절을 보냈는데 그때는 십자가 사건이 일어난 후였다고 말했다.

오순절 성령강림 때 사절들은 사도들의 설교가 자기 나라말로 들리는 체험을 하면서 예수는 세상 권력으로 군림하는 왕이 아니라 평화의 왕으로 오신 분이었음을 깨닫고 그 사실을 박사들에게 전했다고 한다. 나는 그 근거가 사도행전 2:8-10이라는 말에 놀라움을 금치 못했다.

"그런데 지금 이들의 말이 우리가 태어난 곳의 말로 들리다니! 우리 가운데는 바대 사람, 메대 사람, 엘람 사람, 메소포타미아 사람 … 사람들이 있고"

바르티아(바대) 사람은 현재 이란의 북동부 호라산(Khorasan) 지역 사람이고, 메대인은 이란의 서부 코르테스 사람들, 엘람인은 이란의 남서부 후제스턴 사람들이다. 메소포타미아 역시 이란에 속했던 지역이다. 사절로 간 사람들은 이란의 여러 지역 사람들이었다는 것을 알 수 있다. 동방박사들은 보고를 받고 나서 자신들이 사용했던 건물을 예배당으로 사용하도록 했다고 한다.

천문학에 의하면 서기 7년에 왕의 별인 목성과 팔레스타인의 별인 토성이 근접했었는데 동방박사들은 이 현상을 보고 이스라엘에서 왕이 나실 것을 알게 되었다고 한다. 그들은 예루살렘에 와서 "유대인의 왕으로 오신 이가 어디 계십니까?" 하고 물었다. 마태복음은 바로 이 물음에 대한 두 가지 부류의 반응을 자세하게 보여주고 있다.

한 부류는 예수를 경배하는 극소수의 사람들이다. 그러나 그분의 백성이 되어야 할 사람들은 예수가 그들의 왕이라는 사실을 알지 못했다. 그들은 자신의 입맛에 맞는 왕을 원할 뿐이었다. 바로 이런 사람들의 정상에 헤롯 왕이 있다.

유대인들의 왕인 헤롯 대왕은 자신의 권력을 넘볼 것이라는 의심 때문에 아들까지 처형시킨 인간 백정이다. 그는 에돔(이두메)족 출신으로 이방인이었고 여섯 번이나 결혼했다. 그중에 가장 사랑했다는 부인 미리암과 그녀 사이에 태어났던 두 아들과 장모까지 죽었다. 왕위를 물려주었던 맏아들도 처형했다. 그는 악인 중의 악인이었다.

동방박사를 접견한 헤롯은 경악을 금치 못했다. 세상의 막강한 권력을 쥐고 흔드는 헤롯이 무서워한 것은 정작 갓 태어난 아기 예수였다. 이것이 무엇을 말함인가. 불의하고 폭력적인 권력일수록 진실 앞에 무력해진다는 것을 보여준다. 그들은 강한 척하고 있지만 비겁한 겁쟁이들이다. 그들은 섬김이 아니라 백성들의 고혈을 빨아먹는 흡혈귀 권력을 행사한다.

동방박사들은 예루살렘에 와서 별이 나타내는 왕이 헤롯이 아니라는 사실을 알게 되었다. 또 메시아를 오매불망 기다린다는 예루살렘도 아니라는 것을 알게 되었다. 예루살렘은 잠 속에 빠져 사는 사람들의 도시였다. '평화의 마을'이라는 예루살렘은 잔혹한 학살자가 왕으로 다스리는 곳이었다. 예루살렘에 사는 사람들의 하나님은 죽은 자들의 하나님이었다.

예루살렘에 아기 예수는 없었다. 동방박사들은 아기 예수를 만나기 위해 순례의 길을 다시 떠났다. 당연히 예루살렘에서 왕족으로 태어날 것이라는 상식과 기대를 뒤로하고 마지막 순례의 여정이 끝날 때, 한적한 시골 마을 베들레헴에서 짐승의 밥통인 구유에 누워있는 아기 예수를 발견하고 경배하게 되었다.

경배와 경배 사이

경배라고 하는 '프로스퀴네인'(proskynein)[10]은 오직 예수에게만 사용하고 있다. 부활하신 예수께 제자들은 무릎을 꿇고 땅에 엎드려 경배했다(마 28:9, 17).

박사들의 경배는 제자들과 그 뒤에 이어진 수많은 그리스도인에게까지 이어져 왔다. 박사들이나 제자들, 그리고 모든 그리스도인은 경배의 두 무릎을 제대로 꿇기까지 신앙의 수많은 곡절을 만나게 된다. 마태복음은 이방인 동방박사의 경배에서 시작하여 제자들의 경배로 마무리된다. 그리스도인의 신앙 여정 역시 경배의 여정이다. 경배와 경배 그 사이에 예수와 임마누엘이 주선율로 채워지게 된다.

예수에 대한 이해가 깊어지고 예수를 그리스도로 고백하는 사람은 경배의 무릎을 꿇게 될 것이다. 똑같이 예수를 믿는다고 해도 경배하는 겸손한 신앙인도 있고 의심의 눈초리를 거두지 못하는 사람들도 있다.

박사들은 아기 예수께 황금과 유향과 몰약을 드렸다. 이것은 고대 이집트의 태양신에게 바치던 봉헌물과 같다. 진리와 생명의 참된 태양이 그리스도에게서 열렸다는 상징적인 의미가 있다. 초대교회의 교부들은 황금은 왕으로서의 아기 예수, 유향은 아기 예수의 신성, 몰약은 십자가상의 고난과 죽으심을 의미한다고 해석했

---

10) προσκυνέω proskyneo worship, 칠십인역 구약과 신약에서 예배(禮拜)와 경배(敬拜)로 쓰인다. προς ~을 향하여 ~앞에 엎드리다. κύνει(동) 키스하다. "아기예수의 발에 입맞추다."

다. 황금은 사랑, 유향은 기도와 소원, 몰약은 상처와 아픔의 상징이기도 하다.

우리는 예배를 드릴 때 예수를 향한 사랑과 함께 삶 속에서 일어나는 갈망과 아픔을 예물로 바쳐야 한다. 나의 원하는 바가 실현되고 상처가 치료되는 데서 우리는 하나님의 사랑을 경험한다. 그리스도인으로서의 나는 어떤 믿음의 태도를 가져야 할까? 이 물음에 대한 대답이 동방박사의 경배요 예물이다.

5장

일어나 가라

마태 2:13-23

마태복음에는 천사가 요셉의 꿈에 나타나 지시를 하는 내용이 세 차례 등장하고 있다. 그러나 마리아와 관련된 내용은 없다. 마리아와 관련된 내용은 누가복음 1장에 한 차례만 등장한다.

동방박사와 관련된 성탄 사건은 우리에게 아름다운 광경으로 그려진다. 그러나 그들이 돌아간 다음에는 처참한 살육의 광경이 펼쳐졌다. 헤롯은 군대를 보내어 베들레헴 인근의 두 살 이하 아기들을 모조리 죽였고 부모의 울부짖고 애통하는 소리는 하늘을 찔렀다.

유랑하는 난민의 삶

예수의 삶은 태어나면서부터 고난의 연속이었다. 늘 가난과 생명의 위협이 뒤따랐다. 예수 당시의 세상은 평화와는 거리가 멀었다. 구유에 눕혀졌던 아기 예수의 삶은 피난길로부터 시작되었다. 이집트로 가는 길이나 오는 길 모두 피난길이다. 그것은 떠도는 난민의 비참한 삶이었다. 이집트로 가는 길은 가마 타고 가는 길이 아니었다.

헤롯의 군대가 오기 전에 급박한 소식이 천사를 통해 요셉에게 전해졌다. '이집트로 일어나 가라.' 요셉은 즉각 일어나 피난길을 떠났다. 요셉은 결혼도 하기 전에 임신한 마리아 때문에 고민이 많았을 터인데, 아내로 맞아들이라는 천사의 기별을 받았고, 또 아기와 산모를 데리고 먼 이집트로 피난 가라는 지시를 받았다. 또 이집트에서 조금 숨 돌릴만하니까 또다시 천사의 기별이 왔다. '이스라엘로 일어나 가라.'

요셉은 아기를 지키기 위해서 급하게 이집트로 떠나야만 했다. 살다 보면 생명을 보전하기 위해서 긴박하게 떠나야 할 때가 있다. 어느 때는 나를 지키기 위해서 피난처가 필요할 때도 있다. 그러나 피난처는 임시로 필요한 공간이지 오래동안 머무는 공간이 아니다. 다시 내 소명의 자리, 삶의 자리로 돌아가야만 한다. 아기 예수의 피난 사건은 생명의 문제가 걸릴 때는 우선 살고 봐야 한다는 지혜를 보여준다. 요셉은 위기 상황에서 망설이지 않고 피난길에 즉시 올랐다. 생명이 위기에 처할 때는 선택의 여지가 없다.

예수는 어렸을 때부터 유대와 이집트의 다문화 경험을 했다. 마태복음에 기록된 예수의 어린 시절은 나사렛에 정착한 이야기로 끝이 나지만 나사렛은 이스라엘의 변방으로서 유대인과 이방인들이 섞여 살고 있는 지역이었다.

예수의 이집트 피난살이를 묵상하면서 떠오르는 것은 오늘의 한국 현실이 오천 년 역사에서 삼시 세끼 밥 먹는 것이 풍족하게 해결된 유일한 시기라는 점이다. 밥과 의료복지, 통신 등의 분야에서 세계적인 나라가 되었다. 그러나 헬조선이라는 말을 쓰는 사람들이 있다. 그들은 한국 땅을 나가보면 우리나라가 천국이었다는 것을 알게 될 것이다. 이집트의 벽화에는 그들의 천국이 그려져 있었다. 산에 나무와 새가 있고 물이 흐르는 곳이었다. 이집트인들이 꿈꾸는 세상은 바로 대한민국의 산천이었다.

일어나라, 깨어나라

하나님은 우리에게 떠나라고 말씀할 때도 있고 돌아가라 할 때도 있다. '일어나라'는 말은 '깨어나라'는 뜻이다. 알 속에서 새가 되었다면 껍질을 부수고 나가는 것이 생명의 길이다. 그런데 껍질 안에서만 살아온 새의 입장에서는 어떻게 해야 할지 알 길이 없다. 그저 답답하기만 할 뿐 분명한 사실은 알을 깨고 나가지 못하면 죽음이다.

일어나라, 깨어나라는 말은 나 자신과 주어진 삶의 현실에 대해 깨어 있어야 한다는 의미이다. 에고의 껍질을 깨고 나가는 의식의 대전환인 '메타노이아'(μετάνοια, metanoia, 방향 전환, 회개, 참회)는 '깨어 있음'(χρηχορέω, grēgoreō)으로 가능하다. 또한 성서에서 일어나라는 말은 부활과 연관이 있다. 성서에서 부활은 일어나다(anastasis)와 일으켜졌다(egerthe, 되살아났다)는 두 단어로 말해지고 있다.

부활은 내가 취해 있는 환상(잠)과 갇혀 있는 의식에서 깨어나는 것이다. 그것은 일어나 걸어야만 생명의 길로 갈 수 있기 때문이다. 바로 이 때문에 성서는 '일어나라'와 '가라'는 두 단어가 한 쌍으로 나타날 때가 많다. **자리를 털고 일어났으면 내가 가야 할 길을 향해 떠나가야만 한다.**

떠나간다는 것은 힘든 여정을 나타낸다. 그것은 나의 익숙한 생각과 공간과의 이별이며 난관을 통과하고 극복하는 여정이다. 요셉은 보호받지 못하는 이국땅으로 황급히 떠나야만 했다. 그곳은 과거 이스라엘 백성이 노예 생활했던 이집트이다. 요셉은 꿈속에서 천사의 말을 듣고 떠났다고 한다. 누군가 멱살을 잡고 말을 한다 해도 떠나기 쉽지 않은 길을 떠난 것이다. 어쩌면 요셉은 깊은 사색과 내면의 세미한 음성을 듣는 인물이었을 것이다.

코로나 천사의 긴급 공지 - 기존 삶의 위기

코로나는 인류가 경험해 보지 못한 새로운 삶의 방식을 향해 길을 떠나라는 긴급 공지라고 생각한다. 통계에 의하면 식량이 없어 기근으로 굶어 죽는 사람이 하루에 35,000명이라고 한다. 그런데 유독 코로나에 세계가 놀랐던 것은 굶주림으로 죽어가는 사람은 남이고 코로나에 죽을 수 있는 가능성에는 나도 포함될 수 있을 거라고 생각되기 때문일 것이다. 코로나에 대한 사람들의 두려움은 현재까지 누려왔던 삶의 방식이 무너지는 것에 대한 두려움이다.

천사는 우리에게도 단호히 말씀하고 있다. 일어나 가라, 깨어나 길을 떠나라. 그래야 아기 예수의 생명을 구할 수 있다. 그렇다면 우리는 현시점에서 어떻게 어디로 일어나 떠나야 할 것인가?

코로나 사태로 가족들의 친교 활동이 늘어나고 가족의 중요성에 대해 다시 자각하는 계기가 되면서 일상의 중요성이 자각되고 있다. 또한 코로나 이후의 세상을 경험하면서 사람들은 인간 내면의 깊은 곳에서 올라오는 물음에 대해 관심을 가지기 시작했다. 알 수 없는 죽음 이후에 대한 두려움에 기반한 천당과 지옥의 낡은 틀을 넘어서 보다 본질적인 진리와 각성을 경험하고자 하는 욕구가 커지고 있다.

무엇보다 어쩔 수 없이 예배에 줌(zoom)이 들어오게 되면서 예배를 둘러싼 견고한 시간과 공간의 개념에 균열이 생기게 되었다. 이는 중대한 변화를 예고한다. 이제 인류는 천사의 긴급 공지 앞에서 종교의 의미를 다시 정립하고 그에 따른 변화의 결단을 내리지 않으면 안 되는 시점에 도달한 것이다.

영혼의 길을 가는 사람들은 고독을 친구로 삼는다. 그래야 엘리야가 호렙산에서 들었던 '아주 세미하고 부드러운' 소리를 들을 수 있다(왕상 19:7-13). 즉 섬세한 감각과 영성의 사람이 될 수 있다. 이런 사람들은 **하나님에게 가는 길은 이미 입력된 편견을 버리고 내가 바라보는 사물들, 사람들, 일과 사건을 깊이 바라보는 데 있음을 알게 된다.** 깊이 바라보아야 깊이 알 수 있다. 이때 일체 은혜 감사라는 고백을 하게 되고 영성과 삶의 종교로 깨어나게 된다.

삶의 종교로 가기 위해서 우리는 자기를 아는 지식과 자신과의 화해와 용서를 배워야 한다. 이것이 전제될 때 우리는 영혼의 자유를 경험하게 되고 자기 자신으로부터 자유로워질 수 있다.

지금 나에게서 발산되고 있는 에너지가 어떤 에너지인가? 평화인가, 불안과 초조인가? 균형인가, 불균형인가? 이기적인가, 이타적인가? 긍정적인가, 부정적인가? 들숨인가, 날숨인가? 지금 나는 어떤 생각을 하고 있고 어떤 감정 상태인가? 매 순간 흐르고 있는 자신의 에너지에 대해 주시할 수 있다면 그는 깨어 있는 사람이다.

그는 자신의 눈을 정화하고 지혜의 눈으로 세상을 바라본다. 하지만 여기에서 더 나아가 깨어 있음의 각성과 긴장에만 머물지 않고 이완의 평안을 균형 있게 유지하는 지혜가 필요하다.

"깨어 기도하라. 그렇지 않으면 시험을 감당하지 못할 것이다."
(마 26:41)

"늘 깨어 있으라. 이것은 너희에게 주는 말인 동시에 모든 사람에게 주는 말이다."(막 13:36-37)

시대가 어려울수록 우리의 몸과 맘과 얼 빛을 더욱 빛나게 해야 한다. 이것이 우리의 본분이고 살길이다. 코로나는 인류의 잠을 깨워 새로운 평화의 길을 향해 길을 긴박하게 떠나도록 촉구하는 은혜의 나팔 소리이다.

6장

세례 요한 - 하나님의 피리 소리

마태 3:1-17

세례 요한은 구약에서 신약의 시대를 연결하는 인물이다. 그는 예수보다 여섯 달 앞서 태어나 예수의 복음 선포에 있어 마중물 역할을 했다. 광야에서 낙타 털옷을 입고 메뚜기와 야생 꿀을 먹고 살면서 메시아로서의 예수를 소개하였다.

마태는 그를 이사야 선지자가 예언한 "광야에서 외치는 자의 소리"(사 40:3)[11]라고 적고 있다. 여기에서 소리는 무슨 뜻일까? 피리는 속이 텅 비어 있어서 연주자의 숨으로 소리를 낼 수 있다. 그는 하나님의 손에 들려진 피리에서 나오는 '소리'와 같은 사람이었다. 세례 요한은 피리가 되기를 원하지 않고 피리에서 나오는 소리이기를 원했던 겸손한 사람이었다. 그는 자신을 예수의 '신발을 벗겨드릴 자격도 없는'(마 3:11), '종이 될 만한 자격도 없는 사람'이며(요 1:27), '그분은 더욱더 위대해지고 나는 더욱더 작아져야 한다'라고 말했다(요 3:30).

---

11) 제2 이사야서(40-55장)의 첫 부분(40:3)의 외치는 자는 바벨론 포로에서 해방되어 고향으로 돌아가는 유대 백성들이고, 그 소리는 해방의 기쁨을 노래하는 소리다. 그 노래는 귀향길을 평탄케 하고 준비하라는 소리다.

회개에 합당한 열매를 맺으라

세례 요한은 이제 등장할 메시아의 길을 닦으면서 백성들에게 '회개하라, 하늘나라가 가깝다'라고 외쳤다. 회개는 삶의 근본적인 변화와 실천을 말한다. 그렇다면 왜 세례 요한은 회개와 하늘나라를 외쳤을까?

먼저 구약성서의 마지막에 있는 말라기서와 마태복음 사이에는 400여 년의 공백이 있었다는 사실에 주목할 필요가 있다. 종교적 제사 의식을 다루는 제사장은 있었으나 하나님의 영에 사로잡혀 말씀을 받은 선지자가 없었던 시대였다. 시대는 혼란했고 민중들은 갈 바를 알지 못하고 방황했다. 한마디로 어둠이 지배하는 시대였고 맹인이 맹인을 인도하는 현실이었다.

말씀이 희귀한 어둠의 시대에는 메시아와 하나님의 나라가 도래하기를 바라는 종말론적인 열망이 불타오르게 된다. 그 당시 민중들이 세례 요한을 찾은 것은 광야에서 살아가고 있는 세례 요한의 청빈한 삶이 구약의 예언자나 메시아로 보였기 때문이다. 민중들은 요한의 '회개하라, 이미 천국이 왔다'라는 말씀에 깨어났고 도전을 받게 되었고 희망을 품게 되었다.

천국[12]은 예수와 함께 '이미' 왔으니 그 나라 백성에 합당하게 회개[13]하라는 외침이었다. 세례 요한이 말하는 회개는 단순한 도덕적 반성이 아니라 전인적인 영적 쇄신이다. 요한이 이 시대에 그리운 것은 그의 사심 없는 겸손과 말씀을 선포하는 자로서의 담대함

---

12) 엔키켄(ἤγγικεν, 과거완료 3인칭)
13) 메타노이테(Μετανοεῖτε, 메타노이아의 현재 명령 능동태)

이다. 그는 막강한 종교 권력을 휘두르던 바리새인과 사두개인을 향하여 독사의 자식들이라고 가차 없이 책망하였고 정치 권력의 핵심인 헤롯왕에 대해서도 정의로운 채찍질을 멈추지 않았다.

거울이 상대와 상관없이 있는 그대로 비추어 주는 것처럼 시대의 거울로서 망설임 없이 말씀을 선포했다. 이러한 면모는 그가 생사를 하나님 앞에 온전히 바친 인물이었음을 나타낸다.

세례 요한은 헤롯 대왕의 둘째 아들인 헤롯 안디바가 동생 빌립의 아내 헤로디아를 아내로 맞이하자 그를 향해 강력하게 비판했다. 이 사건이 발단되어 헤롯왕은 자신의 생일잔치 자리에서 선지자 세례 요한의 목을 잘라 헤로디아의 딸 살로메에게 선물했다.

세례의 의미

세례 요한은 요단강에서 자기 죄를 회개하는 자들에게 세례를 주었다. 요한은 그것을 회개를 위한 세례라고 했다(마 3:11). 베드로는 오순절 설교에서 죄 사함을 얻는 세례를 말했고(행 2:38), 사도 바울은 세례 의식을 그리스도의 죽음과 부활로 연결지었다(롬 6:3-11). 물에 잠기는 것은 옛사람의 죽음으로, 물 밖으로 나오는 것은 새사람으로 다시 태어남을 의미한다.

신약교회는 세례를 그리스도의 죽음과 합하여 과거를 장사 지내고, 그리스도의 부활과 합하여 새로운 존재로 거듭나는 영적 체험으로 상징화했다. 중요한 것은 신앙고백이고 회개이며 세례에 합당한 삶의 변혁이다.

성서의 역사 속에서 세례는 육체의 세례 의식이라고 할 수 있는 할례에서 시작되었다. 할례는 히브리인과 이방인을 구별하는 증표로서 출생 후 8일 만에 하도록 했다(창 17:10-14). 물세례는 마음을 하나님께로 돌이키는 성별의 세례이다(벧전 3:21). 불과 성령의 세례는 영혼의 세례이다. 성령은 성숙한 그리스도인으로 성장하도록 도우신다. 몸과 마음과 영혼은 인간의 기본적인 구성 요소이다. 세례는 그리스도인에게 전인적인 영역에서 영향을 미친다.

무엇보다 중요한 세례의 의미는 세례를 통해서 개교회의 책임 있는 일원이 된다는 데 있다. 결혼식과 혼인신고를 하고 사는 부부와 그냥 오다가다 만나서 동거하는 사람은 차이가 전혀 다른 것처럼 세례교인이 된다는 것은 언제라도 떠나면 그만이지 하는 뜨내기 신자가 아니라 책임 있는 주인공으로 믿음 생활을 하는 것이다.

세례교인이 된다는 것은 개교회에만 참여하는 것이 아니라 공적교회(公的敎會)라는 지구적인 보편적 공동체의 일원이 된다는 것이다. 이 때문에 세계 어느 곳에 가든지 자신이 세례교인임을 자랑스럽게 말할 수 있다. 시간과 공간, 인종, 성, 계급 등의 모든 차이를 넘어 서로를 수용하며 하나님 나라를 이루는 한 몸이 된다.

세례식은 하나님과의 관계를 새로이 묶어 주고 교우들을 서로 연결하는 예식이다. 각자의 세례 받은 경험이 어떠했든 간에 세례를 받았다는 사실 자체가 보증하는 한 가지가 있다. 그것은 나를 수용하고 지지하는 교회공동체가 있었다는 점이다. 세례의 정신은 "당신이 믿음의 길을 홀로 걷도록 내버려 두지 않겠습니다. 당신은 혼자가 아닙니다"라는 공동체 일동이 함께하는 고백에 있다. 그것은 예수께서 세례를 받으실 때 들었던 하늘의 음성이다.

세례 의식의 자리에서 집례자는 회중을 향해 묻는다.

"여러분은 000님의 신앙고백을 함께 들었습니다.

자발적 동기에 의해서 세례를 받고자 하는 000님의 고백에 대해

동의하십니까?"

"예수 그리스도께서는 우리를 부르시어

온 민족을 제자로 삼으시고 그들에게 세례를 베풀어,

은총의 선물을 주시고자 하십니다.

이 성례전에 참여하고 축하하는 여러분은

오늘 세례를 받는 000님이 그리스도 안에서 살아갈 때,

사랑으로 돌보고 기도로 지원하겠습니까?"

그때 회중은 대답해야 한다.

"예, 그렇게 하겠습니다."

마르틴 루터에게 찾아온 사람이 "제가 그리스도인인지 어떻게 알 수 있습니까?"라고 묻자, 루터는 그에게 이렇게 대답했다고 한다. "당신이 세례 받았다는 사실은 알지 않습니까? 그것이 당신이 알아야 하는 전부입니다."

오늘의 교회는 큰 도전 앞에 서 있다. 그것은 공동체성의 상실과 말씀의 실천력이 부족한 데 원인이 있을 것이다. 먼저 나는 혼자가 아니라 큰 사랑으로 묶인 세례공동체의 일원이라는 사실을 기억하자. 세례는 영원까지 이어지는 이어짐이고 하나의 연결이다. 세례를 통하여 우리의 연결은 확고해진다.

예수는 세례 주기를 사양하며 망설이는 요한에게 세례는 하나님

의 의로움을 이루는 일이라고 설득하였다. 세례는 단순한 정결 의식을 넘어 그리스도 밖에 있던 내가 그리스도와 함께 십자가에 못 박혀 죽고 다시 살아난 새 생명으로 그리스도 공동체와 연합하는 것이다.

그리스도인 - 어제의 나가 아닌 나로 살아가는 사람

　　예수께서 요단강에서 세례 요한에게 세례를 받으시고 물에서 올라오실 때 세 가지 일이 있었다. 하늘이 열렸고, 성령이 임하였고, 하늘로부터 "이는 내 사랑하는 아들이요 내 기뻐하는 자"라는 소리가 들렸다.

　네 발 달린 동물은 먹을 것 찾아서 땅을 보고 다니지만 바로 서 있는 인간은 하늘을 본다. 인간은 하늘을 머리에 이고, 가슴에 담고, 그 하늘의 뜻을 자신이 발 딛고 있는 삶의 현장에 심고 가꾼다. 그러기 위해 자신의 내면의 하늘을 존재의 꽃으로 피워내야 한다. 하늘을 보는 것은 단순히 고개만 들어서 보는 하늘이 아니다.

　하늘이 열린다는 것은 내 영혼의 개화이다. 내가 지구에 보냄을 받은 소명을 깨달을 때 내 영혼의 아버지가 하나님임을 알게 된다. 자식이 아버지를 알아볼 때 하늘 아버지는 불멸하는 빛의 몸을 입혀 주신다.

　우리의 몸 안에서는 날마다 수많은 세포가 죽고 다시 태어나고 있다. 에너지 흐름의 법칙을 따라서 생명과 죽음의 조수가 교차하고 있다. 바울은 나는 날마다 죽는다고 말했다. 그 말은 나는 날마다 태어난다고 하는 말과 동의어이다. 자연인의 생명은 임종의 순간에서 끝이 나겠지만 영혼의 사람들은 날마다 다시 태어난다. **날마다 태어나는 사람은 날마다 잘 죽는 사람이다. 어제의 나가 아닌 나로 오늘을 살아간다.**

7장

유혹과 시험

마태 4:1-11

시험은 유혹의 의미와 가깝다. 또는 삶의 난관을 통과한다는 의미도 있다. 시험은 필연적으로 선택이라는 주제와 연결된다. 어떤 선택을 할 것이냐 하는 문제는 결과와 이어지게 되기 때문에 인생에서 가장 중요한 주제이기도 하다.

유혹은 바람과 같다. 언제 어떻게 찾아올지 모르고 미풍에서부터 태풍까지 바람의 종류가 다양한 것처럼 유혹도 매우 다양한 얼굴을 가지고 있다. 시험과 유혹은 밖에서 들려오는 속삭임이건 내적 충동이건 인생의 순간순간마다 끊임없이 찾아온다. 삶이라는 바다에서 순간마다 일어나는 파도처럼 우리 모두 흔히 경험하고 있다.

자격시험을 통과해야 능력을 인정받는 것처럼 예수의 시험은 '내 사랑하는 자'로서의 하나님의 아들임을 증명하는 통과의 사건이었다. 마태는 예수가 우리와 똑같이 유혹을 받는 인간임을 보여준다.

하늘이 열리고 성령이 임한 아름답고 장엄한 세례 장면에 이어 성령께서는 예수를 광야의 시험장으로 인도했다. 그곳은 처절한 배고픔과 고독의 공간이다.

40일 - 금식(禁食)과 망식(忘食)의 차이

예수는 공생애가 시작되기 전에 광야로 나가 40일 동안 곡기를 끊었다. 보통 건강이나 신앙의 결기를 바로 세우기 위한 금식은 10일 정도이다. 그러나 20일을 넘어서는 금식은 그만큼 절실하고 절박한 삶의 주제와 목표가 있을 때 가능하다. 이쯤 되면 자신이 굶은 밥그릇 수를 세거나 날짜를 계산하지 않는다. 40일은 생사의 갈림길이다. 극한의 시간이다. 예수의 40일은 날짜를 세는 금식이 아니라 망식의 시간이다. 여기에서 39일이냐, 41일이냐라는 숫자는 의미가 없다.

중요한 것은 40일에 도달하고자 하는 열정이고 물음이다. 40은 내가 나로 중심을 바로 세우는 'I AM'의 숫자이다. 그 어떤 것도 나와 동일시하지 않는 깨달음의 숫자이다. 그래서 자존자의 숫자가 된다. 예수는 40일의 한계를 통과하면서 자신의 소명과 지혜를 제대로 표현할 수 있는 힘과 능력을 확고히 하게 된다. 이제부터는 유혹자가 담당하는 검증의 시간이다.

광야에는 예수를 혼란에 빠지게 하려는 치명적인 유혹자가 기다리고 있다. 마귀는 하나님의 말씀을 인용하면서 유혹한다. 본래의 의미와는 살짝 다르고 그럴듯하게 말씀을 인용함으로써 선악의 구분을 혼동하게 한다. 악마는 인간의 영안을 어둡게 하여 애매모호한 인생을 살아가게 한다. 마귀는 선(善)과 악(惡)을 혼합한 교묘한 말로 예수를 세 가지 시험으로 유혹하였다.

세 가지 시험

첫째 시험 - 돌로 떡을 만들어 먹으라

하나님은 돌을 음식으로 먹으라고 하지 않으신다. 돌은 돌이고 돌로서 완전하다. 돌이 돌인 것은 자연과 하나님의 영역이다. 그런데 내 배가 고프다고 돌까지도 떡으로 만드는 것은 내 욕구를 하나님보다 앞세우는 일이다. 그것은 내가 하나님의 자식이라는 것을 망각하는 태도이다.

마귀는 '네가 **만일** 하나님의 아들이라면'이라는 교묘한 어법을 사용하고 있다. 딱 걸려들기 좋은 말씀씨다. 그러나 예수는 여기에서 인간은 밥만 먹고 사는 존재가 아님을 선언한다(신 8:3). 인간은 하나님의 입에서 나오는 모든(근원의, 본질적인) 말씀으로 사는 존재라고 말씀한다.

마귀는 에덴동산에서 '보암직하고 먹음직한 선악과'로 시험했듯이 먼저 먹는 문제로 예수를 유혹하였다. 40일을 광야에서 굶은 예수에게 배가 고픈 내적 충동과 마귀의 속삭임은 위험한 유혹이었다. 이 문제는 모든 인간에게 있어 벗어날 수 없는 주제이다.

진정한 배고픔은 영혼의 양식인 말씀이 없는 배고픔이다. 육신을 위해서는 물질의 밥이 필요하지만, 영혼이 사는 데는 말씀을 먹어야 한다. 하나님의 사람에게는 말씀이 밥이다. 첫 번 시험은 욕심이 아니고 필요에 따라 사는 삶을 살아야 함을 제시하고 있다.

둘째 시험 - 뛰어내리라

첫째 시험이 하나님의 주권과 질서를 깨뜨리라는 거라면 둘째 시험은 하나님을 이용하라고 하는 시험이다. 악마는 시편의 말씀을 인용하면서 성전 지붕에서 뛰어내리면 하나님께서 천사들로 하여금 예수의 발이 땅에 닿지 않게 하실 거라고 했다.[14]

타인의 인정을 받고 자기 과시를 위하여 하나님을 시험하는 것은 불신앙이고 신성모독이다. 하나님의 이름으로 이념을 포장하면서 사람을 집단적으로 죽이는 전쟁을 성전(聖戰)이라 하는 행위역시 신성모독이다. 2차세계대전 때 기독교 국가인 영국과 프랑스, 그리고 독일은 모두 승전을 하게 해달라고 기도했다. 하나님의 뜻은 전쟁으로 인한 살육을 멈추는 데 있지 않은가. 평화가 중요한것이지 전쟁에 이기는 것이 중요한 것인가.

자신의 에고와 독선을 위해서 하나님을 끌어들이게 하는 사단[15]의 간교한 술책에 예수는 속지 않았다. 나를 높이기 위해 하나님을 이용하려고 하는 태도는 악마에게 속은 일이다. 예수는 마귀에게 "주 너의 하나님을 시험하지 말라는 말씀도 성경에 있다"라고말씀했다(마 4:7).

셋째 유혹 - 내게 경배하면

마귀는 모든 나라를 보여주면서 내게 무릎을 꿇고 경배한다면이 모든 것을 주겠다고 유혹했다. 사람들은 권력을 얻기 위하여악마와 손을 잡는다. 권력만 준다고 하면 불 속에라도 뛰어든다. 그러나 권력의 세계는 비정하다. 헤롯이 자신의 권력 유지에 위협이 된다면 아들, 부인도 다 죽이듯이 그렇게 냉혹해진다. 역사의

---

14)　시편 91:11-12 참조
15)　Satan, 하나님에 대립하는 악을 인격화한 것. 마귀. 사단은 우리말사전에 등장하지 않는다.

기록은 권력의 암투 속에 죽어간 무수한 사람들의 이야기를 담고 있다.

마귀에게 자신을 판다는 것은 영혼이 죽는 일이다. 이런 관점에서 세 번째 유혹은 치명적이다. **마태가 전해 주는 예수는 모든 세상의 권력과 폭력을 내려놓으신 분이다. 인간의 정치적 폭력, 종교적 폭력을 비폭력으로 대응하신 분이다.** 마귀는 십자가를 지는 험난한 고생길을 가려고 하지 말고 모든 나라의 왕이 되는 길을 가라고 유혹했다. 예수는 모세가 이스라엘 백성에게 참 하나님을 섬기라고 했던 말씀을 인용하면서 유혹을 뿌리쳤다.

"사단아 물러가라. 성경에 '너희 하나님 여호와를 두려워하고 그분만을 섬기라'고 이르지 않았느냐?"(마 4:10, 신 6:13)

사단아 물러가라

예수께서 악마에게 답하신 말씀은 모두 신명기를 인용하고 있다. 이스라엘 백성이 이집트를 탈출하여 40년 동안 광야생활을 하는 동안 그들은 많은 유혹을 받았다. 자유를 찾아 가나안 복지로 들어가고자 하는 사람들은 광야의 시험을 통과하게 된다. 그 연장선에 자본주의 시대를 살아가고 있는 오늘의 그리스도인들과 교회가 있다. 모든 문화현상과 종교는 그 시대의 사회구조를 반영한다. 자본주의란 돈을 근본으로 삼는 황금만능의 사회다. 인간성이 망가지고 타락하는 배경에 돈이 힘을 발휘하고 있다. 교회라고 해서 악마의 시험으로부터 예외일 수 없다. 예수는 이에 대한 경고의 말씀을 하였다.

"아무도 하나님과 돈이라는 두 주인을 함께 섬길 수는 없다."(마태 6:24)

예수는 세 번째 시험에서 '사단아 물러가라' 하고 외쳤다. 하지만 이 외침은 한 번으로 끝나지 않았음을 마태는 보여주고 있다.

예수 자신의 사명의 길을 막을 때 예수는 베드로에게 이렇게 외쳤다. "사단아, 물러가라! 너는 하나님 편에서 생각하지 않고 인간 편에서만 생각하는구나."(마 16:23) 유혹자는 악마만이 아니다. 가장 가까운 동지와 가족이 유혹자일 수 있다. 십자가 위에 매달리셨을 때 원수들은 외쳤다. "네가 정말 하나님의 아들이거든 어서 네 자신이나 구원하고 그 십자가에서 내려와 보시지."(마 27:40)

그리스 문학을 대표하는 작가 니코스 카잔차키스(Nikos Kazantzakis, 1883-1957)는 그의 소설 『예수 그리스도의 최후의 유혹』에서 십자가에 못 박힌 그 마지막 순간까지 찾아드는 예수의 유혹을 담아내고 있다. 그는 지고한 뜻을 가진 소명의 사람에게 있어 유혹은 삶의 마지막 순간까지 치열하게 다가온다는 것을 실감 나게 표현하고 있다. 이 소설로 인해 그리스 정교회에서 파문당한 그는 자신의 묘비명을 이렇게 썼다. **"나는 아무것도 바라지 않는다. 나는 아무것도 두려워하지 않는다. 나는 자유인이다."**

예수를 향한 유혹은 광야의 시험에서 한 번에 끝난 것이 아니었다. 십자가에 못 박힌 처절한 상황에서도 유혹과 시험은 시간이 갈수록 뜨거워지는 풀무불처럼 지속되었다. 그러나 예수는 십자가 위에서 유혹의 마지막 시험을 극복하였다.

광야의 시험을 물리치셨을 때 천사가 와서 시중들었다. 유혹의 장소가 승리의 장소로 뒤집힌 것이다. 하나님 나라는 바로 시험을 통과한 여기이다. 인생을 제멋대로 살아가는 사람에게는 시험이 없다. 시험은 선한 의도와 지고한 목표를 가진 사람에게 필수적으로 찾아오는 전제 조건이다. 시험은 그리스도인을 완전의 세계로 인도하는 필수조건이다.

예수에게 시험의 통과가 없었다면 우리에게 그리스도는 없었을 것이다. 마귀는 어떤 발자국 소리도 없이 우리를 시험하러 늘 찾아오고 있음을 기억하자. 일상의 삶에서 다가오는 크고 작은 유혹을 어떻게 물리칠 수 있는가? 이 문제는 예수처럼 광야에서의 40일간 마음과 육신의 욕망을 비운(케노시스) 것과 말씀으로 상황에 대처하는 실력이 함께 뒤따라야 한다는 통찰을 본문은 제시하고 있다.

8장

산 위에서 가르치신 말씀

마태 5장-7장

한밤에 일어나 창밖의 녹색 숲이 깨어나는 과정을 지켜보았다. 빨주노초파남보의 중심에는 녹색이 있다. 가장 눈에 피로를 주지 않기 때문에 고도의 집중력이 필요한 수술실에서 의사들은 녹색 가운을 입는다. 나는 중심이라는 개념을 매우 중요하게 생각한다. 에너지의 중심, 존재의 중심 등 데카그램의 내용에는 중심을 파악하는 다양한 소개가 있다.

마인드맵 방법에는 중심어와 핵심어를 선정하는 것을 기본으로 한다. 생각을 정리하고 창조적으로 두뇌를 사용하는 데 있어 마인드맵은 매우 유용하다. 중심어는 대들보와 같다. 그리고 핵심어는 그것을 받치는 기둥이다. 그리고 서까래처럼 퍼져나가는 부차적인 작은 주제들이 이어 나간다.

가르침의 핵심 - 주기도

예수의 말씀 중에서 산상설교는 가르침의 중심에 있고 산상설교의 중심에는 주기도가 있다. 이는 신앙의 중심에는 기도가 있어야 한다는 것을 나타낸다. 주님의 기도는 예수의 말씀 가운데 핵심 중의 핵심이다. 주기도라는 대들보를 중심으로 산상설교는 배치되고 연결되어 있다. 기도의 대들보 위에 실천이라는 신앙의 다양한 덕목들이 얹혀 있는 것이다. 신앙은 주기도에 대한 체험이고 고백이고 그에 대한 응답이다.

기도의 체험이란 하늘 아버지가 어떤 조건도 없이 나를 사랑하신다는 것과 내가 바로 하나님 아버지의 자식이구나 하는 깨달음이다. 바로 이것이 하나님의 은혜에 대한 체험이다. 이 체험을 하는 사람들은 그 체험을 실천적 행동으로 나타내게 된다. 팔복(八福)은 그 행동이 어떻게 그리스도인의 존재와 삶으로 나타나야 하는지에 대한 지침의 말씀이다.

주님의 기도를 깊이 드리는 사람들은 세상을 바꾸고 치유하는 사람들이다. 그러나 기도와 행동이 없는 신앙은 예수와 아무런 상관이 없다. 자기들끼리만 모여 즐기는 친목 단체로 전락하기 때문이다.

'하늘에 계신 우리 아버지'라는 고백은 매우 친밀한 아버지의 표현이다. 헬라어 파테르(pater)는 아람어로 말씀하신 예수의 압바(Abba)의 번역이다. '하늘에 계신 우리 아빠'로 번역했다면 원문에 가까운 표현이 되었을 것이다. 가부장적인 문화가 깊은 한국사회에서 아버지라는 어감은 예수의 말씀과는 느낌의 차이가 있다.

하나님은 내 안의 하늘과 밖의 하늘에도 계신다. 그것을 무소부재(無所不在)하다고 한다. 나는 바다의 물고기처럼 하나님 안에 있다. 그 하나님은 나의 갈망과 염원을 채워주신다. 그러기에 우리는 기도해야 한다. 그렇다면 우리는 어떤 기도를 해야 할까?

먼저 '하늘 아버지의 이름'이 거룩하게 되기를 위해서 기도해야 한다. 그리스도 예수는 인간은 하나님을 아빠라고 부를 수 있는 존귀한 존재라고 가르쳤다. 주님의 기도는 아빠라는 친근한 말의 청원으로 시작된다.

하늘에 계신 우리 아빠(아바, 압바),
저로 인하여 아빠의 이름이 거룩하게 되도록 해주세요.
저 때문에 아빠의 거룩함이 손상되지 않도록 해주세요.

이 청원은 하나님의 영광은 인간인 '나'를 통해서 드러난다는 예수의 정신을 담고 있다. 인간과 상관없이 하나님은 거룩 그 자체이시다. 그러나 하나님의 거룩은 인간이 자신 안에 하나님의 형상을 발현하고 성장시킬 때 드러난다. 자식이 망나니로 살면 부모가 욕먹는 법이다. 그리스도인들이 빛을 잃으면 하나님의 거룩한 빛이 가려진다.

가을에 강물이 맑아지면 하늘이 그대로 비치게 된다. 가을 강물은 하늘을 담고 있다(秋江共長天一色). 하나님은 그리스도인의 맑은 영혼을 통해 자신의 모습을 드러내신다. 바로 이 표현을 예수는 '나를 본 자는 아버지를 본 것이다'(요 14:7-9)라고 말씀했다. 하나님의 영광은 이 땅에서 살아가고 있는 하나님의 사람들에 의하여 드러난다. 주기도문의 핵심은 '저를 통해서 하나님의 거룩함이 드러나도록 하소서'라는 고백에 있다. 팔복은 새로운 삶의 길을 가는 사람들에 의해 펼쳐지는 새로운 세상의 모습이다.

우리를 시험에 들게 마시고

주님의 기도 말미에 '우리를 시험에 들게 마시고 다만 악에서 구하소서'가 있다. 여기에서 시험은 유혹이다. 유혹에 무너지지 않도록 해주십사 하는 기도이다. 이 유혹의 실체는 사람들이 선호하는 멸망에 이르는 넓은 길이다(마 7:13-23). 우리는 사람들이 앞다투어 몰려가는 길이 아니라 자신만의 길을 가야 한다.

하나님의 사람들에게는 가장 '나'다운 인생을 살아야 할 책임이 있다. 삶을 거부하는 것이야말로 유혹이다. 자신에게 주어진 소명을 거부하고 현실에 안주하는 것이야말로 유혹이다. 영성의 컬러 보라는 땅의 컬러 빨강과 하늘의 컬러 파랑의 합이다. 사랑의 컬러 핑크도 빨강에 화이트와 빛이 들어가야 한다. 열정과 현실의 컬러 빨강을 거부하면 영성도 사랑도 존재할 수 없다.

유혹의 또 다른 의미는 혼란과 타락이다. 거짓 예언자들은 우리로 하여금 삶을 혼란에 빠지게 한다. 그것은 지극히 위험한 일이다. 우리는 자신을 혼란에 빠뜨리는 생각, 느낌, 충동이라는 유혹에 빠질 수 있다. 그러기에 언제라도 휘말릴 수 있는 삶의 혼란으로부터 '저를 지켜 주십시오'라고 기도를 드려야 한다.

산상설교의 마지막은 바위 위에 지은 집에 대한 말씀으로 마무리된다. 예수의 말씀을 듣고 행하는 자, 말씀과 행동을 하나로 삼는 사람은 어떤 폭풍우가 와도 무너지지 않는 집과 같은 삶을 살아갈 수 있다. 막다른 어려움 속에서도 부동심의 마음을 유지할 수 있다.

말 한마디에도 상처받고 쉽게 인간관계를 끝장내는 경우가 있다.

그러나 우리는 어떤 공격과 상처에도 무너지지 않는 집처럼 우뚝 선 인생을 성공적으로 살아낼 수 있는 지혜를 산상설교를 통해 얻어야 한다. 그리고 연습하며 갈고 닦아야 한다. 수행 없는 신앙은 '나'를 넘어서는 힘을 일으킬 수 없기 때문이다.

의에 굶주린 자가 복이 있다

마가복음은 가난한 자가 복이 있다고 하지만 마태복음은 가난하기만 하면 복이 있다고 하지 않는다. 어떤 것에도 집착하지 않는 '마음이 가난한 사람'이 복이 있다고 한다. 굶주림은 입으로 먹는 밥에만 있는 것이 아니다. 정의와 자유가 실현된 세상, 인간의 억압과 불평등을 넘어선 세상에 대한 염원을 굶주림처럼 느끼는 이가 복이 있는 사람이다.

이런 굶주림을 가진 예수의 제자들에 의해서 하나님의 거룩하심이 드러난다. 하나님의 거룩을 이 땅에서 드러내는 사람들이 복이 있고 행복한 사람이다. 인생을 하나님이 주시는 행복으로 충만하게 채워가는 사람들이 하나님의 아들과 딸이고 예수의 형제요 자매들이다.

권력에 야합한 교회, 자식에게 목사 세습하기 위해 온갖 탈법적인 행태를 보이는 교회, 정치 권력의 선동에 동원되어 적개심 어린 눈빛으로 광화문광장에서 우왕좌왕하는 사람들로 인해 한국교회는 그 어느 때보다 어려움에 처해 있다. 그럼에도 불구하고 이 어려운 시대에 타성화된 신자로 살지 않고 진정한 하나님의 자녀로 사는 사람은 복이 있다. '나는 누구인가?'에 대해 온갖 설명하는

말은 내려놓자. 나는 하나님의 사랑 받는 자식이고 하나님의 의에
굶주린 자이다.

　당신의 손길에서 나오는 거룩한 도움으로 나의 중심을 바로 세
워 주소서.
　제 안의 부정적 에너지가 정화되고 당신의 빛으로 정결케 하소서.
　접혀진 신성의 두 날개를 활짝 펴서 그리스도의 하늘을 날아가
게 하소서.

✦ 9장 ✦
8복 - 인생을 위한 최고의 처방

마태 5:1-12, 6:1-4

마태복음을 읽어가다 보면 중요한 가르침이나 믿음의 주제와 관련된 상황에서 반복되는 표현이 있다. 그것은 제자들 또는 사람들이 '예수 곁으로 다가왔다'라는 말이다. 이런 표현이 계속적으로 반복되는 것을 보면 믿음이란 이유 여하를 막론하고 예수 곁에 바짝 가까이 다가서는 태도에 있다는 마태의 통찰을 엿볼 수 있다.

예수의 제자는 누구인가? 그들은 예수 곁에 가까이 와서 예수를 둘러싼 사람들이다. 바로 그 모습이 세상을 향한 교회의 모습이다.

"예수께서 많은 사람이 모여든 것을 보시고 제자들을 데리고 산 위에 올라가 앉으셨다."(마 5:1, 현대어 성경)
"예수께서 무리를 보시고 산에 올라가 앉으시니 제자들이 나아온지라."(마 5:1, 개역한글)

예수를 둘러싼 사람들, 예수의 제자 되고자 한 사람들, 그리하여 하늘 아버지의 뜻이 이 세상 전체에 이루어지고자 하는 염원에 자신의 삶을 던진 사람들의 공동체가 교회이다. 교회는 예수를 향한 믿음의 공동체다. 믿음이란 예수에게 가까이 다가가고자 하는 염원과 비례한다. 그렇다면 오늘 나는 얼마나 예수께 가까이 다가서고자 하는가를 살펴보아야 할 것이다. 그리하여 내가 군중들에 속한 삶을 살아가고 있는지, 아니면 제자에 속한 삶을 살아가고 있는지 확인해야 할 것이다. 예수는 제자들이 곁에 다가왔을 때, 비로소 입을 열어 가르치셨다.

마음이 하늘처럼 비어 있어야 하늘을 담는다

산상설교는 인간의 보편적 주제인 행복에 대한 8가지 내용의 가르침으로 시작한다. 그중에서 앞의 세 가지 행복은 하늘에 속한 사람으로서의 심성을, 나머지는 세상과의 관계를 말씀하고 있다. 이는 행복이란 나 혼자만의 행복일 수 없고 이 세상 전체의 문제와 연결되어 있다는 통찰이다.

요즈음의 심각한 환경문제에서 볼 수 있는 바처럼 사회질서의 근간이 무너져버린 세상에서 나 혼자만의 행복이 지켜질 수는 없을 것이다. 예수는 참 행복의 염원을 품고 있는 사람은 어떤 심성의 사람이어야 하는가를 이렇게 말씀하고 있다.

"마음이 가난한 사람은 복이 있다. 하늘나라가 그들의 것이다. 슬퍼하는 사람은 복이 있다. 그들이 위로를 받을 것이다. 온유한 사람은 복이 있다. 그들이 땅을 차지할 것이다."(마 5:3-5)

행복이란 그가 무엇을 소유했느냐에 따라 결정되는 것이 아니라 그가 어떤 마음의 소유자인가에서 드러난다. 여기에서 마음의 가난이란 산상설교의 총 주제인 '하나님 나라'를 소유한 마음이고 욕심을 비운 마음이다. 이것이 8복의 기초이다.

마음이 하늘처럼 비어 있어야 하늘나라를 담을 수 있다. 이런 마음이 가난한 마음이다. 마음이 가난한 사람은 물욕에 급급하지 아니하고 어떤 상황에서도 여유로울 수 있다. 두 번째와 세 번째 행복은 첫 번째 행복을 뒷받침한다. 슬퍼하는 사람이 행복하다고 할 때의 슬픔은 감상적 슬픔이 아니다. 의에 굶주리고 목말라하는 자의 슬픔이다. 하나님 나라를 위하여 슬픔의 눈물을 흘리는 자는 하나님의 위로를 받게 된다.

셋째 행복은 온유함이다. 온유한 사람은 쉽게 실망하거나 까다롭지 않고 부드럽고 따뜻한 사람이다. 가난한 마음의 사람만이 온유할 수 있다. 성서가 말씀하는 온유한 사람은 살고 죽는 것을 하나님께 맡기는 사람, 원수에게 복수하지 않는 사람, 폭력으로 남의 것을 빼앗지 않는 사람이다. 그런 사람들이 약속의 땅을 차지하게 된다. 온유함은 하나님 나라를 기다리며 마음이 가난하게 된 사람의 품성이다. 그들은 이 땅에 살아도 이 땅에 매이지 않고 살아가는 사람이다.

나는 '땅을 차지할 것이다'라는 말씀의 의미를 나의 이름자인 '昌(창성할 창)' 자에서 깨닫게 되었다. '昌' 자는 태양(日, 해 일)이 위 아래로 두 개가 있다. **날마다 보아오던 어제의 태양 위에서, 오늘의 태양을 새롭게 맞이하는 사람은 새 땅을 보게 될 것이다. 어제 본 애벌레의 하늘이 오늘 나비의 하늘로 보일 때 새로운 의식의 차원이 열리게 된다.** 그런 사람이 진정으로 창성(昌盛)하고 창대(昌大)한 사람이다. 하나님 나라의 땅을 차지하는 사람이다.

8가지 삶의 태도

하늘 아버지의 거룩한 이름은 지금까지의 삶과는 다른 전혀 새로운 방식으로 살아가는 그리스도인의 삶을 통해서 그 영광스러움이 드러난다. 팔복은 하나님의 자녀 됨을 증명하는 8가지 삶의 태도를 정리한 내용이다(마 5:3-12). 팔복은 부귀 다남 장수(富貴 多男 長壽)를 복으로 알고 살아온 세상에 던지는 폭탄과도 같은 말씀이다.

그 내용은

1. 하나님만 전적으로 신뢰하는 영적인 가난
2. 하나님을 신뢰할수록 드러나는 자신의 한계에 대한 슬픔
3. 자신과 이웃을 온유하게 대하는 비폭력
4. 정의에 대한 배고픔
5. 자비로움
6. 내적인 순수함을 드러내는 깨끗한 마음
7. 평화를 향한 노력
8. 정의를 위해 박해받을 준비

위의 내용은 복된 자가 되기 위한 전제 조건을 나열한 것이 아니라, 이미 복된 자로서의 삶을 살아가는 그리스도인의 의식 또는 삶의 태도라는 점을 이해할 필요가 있다. 예수는 이 세상에서 우리에게 주어진 삶의 기회를 가장 보람있게 살아내기 위한 최고의 처방으로 팔복을 제시하였다. **예배당을 출입하는 사람에 그치지 않고 하나님을 영광스럽게 하고자 하는 사람은 변화된 삶의 태도로**

나타나게 된다. 이런 태도야말로 하나님의 보답을 받는 지름길이다. 그 보답은 팔복 그 자체이다.

마음이 순수한 사람은 하나님을 볼 수 있는 눈이 열린다. 마음이 가난하고 하나님을 향해 마음이 열린 사람은 하늘의 충만함으로 채워지게 된다. 욕심으로 물질을 구하는 자는 불평불만에 시달리지만, 하나님을 구하는 자는 차고 넘치는 은혜로움에 잠기게 된다.

하나님의 나라는 팔복을 누리는 그리스도인들에 의해 밝히 드러나게 된다. 그리스도인들이 빛과 소금 역할을 할 때 나타난다. 소금이 맛을 내고 부패 방지를 하는 것처럼 그리스도인들은 이 세상이라고 하는 국 솥단지 안에서 소금의 역할을 한다. 맛을 내는 맛있는 사람이 멋있는 사람이다.

그리스도인은 세상의 빛이다. 그리스도인의 선한 행실을 보고 사람들이 하나님을 찬양한다면 그를 통해 하늘의 빛이 드러나게 된다. 마태복음은 '정의'(디카이오쉬네, dikaiosyne)라는 단어가 강조된다. 그리스도인들의 정의로운 행동을 통하여 하나님 나라가 이 세상에 도래한다. **정의를 바탕으로 한 용서와 화해의 인간관계를 보여주는 그리스도인 공동체가 이 세상의 빛이라고 강조한다. 이 빛의 에너지가 세상을 바꾸고 하나님 나라가 이 땅에 도래하도록 한다.**

마태복음이 반복적으로 강조하는 주제는 하나님 나라는 우리를 통해서 교회를 통해서 찾아오게 된다는 데 있다. 교회공동체가 함께 빛을 드러낼 때 이 세상은 변화의 힘을 받게 된다. 그래서 우리는 기도한다. 아버지의 뜻이 하늘에서 이루어진 것처럼 우리를 통해서 이 땅에서도 이루어지게 하소서. 바로 이런 기도를 드리는 사람이 진실한 그리스도인이다.

예수는 어떤 율법학자들보다 놀라운 통찰로 말씀하셨다. 그분은 율법을 폐하신 분이 아니라 완성하신 분이고 율법의 뿌리와도 같은 근본을 드러내셨다. 그 근본은 사랑이다. 모든 계명에 담긴 하나님의 뜻은 사랑이다. 그러기에 예수는 사랑으로 모든 율법을 해석하고 말씀하였다. 그것은 처벌을 위한 도덕적 윤리가 아니라 삶의 근본적 태도 변화를 요구하는 존재의 윤리이고 삶을 충만하게 하는 생명의 윤리이다.

나와 나의 화해

내 가슴에 사랑이 채워지기 위해서는 가슴의 분노와 상처가 비워져야 한다. 사랑이 머물 수 있는 공간을 마련하기 위해서 내 안에 있는 적대적인 것들과 화해해야 한다. 우리의 내면에 심판자가 있는 한, 나는 나 자신으로부터 자유로울 수 없다.

원수를 사랑하라는 예수의 말씀은 내 안에 있는 원수를 포함한다. 먼저 내 안의 원수와 화해하지 못하면 밖의 원수와의 화해가 불가능하다. 이 문제가 해결되어야 원수를 사랑할 수 있다. 자신 안에 원수를 품고 있는 사람은 자신 안의 분노와 상처를 투사하게 된다. 그것은 자신을 이해하는 눈이 멀어 있어서 자신을 너그럽게 대하지 못하고 있는 상태이다.

자신과 화해한 사람은 자신을 조종하는 무의식에서 벗어날 수 있다. 바로 이 문제를 다루고 있는 본문이 오른손과 왼손에 관한 말씀이다(마 6:1-4). 오른손은 칼을 잡는 손이고 주는 손이다. 그리고 왼손은 방패를 잡는 손이고 받아들이는 손이다. 오른손이 행한 자선을 기억하고 집착하면 왼손은 기회를 잃고 쓸쓸해진다. 아래 글은 인도의 캘커타에서의 경험을 세월이 흐른 후에 적은 시이다.

기쁨의 도시라는 거대한 간판 아래
거리에서 태어났다 죽어가는
사람들이 널려있었다.
이것이 꿈인지 생시인지 자문하며
걸어가던 캘커타의 거리
한 여인이 구걸의 손을 불쑥 내밀었다.
아이 업은 그녀의 손바닥에
동전을 올려놓자마자
그녀는 재빠르게 손을 거두어들인 다음
다른 손을 내밀었다.
이게 웬일인가.
나는 무표정한 그녀의 얼굴을
잠시 바라보았고
그녀는 군중 속으로 사라졌다.
오늘 오후 햇빛에 취해 있노라니
내 기억 속의 그녀가 걸어 나와
내 앞에 다시 서 있다.
전생을 내려놓지 못한
내 오른손의 부끄러움
쓸쓸한 나의 왼손을
다시 보여주고 있다.

- 왼손의 쓸쓸함에 대하여

오른손이 움켜잡는 소유의 손이라면 왼손은 베푸는 손이다. 인간은 나를 넘어설 때 사심 없는 봉사를 할 수 있고 왼손을 외롭지 않게 할 수 있다. 본문에서 오른쪽 눈이 판단하고 평가하는 눈이라면 왼쪽 눈은 아름다움에 반응하고 감동할 줄 아는 눈이다. 바로 이 양쪽 손과 눈을 사용할 수 있을 때 힘 있는 사람이 될 수 있다. 힘은 폭력의 크기나 소유의 많음이 아니라 이해하는 역량이고 사랑으로 감싸는 포용력을 의미한다. 깊이 알고 공감하고 사랑하는 사람만이 제대로 힘을 사용할 수 있다.

나를 향한 누군가의 폭력에 맞받아치는 것은 누구나 하는 쉬운 일이다. 그러나 대응하고자 하는 오른손 주먹을 멈출 수 있는 것은 진정한 힘이다. 십자가의 예수는 두 팔을 활짝 벌리고 있다. 뼈가 부서지고 살이 찢어지는 고통 속에서 예수는 간절히 기도했다.

"아버지 이 사람들을 용서하여 주소서. 그들은 자기들이 무슨 일을 하고 있는지 알지 못합니다."(눅 23:34)

이 기도가 예수의 힘이다. 예수의 힘은 칼이나 권력이 아니었다. 온유와 겸손의 힘이었다. 그 힘을 이어받기 위해서 우리는 내 안에서 일어나는 생각의 뿌리를 살펴볼 줄 아는 지혜가 필요하다. 사물을 바라볼 때 금전적 가치판단만을 할 것이 아니라 모든 대상은 각자의 존재하는 방식으로 자기 아름다움을 가지고 있음을 볼 줄 아는 통찰이 있어야 한다. 바로 여기에 하나님 자식들의 성숙한 품위가 있다. 분열된 의식, 파괴된 의식으로 보는 눈이 영적 시력을 회복할 때 우리는 만물 속에 깃든 말씀을 보고 듣게 된다.

✦ 10장 ✦
가난과 하나님 나라

마태 5:3, 누가 6:20

"마음이 가난한 사람은 복이 있다. 하늘나라가 그들의 것이다."
(마 5:3)

"가난한 너희는 복이 있다. 하나님 나라가 너희의 것이다."(눅 6:20)

온갖 침략과 수탈을 당해온 우리나라의 배고픈 역사를 생각하면 '가난'이라는 단어가 무겁게 다가온다. 가난 극복이라는 말은 현대사에서 군부독재 또는 개발독재의 표어처럼 사용된 구호이기도 했다. 70년대에는 국민소득 1,000불 시대를 열게 된다는 대대적인 선전으로 천 불만 되면 대한민국에 낙원이 펼쳐지게 될 거라는 환상에 잠기기도 했었다. 그러나 국민소득이라는 단순 지표만으로 국민의 행복 문제가 해결될 수 없다는 사실은 이미 결론이 난 지 오래전 일이다.

70년대에 남미에서 대두되었던 해방신학의 주제는 가난과 군부독재자들의 폭력에서 벗어나고자 했던 투쟁의 신학이었다. 유명한 오스카 로메로 대주교가 미사 시간에 총격을 받고, 신부들이 살해당하는 무자비한 폭력에 맞서 그리스도인들과 사회주의자들은 함께 투쟁했다. 10여 년의 세월이 흐르면서 그리스도인들은 자신들과 사회주의자들의 투쟁이 어떤 차이가 있는지에 대한 성찰을 하게 되었다.

『해방신학(A Theology of Liberation)』의 저자 구스타보 구티에레즈(Gustavo Gutiérrez Merino, 1928-) 신부는 요한복음의 관점에서 영성 없는 투쟁의 삭막함을 비추어 볼 수 있는 통찰을 『우리는 우리 안의 우물물을 마시고 산다』라는 저서를 통하여 남겼다.[16] 그는 해방신학의 도전은 교회가 어떻게 더 예수가 되고 세상에서 성육신할 수 있는지를 묻는 것이라고 말했다. 그는 오직 한 종류의 인간, 고마워할 줄 아는 인간만이 세상을 영적으로 변화시킨다고 강조했다.

인간으로서의 도리

구한말에 조선에 왔었던 외국인들이 감탄했던 기록에 의하면, 극소수의 양반 계층을 빼고 절대빈곤에 시달리는 민중들이 대량으로 굶어 죽지 않는 것은 서로가 끼니를 나누는 정신이 살아있기 때문이라고 지적하고 있다. 그들은 조선인들이 물질이 곤궁해도 예의를 차릴 줄 알고 책을 소중히 생각하고 인간으로서 도리를 생각하는 민족이라서 미래에는 크게 빛을 보게 될 거라고 기록했

---

16) 페루 출신의 철학자이며 신학자이다. 도미니칸 수도회 사제이며 해방신학의 주요 창시자이다. 『해방신학』은 1971년, 『우리는 우리 안의 우물물을 마시고 산다』는 1983년에 출간되었다.

다. 바로 이런 정신적 토양이 가난의 문제를 넘어서는 기반이 되는 것이지 단순히 소득증대만 가지고 해결되는 것이 아니다.

성서에서의 가난에 대한 해석은 수난의 역사를 이어온 유대인과 우리나라와의 공통점이 있다. 그것은 가난의 문제가 단순히 물질적인 기준으로만 접근하지 않기 때문이다. 율법에는 가난한 자들에 대한 사회적 배려가 촘촘하게 제시되고 있다. 우리의 전통에는 안빈낙도(安貧樂道)라는 말처럼 가난하지만, 도를 즐기는 여유와 정신적 풍요함을 추구하는 정신이 있었다.

경주 최부잣집에 전해지는 육훈이 있다. 과거를 보되 진사 이상은 하지 마라. 재산은 만 석 이상 모으지 마라. 흉년에는 재산을 늘리지 마라. 과객을 후하게 대접하라. 사방 백 리 안에 굶어 죽는 사람이 없게 하라. 최씨 가문의 며느리들은 시집온 후 3년간 무명옷을 입게 하라.

전남 구례에 있는 운조루의 쌀 뒤주에 씌어있는 타인능해(他人能解, 누구든 이 쌀독을 열 수 있다) 역시 조선판 '노블레스 오블리주'의 상징이다. 운조루의 쌀 두 가마니 반이 들어간다는 쌀독은 250여 년 이어 오면서 지역사회의 존경을 받아 왔고 가난한 자들의 생명을 지키는 역할을 했다. 지리산 빨치산들이 활보하던 시대에도 그 집안은 화를 면했다. 이걸 생각하면 엄청난 가성비가 있는 지혜로운 투자가 아닐 수 없다. 좋은 일이나 궂은 일이나 이웃과 함께 나누는 넉넉한 인심이 진정한 자기 복지이고 사회복지이다.

북한에서 피난 내려와 1951년 5월부터 부산의 복음병원을 평생 운영한 장기려 박사가 있다. 그는 가난한 환우에게 "밤에 뒷문을 열어 놓을 테니 나가시오", 영양이 부족한 환자에게는 "이 환자에게는 닭 두 마리 값을 내주시오"라는 처방을 내는 등 환우들을 극진히 섬겼다. 마지막에는 모든 재산을 가난한 이웃들에게 나눠주고 정작 그가 세상을 뜰 때는 집 한 칸이 없었고 다만 "내가 죽거든 나의 비문에는 주를 섬기면서 살다 간 사람이라고 적어달라"라는 유언을 남기고 돌아갔다. 누가 장박사를 가난하다고 말할 수 있겠는가? 가난은 소유로만 평가되지 않는다.

가난으로 어려울 때 하늘을 바라보는 사람은 비굴하거나 천박해지지 않고 믿음으로 쥐구멍에도 해 뜰 날을 허락하시는 은혜를 기다린다. 나는 그 무엇보다도 기도의 어머니를 통해서 가난에 찌들거나 위축되지 않는 태도를 배울 수 있었음을 감사한다. 봄이 오면 어머니는 병아리를 길렀고 여름날 형제들에게 한 마리씩 통째로 삶아 주셨다. 살점 몇 개씩만 먹었다면 여러 번을 먹었다 해도 어린 시절이 배고픈 기억으로 남아 있었을 것 같다.

살아있는가?

성서는 묻는다. 지금 네가 살아있는가? 이것이 심판의 기준이다. 살아있는 사람은 영이 개화된 사람, 곧 부활의 사람이다. 부자와 나사로 이야기에서 보듯이 이 세상을 사는 동안 부자로 살았느냐 가난하게 살았느냐는 심판의 기준이 아니다.

히브리어에서 가난이란 단어인 '아니'(עֲנִי)는 '의존'(시 37:5, 잠 16:20)의 뜻이 있다. 이는 끼니가 간곳없는 가난한 자들이 하나님을 전적으로 의존할 수밖에 없는 절박한 상황을 뜻한다. 마태복음에서 마음(심령)이 가난한 자는 '영적인 가난을 자각한 자'이다. 곧 그의 심령이 하나님의 다스림(나라)에 온전히 맡겨진 사람이다.

마음이 가난한 자는 삶의 모든 조건을 통해서 자신에게 지금 말씀하시는 메시지를 절실하게 듣는 사람이다. 막다른 상황에서 자살을 생각하는 사람이 아니라 하나님께 무릎을 꿇는 사람이다. 물질적으로 가난하든 부자이든 이 전제가 중요하다.

예수는 가난한 자들을 위해 사셨고 그들을 위해 말씀했다고 하지만 나는 동의하지 않는다. 그것은 편을 가르는 말이기 때문이다. 본회퍼는 예수는 가난한 자를 위한(for others) 분이 아니라 오직 가난한 자와 함께 한(with others) 분이라고 통찰하였다. 나는 이 두 단어의 차이를 아프리카 케냐에서 실감 나게 경험한 바 있다.

비포장도로를 달리는데 자동차 앞바퀴가 웅덩이에 빠지더니 시동이 꺼지고 말았다. 맹수들이 출몰하는 지역에서 해는 넘어가는데 난감하기만 했다. 그런데 소리 없이 사람들이 하나둘씩 나타나더니 등을 보이며 원으로 둘러싸 나를 지켜 주었다. 자정이 조금 넘어 기술자에 의해 차가 수리 될 때까지 그들은 장시간 동안 서 있다가 말없이 사라졌다. 나는 그런 경험을 해 본 적이 없었다. 그날 밤은 나에게 한국 땅에서 경험한 인간에 대한 모든 상처가 치유되는 시간이었다. 훗날 다시 그 지역을 지나갈 때 나는 차에서 내려 어딘가에 있을 그들을 위해 진심으로 기도한 바 있다.

인류는 어느 문명권이든지 집단적인 무의식 상태에서 무엇인가 부족하다는 의식 때문에 더 많이 소유하고자 하는 최면에 걸려 있다. 한정된 밥그릇을 놓고 약육강식의 논리 속에서 다투고 있는 오늘의 현실은 어떤 동물의 세계보다도 인간의 삶이 열악한 것임을 보여주고 있다. 사람들은 수입이 늘어나고 집이 좋아지고 배움이 커갈수록 시간이 없다 돈이 없다고 비명을 질러댄다.

예수는 욕심으로 살면 항상 부족함에 시달려도 필요에 따라 살면서 서로 나누면 오천 명이 배부르게 먹고도 남는 오병이어의 기적이 일어나는 것이 인생임을 가르치셨다. 예수는 우리에게 삶의 풍요함을 누릴 수 있는 지혜로운 길을 열어 주셨다. 문제는 하나님의 다스림(나라)이 나에게서 이루어지고 있느냐 여부이다.

하나님 나라를 가진 사람

마태복음과 누가복음의 '가난'이라는 단어는 '하나님 나라'와 한 쌍으로 대조되고 있다. 따라서 이 두 본문의 핵심은 **'하나님 나라가 그대의 것이기 때문에 가난한 자는 복되다'**로 새겨야 할 것이다. 하나님 나라가 그대의 것인 한, 가난한 자는 복이 있다. 물질이 지배하는 세상에서 하나님의 의와 뜻을 추구하는 사람은 자발적인 가난에 처할 수 있다. 그런 사람은 현실적인 가난에 처한다 하더라도 복된 사람이다.

가난이란 물질적 기준이나 세상의 평판에 좌우되지 않고 하나님 나라와 관련된 전제가 중요하다. **하나님 나라가 없거나 빠진 '가난'에 대한 논의는 사회과학적 접근일 수 있으나 복음적 접근 방식이 아니다.**

마음의 가난은 물질적 풍요를 행복이라고 주입하는 세상으로부터의 돌이킴이다. 이것이 회개(메타노이아)이다. 등기부 등본에 있는 내 땅의 평수와 건물만이 내 것이 아니라, **온 우주를 창조하신 아버지의 자식으로서 무한 소유를 누리는 의식으로 삶의 지평이 열리는 것을 말한다.**

하나님 나라를 가진 사람은 어떤 사람인가? 이집트 사막의 교부 에바그리우스 폰티쿠스(Evagrius Ponticus, 345-399)는 '아파테이아'(apatheia, 모든 것을 종합한 평정의 상태, 不動心)를 강조하고 있다. 그는 사막의 수행자로서 제자들에게 어떤 상황에서도 하나님을 신뢰하고, 하나님의 도움을 의지하면 살고 죽는 문제로부터 초월하게 된다고 강조했다. 에바그리우스는 알고 보면 별것도 아닌 현상에 의해 두려움에 시달리는 삶으로부터의 해방을 가르쳤다. 아파테이아 상태에서는 마음이 분리되어 싸우지 않고 한마음의 상태를 유지한다. 이 마음이 하나님을 볼 수 있는 청결한 마음이고 몸의 상태이다.[17]

시대가 어려워지면서 많은 그리스도인이 심신의 안정과 건강을 다루는 온갖 수련의 방편들을 신앙과 혼동하는 경우가 있다. 이점에 대한 주의와 이해가 필요하다. 에바그리우스는 사막의 폭풍에 혼절하거나 두려움에 떠는 제자들에게 폭풍에 눌리지 말고 폭풍을 바라볼 때 자신 안에서 일어나는 생각과 느낌이 무엇인지 관찰하라고 말했다. 이것이야말로 진정한 마음챙김 수련이다. 그는 그리스도인들이 수행할 때 어떤 내용과 목표를 가져야 하는지에 대해 분명한 지침을 제시했다.

---

17) 이병창, 에니어그램을 넘어 데카그램으로, 정신세계사, 2019, p.282.

최근에 불교의 위빠사나[18] 수행에 뿌리를 둔 마음챙김 명상이 크게 유행하고 있다. 마음의 평정과 건강을 위한 도구로 서양에서 재개발된 마음챙김 프로그램은 일정 부분 기여하는 바가 있다. 그러나 에바그리우스는 마음과 그에 따라 반응하는 몸에 대한 관찰로 도달하는 수행(아파테이아)은 신앙의 목표가 아니라고 통찰하고 있다. **그리스도인의 심신 수련은 그것이 무엇이든 먼저 신앙의 길을 바르고 힘있게 가기 위한 기초적 조건이라는 점을 이해해야 한다. 그리스도인의 주제는 마음이 목표가 아니라 영혼이요 하나님 나라이다.**

하나님의 다스림을 받는 사람은 역경에 굴복하지 않는다. 그것은 잠시 지나가는 일이며 우리를 지혜롭게 하는 배움의 한 과정일 뿐이다. 모든 일이 합력해서 선을 이룬다고 확신하는 믿음의 사람은 불행과 행복이라는 이분법에 매이지 않는다. 오직 영혼을 성장시키는 배움만 있을 뿐이다. 그리스도인에게 인생은 배움의 여정이다. 하나님은 우리가 극복할 수 없는 시련은 주시지 않는다. 그 시련은 우리에게 하나님의 도우심과 배려를 구하는 기도가 되게 하고 마침내 우리의 인내로서 영혼(참 생명)을 얻게 하는 은혜가 될 것이다.

잠시 머물다 가는 이 세상에서 하나님의 숨으로 매 순간 깨어 있고 매 순간 새로워지는 그리스도인에게 가난의 문제는 은혜의 조건이지 불행의 조건일 수 없다. 가난을 하나님께 더 가까이 다가서

---

18)   위빠싸나, Vipassanā, विपश्यना, 觀) 불교의 수행법. 일어나는 현상을 편견과 욕망을 배제하고, 있는 그대로 바라보는 관(觀)법 수행이다.

게 하는 촉매제로 삼는 사람은 복 있는 사람이다. 그는 물질이 자신을 지배하도록 하지 않고 오직 하나님만이 자신을 다스리도록 한다.

> 당신의 하늘은
> 나의 발끝에 내려와
> 나는 더 이상 피할
> 하늘이 없다
>
> 쇠저울처럼 내 삶은 무거워도
> 구석 구석마다 기다리는
> 당신의 나라
> 나는 더 이상 숨을
> 하늘이 없다.
>
> -하나님 나라

11장

자비(慈悲)를 심는 자

마태 5:7

성서에서 전능하신 하나님이 약해지실 때가 있다. 첫째는 하나님께 부르짖는 자에게, 둘째는 자비를 베푸는 자에게 약해지신다. 누가복음 18장에 바리새파 사람과 세관원의 기도가 비교되고 있다.

"세관원은 멀리 서서 감히 하늘을 우러러볼 생각도 못하고 슬픔에 잠겨 가슴을 치며 '하나님, 이 죄인에게 자비를 베풀어 주소서' 하고 눈물로 기도를 드렸다."(눅 18:13) 예수는 하나님은 자신의 의로움을 뽐내는 바리새파 사람은 용서를 안 하시고 세관원에게 자비를 베푸셨다고 말씀했다.

자비를 베푸는 사람은 복이 있다

본문은 산상설교 가운데 한 구절이다. "친절과 자비를 베푸는 사람은 복이 있다. 하나님이 그들에게 자비를 베푸실 것이다."(마 5:7)

여기에서 자비는 '긍휼히 여기다'라는 '엘레오스'(ἔλεος)에서 나온 말인데 불쌍히 여기는 마음에 그치지 않고 행동으로 자비를 베푼다는 의미이다. 히브리어로는 '헤세드'(חֶסֶד)인데 조건 없이 상대방의 처지와 형편을 그 사람의 마음속으로 들어가서 공감하는 것으로 해석한다.

한자어로 자비는 어떤 의미로 새길 수 있을까? '자(慈)'란 '검을 현(玄)'이 위에 두 개가 있고 그 아래 '마음 심(心)'이 있다. 천자문의 시작 구절인 하늘 天, 따 地, 검을 玄, 누루 黃에서 하늘빛을 가리키는 단어가 '현(玄)'이다. '자(慈)'는 헤아릴 수 없는 그윽한 하늘을 한 번도 아니고 두 번이나, 즉 무한히 허물을 감싸는 마음의 표현이다. 한전(漢典)에 보면 '자(慈)'는 나로부터 타자에게 아무 조건 없이 무한히 베푸는 의미이며(無緣大慈), '비(悲)'는 나를 비워 타자의 모든 고통과 슬픔 기쁨을 온전히 받아들이는 마음이라고 한다(同體大悲).

'비(悲)'란 '아니 비(非)' 아래에 '마음 심(心)'이 있다. 깊은 연민과 아픈 마음으로 아닌 것은 아니라고 지적하고 나무라는 마음이다. 그래서 '슬플 비'라고 한다. 자비에는 방패와 창이 같이 있다. 사랑의 보자기와 훈육의 회초리가 함께 있다. 하늘같이 감싸는 마음과 아닌 것은 아니라고 따끔하게 훈계하는 마음이 함께 있기에 자비에는 아픔과 슬픔이 있다. 큰 자비일수록 살이 찢어지는 고통이 따르기 마련이다. 예수의 십자가는 이 양면성의 피 흐르는 상징이다.

자비는 불처럼 뜨거운 자비도 있고 냉철한 자비도 있다. 예수의 자비, 바울의 자비가 빛깔이 다른 것은 양쪽 에너지의 조화가 각자의 성격과 상황에 따라 어떻게 나타났느냐의 차이일 것이다. 예수는 '자'에 무게가 실린다면 바울 사도는 '비'에 기울어 있다. 바울은 진리의 검을 든 전사와 같다.

나는 '자(慈)'에는 '현(玄)'이 두 개이고, '비(悲)'에는 '아니 비(非)'가 한 개인 것에 주목한다. 지적과 충고는 그만큼 신중하게 생각하고 가급적 줄이는 지혜를 사용하라는 뜻이 아니겠는가. 깊은 통찰력과 연민의 가슴으로 하는 '나무람'이 사람을 살리는 '아니 비(非)'이다. 비가 없고 자만 있으면 사랑보다는 집착으로 흐르기 쉽다. 자식을 구한다고 무작정 물속에 뛰어 들어가 함께 부둥켜안고 죽어가는 어머니와 자식으로 비유할 수 있을 것이다.

요즘 부모들이 자식을 인간으로 기르지 않고 애완견으로 키운다는 말이 나오는 것은 이런 이치에 대한 무지 때문일 것이다. 그래서 사랑은 지혜를 만나야 빛이 난다. 사랑이 자(慈)라면 비(悲)는 지혜이다. 자비로운 사랑과 지혜로운 사랑이 함께 있는 자비를 행하는 자는 보답과 보상을 초월한 사랑이 된다. 이 조화가 무너지면 사랑은 집착이 되어 많은 후유증을 남기게 된다.

하나님께 속한 사람

선을 행하는 자는 하나님께 속한 사람이다(요한삼서 1:11). 여기에서 행한다는 말은 '선택'의 의미로 새길 수 있다. 즉 선을 행하는 것이 특별한 일이 아니라 일상적인 삶의 내용이고, 억지가 아닌 자유로운 선택으로 선을 행하는 자가 하나님께 속한 자라는 뜻이다.

선택이란 자유인이 할 수 있는 것이지 노예에게는 선택의 권리가 없다. 이런 의미에서 선택이란 말처럼 중요한 말이 없다. 자신이 선택한 것에 대해서 책임질 수 있는 사람이 자비를 행할 수 있는 성숙한 사람이다. 인간의 성숙은 그가 얼마나 폭넓고 깊이 있는 선택을 할 수 있느냐 하는 내용과 비례한다.

누군가가 시키는 사람이 없으면 움직이지 못하는 수동적인 사람들은 그만큼 자신의 삶을 선택할 수 있는 여지가 없이 살아가는 사람이다. 그들은 인간으로서의 자기 성장을 기대하기 어렵다. 자기 자신과는 물론 타인들과도 깊이 있는 만남을 이루기가 어렵다. 마틴 부버(Martin Buber, 1878-1965)의 '나와 너'에 등장하는 표현을 빌린다면 '물건이 되어서' 살아가는 사람이다.[19]

"사람은 두 가지 태도로 살아가고 있다.

물건이 되어서 사는 사람과 신이 되어서 사는 사람이다."

인간은 물건이 되어 있든지 신이 되어 있든지 어느 하나로 살아간다. 물건처럼 누군가에 의해서 선택당하는 사람도 있고, 선택할 수 있는 힘과 지혜를 가지고 자신의 삶을 살아가는 사람도 있다. 우리는 순간순간 나의 나 됨을 위하여 선택해야 할 일들을 대면하면서 살아가고 있다.

제대로 선택할 수 있는 지혜의 역량만큼 그는 자유롭다. 그러나 받아들여야 할 때 받아들이고, 거부해야 할 때 거부하고, 기다려야 할 때 기다리는 올바른 선택을 하지 못할 때 삶은 나락에 빠지게 되고 인생의 값비싼 대가를 치르게 된다.

삶은 운명이 아니라 선택의 문제임을 깊이 성찰하자. 자비의 문제 역시 영원의 세월을 가름할 중대한 선택의 조건임을 기억하자. 무의

---

19) 마틴 부버는 오스트리아의 유대계 종교철학자로서 대표작으로 『나와 너』(Ich und Du, 1923)가 있다.

식이 지배하는 사람들이나 선택의 자각과 힘이 없는 사람들은 운명의 지배를 받게 된다. 그들은 사주를 신봉하고 점쟁이를 찾아간다.

운명은 공간과 시간이다. 운명의 대본은 분명히 있다. 그러나 하나님은 믿음의 사람들에게 그 대본을 고쳐 쓸 수 있는 펜도 함께 주셨다. 부모와 태어난 국가는 내가 손을 댈 수 있는 영역이 아니다. 그러나 날마다 사용하는 에너지(日)와 잠재 에너지(月)는 얼마든지 고쳐 쓸 수 있는 펜이 있다.

자기 초월의 자비

5장의 서두에 있는 참된 행복(8복)의 가르침은 5장의 마무리 부분에서 완성된다. 43절에서 48절까지 읽어 보자. 예수의 말씀이 의미하는 자비는 값싼 동정이 아니다. **하늘이 악한 자나 선한 자를 가리지 않고 똑같이 햇빛과 비를 내려 주는 것처럼 그렇게 당연한 일을 당연하게 바라보고 행하는 자기 초월의 자비이다.** 자기를 초월한 자비는 내가 선을 행하는 것이 아니라 하나님께서 나를 통해 자비를 행하신다는 차원이다. 그것은 어떤 대가도 기대하거나 마음을 두지 않는 자비 행위이다.

이 경지에 가기 위해서 우리가 기억해야 할 것은 먼저 하나님께 자비를 구하는 사람이 되고 자비를 구하는 그 마음으로 자비를 힘써 행하는 것이다. 땅에서 사는 동안 자비의 씨앗을 부지런히 심는 자가 하늘이 베푸는 자비의 열매를 거두게 된다. 이것이 심은 대로 거두는 하늘의 법칙이고, 우리가 몸을 입고 지구에 있는 동안 각성하고 실천할 덕목이다.

하늘과 땅은 한 짝이다. 그러기에 땅에서 매면 하늘에서도 매이고 땅에서 풀면 하늘에서도 풀린다. 하나님을 믿는 사람들의 위대함이 바로 여기에 있다. 땅에서 은밀하게 자비를 베푸는 자의 선행은 하나님이 기억하신다.

한 주간 동안 이 말씀을 기억하면서 각자에게 찾아온 자비의 기회를 놓치지 말고 의도적으로 행해 보자. 하나님의 자비가 여러분과 함께하기를 바란다.

제2부

9의 세례 요한과 10의 그리스도

그에게 삶은 아름다운 기적이고 신비이다.

'있이 없는' 존재가 아니라 '있음으로 있는' 사람이다.

12장
너희도 완전한 사람이 되라

마태 5:48, 빌립보 2:5

성서는 인간의 시작에 대해 이렇게 말씀하고 있다.

"자, 이제는 우리의 모습을 닮은 사람을 만들자, 하나님이 당신의 모습을 따라 당신을 닮은 사람을 창조하시되 남자와 여자로 창조하시고…"(창 1:26-27)

인간이 신의 형상으로 창조되었다는 말씀은 인간을 향한 우주의 숨겨진 법칙에 대한 실마리를 제시한다. 고대에서부터 현재까지 모든 문화권에 종교가 존재하는 것은 인간 안에 영원을 사모하는 마음이 내재해 있기 때문이다.

영적인 세계를 추구하는 사람들은 자신 안의 신의 이미지를 보다 구체적으로 찾기 위한 노력을 해왔다. 그러나 이미지란 자기 자신에 대한 반사 이미지일 수 있어서 많은 종교적 천재라고 하는 사람들 역시 혼란에 빠진 모습을 보여주고 있다. 인간의 마음이란 각 사람의 신념 체계나 의식 수준에 따라 다르기에 많은 오류가 있다. 인간의 마음이란 비극적이라고 할 만큼 거짓 개념이 축적되어 있다. 그 거짓 개념은 여러 가지 컬러의 필터처럼 인간 의식을 물들이고 있다.

그리스도의 마음

옛날이나 지금이나 자신의 에고에 눌려있는 인간들이 모이게 되면 시끄러울 수밖에 없다. 교회 출석한다고 해서 하루아침에 달라지는 것도 없다. 나는 어린 시절부터 아버지의 직장 발령 따라 여러 교회를 다니게 되었고, 원치 않는 교회의 분열과 막장의 투쟁 현장을 여러 번 지켜볼 수 있었다.

왜 이럴까? 왜 이럴 수가 있을까? 그때는 잘 몰랐지만, 교회의 소란과 갈등 문제는 구성원들이 거듭나지 않고는 해결될 수 없는 주제라는 것을 알게 되었다. 거듭남이란 그리스도의 마음을 품는 것이다. 그리스도의 마음은 물질계에 매이지 않는 빛의 마음이다.

"너희 안에 이 마음을 품으라, 곧 그리스도 예수의 마음이니"(빌 2:5, 개역한글)
"여러분은 그리스도 예수께서 지니셨던 마음을 여러분의 마음으로 간직하십시오."(현대어 성경)

인간의 마음이 색깔의 마음이라면 예수의 마음은 빛깔의 마음이다. 빛의 마음은 많이 모일수록 더 밝아지고 투명해진다. 인간이 만들어내는 색은 합해질수록 어두워지는 반면에 빛깔은 투명해진다. 빛으로 깨어난 사람들만이 '하늘에 계신 아버지께서 완전하신 것처럼 너희도 완전하라' 하신 말씀을 성취할 수 있다(마 5:48). '네 형제 중에 가장 보잘것없는 이에게 해준 것이 바로 나에게 해준 것'이라는 말씀을 따를 수 있다.

그리스도인이 된다는 것은 사람을 사랑하고 존중하는 걸 배우는 사람이 되는 것이다. 그것은 그리스도의 마음에 다가설수록 가능하다. 모든 이를 향한 그리스도의 사랑이 나를 통해 드러나고 나를 통해 말해질 때 나는 그분의 통로가 되고 입이 된다. 그리스도의 사람들은 그의 손이 예수의 손이고 그의 혀가 예수의 혀이다.

하나님은 손발이 없다고 설파한 이세종의 통찰처럼 하나님은 우리를 통하여 일하신다. 아버지께서 일하시니 나도 일한다고 하신 예수의 말씀 역시 이 연장선 속에 있다. 교회가 존재하는 하나의 목적은 하나님의 아버지 됨 안에서 모든 인간의 형제자매 됨이다. 바로 이 사실을 잃어버린 데 교회의 비극이 있다.

빛을 찾아 오르면
드디어 하늘이 열린다는
개천산 등광리
이세종 선생[20]의 수도터에 오면
사는 게 부끄러워진다
나는 어떤 빛을 찾아
여기까지 올라왔던가
내가 열어야 할 하늘은
저만치 있고
부딪치지 말라
걸림 없이 살라

---

20) 이쯔 이세종(1879.7.1.-1944.3.15. 족보에 근거함) 화순의 성자로 알려진 이공은 40세에 성경을 깨치고 말씀대로 실천하는 삶을 추구했다. 지극한 생명 사랑과 금욕, 가난한 자들에 대한 헌신적 구제 활동은 동광원의 이현필(1913-1964) 등 호남의 영성가들에게 큰 영향을 주었다.

바람의 소리 들려온다
하나님은 손발이 없다고
어서 가서 그 손발 노릇하라는
말씀만 듣고
하산의 발걸음을 재촉한다

- 하나님은 손발이 없다

가장 중요한 기회

인간으로 태어나서 그리스도 의식으로 깨어나지 못한다면 가장 중요한 기회를 잃어버린 것이다. 그냥 먹고 사는 데만 몰입하다가 인생이 끝나게 된다. 하나님은 머리로 이해할 수 없다. 사과 하나도 지식으로 이해할 수 없다. 씹어보고 맛을 보아야 제대로 알 수 있다. 그런데 하나님을 어떻게 지식으로 알 수 있겠는가? 아무리 많은 이론과 지식을 머릿속에 쌓아 두어도 알 수 없다. 하나님에 대한 온갖 정의가 힘이 없는 이유가 무엇이겠는가?

하나님에 관한 정의에 가장 가까이 간 언어는 영(Spirit, Πνεῦμα)이다.

"하나님은 영이시다. 그러니 우리는 반드시 영과 진리로 예배드려야 한다."(요 4:24)

영이 깨어난 사람들은 인생을 걸고 묻고 두드려야 할 주제가 '거룩한 것', 곧 '영'이라는 결론을 제시해 주고 있다.

길 잃은 자가 되지 말라

영혼을 얻은 자는 길을 찾은 자이다. 자신의 실상을 찾은 자이다. 자신과 이 세계에 대한 진정한 배움에 들어선 자이다. 영이 깨어날 때 내 안에 잠재된 하나님의 거룩한 신성이 깨어난다. 처음 아담에 의해서 죽임을 당한 하나님의 형상이 내 안에서 부활하게 된다.

아담을 통해 드러난 하나님의 형상은 그리스도에 의해 완성되었다. 그리고 이제 나를 통해 완성되어야 한다. 그리스도는 근원이고 시작이며 완성이다. 그리스도 예수는 우리가 그리스도 됨을 향할 수 있도록 그 본보기를 성취하였고, 우리와 함께 빛의 공동상속자가 되었다. 그러므로 우리는 자기 자신을 비하하거나 두려워하지 말고 삶을 용기 있게 살아가야 한다.

인간의 두려움은 죽음에 대한 오해에 뿌리를 두고 있다. 하나님의 세계는 때를 따라서 변형은 있어도 죽음은 없다. 과학자들은 어떤 입자도 죽지 않고 에너지 역시 불변이라고 말한다. 예수는 **"너희 몸은 죽일 수 있어도 영혼은 죽이지 못하는 사람들을 무서워하지 말라. 몸과 영혼을 다 지옥에 던져 파멸시킬 수 있는 하나님만을 두려워하라"**(마 10:28)라고 말씀하였다. 이 말씀으로 힘을 입어 수많은 그리스도인이 두려움을 넘어서서 죽음의 벽을 뚫고 갈 수 있었다.

죽음이라는 실존적 한계상황에 노출된 인간의 근원적인 두려움은 그리스도 안에서 십자가와 부활이라는 생사불이(生死不二)의 복음으로 넘어설 수 있다. 우리는 하나님의 바다에서 일렁이는 파도이고 보석처럼 빛나는 물방울이다. 바닷물의 속성은 한 방울의 물속에도 다 들어 있다. 하나님의 권능과 지혜와 사랑은 지금 나를 채우고 있다.

바로 이 사실을 깊이 자각하기 위해서 자신의 내적 목소리에 귀를 기울이는 노력이 필요하다. 영혼의 밑자락에 이르러 들을 수 있는 영혼의 소리는 감성의 영역을 초월한 가슴 속의 가슴에서 들을 수 있다. 이 소리를 듣지 못할 때 우리는 길을 잃게 된다.

13장

참 생명과 참삶

마태 6:22-23

진달래(眞達來)의 진은 참을 말한다. 진달래꽃을 참꽃이라고 부르는 것에서도 알 수 있듯이 참을 구하고 그 참에 도달하고자 모여보자 하는 뜻으로 진달래가 교회의 이름이 되었다. 우리는 그 참을 그리스도로 고백한다. 참(real)이란 거짓(unreal)과 대치되는 개념이다. 참을 알기 위해서 우리는 무엇이 거짓이고 허위인가를 알아야 한다. 왜냐하면 거짓은 참으로 포장되어 있는 경우가 많기 때문이다.

무엇이 참이고 거짓인가를 발견하고 그 차이를 판별하는 지혜를 깨달을수록 참을 향해 나아가는 속도가 빨라지게 될 것이다. 참과 거짓의 차이를 알지 못한다면 우리는 거짓을 참으로 알고 거짓의 힘을 배가시키는 데 온 힘을 다해 쏟아붓는 일을 하게 될 수 있다.

인생을 살아가면서 나는 무엇을 '참'이라 이해하고, 무엇으로 선택의 기준을 삼아야 할까? 이에 대한 대답을 사도들은 공통적으로 답해주고 있다. 출입할 때마다 바라보는 진달래 예배당 벽에는 "너희의 인내로 너희 영혼을 얻으리라"(눅 21:19)라는 말씀이 적혀 있다. 이 말씀에 대한 대응 구절로 누가복음 12:15가 있다.

"욕심을 부리지 말라. 참 생명과 참삶은 우리가 얼마나 재산을 가지고 있느냐 하는 것과는 상관이 없다."(개역한글)

두 말씀을 비교해 보면 참 생명과 참삶은 영혼과 동의어임을 알 수 있다. 우리가 이 땅에 살아있는 동안 가장 중요하게 관심을 가져야 할 것은 나의 어떤 것들이 아니라 내 존재의 근원인 영혼의 빛을 밝게 하는 일이다. 그러기 위해서 신성한 의식을 고양하는 데 관심을 가져야 한다. 예수는 이 세상에 두 종류의 사람이 있다고 말씀한다. 그것은 앞에서 강조한 바처럼 산 자와 죽은 자이다.

"예수께서는 이 기쁜 소식을 모든 사람에게 전하라고 우리에게 당부하셨습니다. 그래서 우리는 이 예수께서 산 자와 죽은 자를 심판하실 분으로 세우셨다는 것을 증거하고 있는 것입니다."(행 10:42)

"내가 하나님 앞에서 그리고 살아있는 자들과 죽은 자들을 심판하실 그리스도 예수 앞에서 그의 나타나심과 그의 나라를 두고 너에게 엄히 명하노니…"(딤후 4:1, 벧전 4:5, 개역한글)

사도들이 일관되게 강조하는 것은 예수께서 자신과 다른 사도들을 보내 하나님에 의해 산 자와 죽은 자의 심판관으로 임명되었음을 증언하라고 했다는 것이다.

살아본 적이 없는 사람들

목으로 숨 쉰다고 해서 살아있는 것이 아니다. 재산을 많이 가지고 있다고 해서 살아있는 것도 아니다. 그런 것들은 참 생명과 아무런 관계가 없다. 그렇다면 누가 진정으로 살아있는 존재일까? 나에게 있어 '살아있음'의 증거는 무엇일까? 그것은 인간이 만들어낸 어떤 것들이 아니라 내 영혼을 깨어나게 하는 '말씀'이다. 오직 말씀만이 내 안의 영을 깨어나게 하고 이 땅에서 천국을 살아가게 한다.

"그동안 사람들은 고통에 못 이겨 자살하고 싶어도 죽을 수조차 없습니다. 아무리 죽으려고 애써도 죽음이 멀리 피해 달아날 것이기 때문입니다."(계 9:6, 현대어 성경)

"그날에는 사람들이 죽기를 구하여도 얻지 못하고 죽고 싶으나 죽음이 저희를 피하리로다."(개역한글)

자신 안의 신성한 빛이 꺼져버리고 영혼의 향로와 불씨를 잊어버린 채, 어둠도 빛도 아닌 회색지대에서 살아가는 사람들이 죽은 자이다. 산 자는 신성한 형상, 거룩한 빛의 불꽃이 타오르는 자이다. 영혼의 불을 가진 사람은 존재의 온기(사랑과 자비)가 있다. 자신을 살리는 지혜의 빛이 모든 생명에게 비추게 된다. 그는 아름다움을 느끼는 영적 감수성이 살아있다. 살아있는 자 곧 영혼을 얻은 자에게는 진정한 삶이 펼쳐진다. 그는 자신의 내면으로 들어가는 문이 열려 있다. 또한 그는 자기 자신을 육체라고 말하지 않는다. 그러나 죽은 자는 자신의 자유의지를 자신을 파괴하는 데 사용한다. 영원히 살 것처럼 착각하며 살아간다. 가장 중요한 사실은 자신 안에 있는 참 생명을 모르는 것이다. 이 무지 때문에 자신의 멸망과 죽음을 스스로 선택하게 된다. 이런 사람들을 향하여 다윗은 이렇게 노래했다.

"우리를 어떻게 만드셨는지 주께서는 알고 계신다.
우리가 한낱 티끌에 불과한 줄을 그분은 기억하신다.
사람의 목숨이야 풀과 같은 것,
들꽃이 피어나듯 찬연한 자태를 드러낼지라도
한번 바람에 스러져
그 피어난 자취조차 찾을 수 없는 것"(시편 103:14-16)

에너지 베일(Energy Veil)

생명체는 에너지를 발산한다. 그 에너지의 파장에 따라 빛깔이 나타나기 때문에 성인들의 성화에서 보듯 오라(Aura)가 있다. 오라는 그 존재의 정보를 나타낸다. 사람을 바라보고 되어보는 과정에서 그 사람의 빛과 불꽃을 보고 느낄 수 있다.

분노와 슬픔, 좌절과 비굴함, 죄의식과 저주, 눈치 보기와 노예근성에 젖어 있는 모습들은 그들이 근원의 순수함 대신 저질화된 에너지 베일에 사로잡혀 있음을 보여준다. 그들은 자신의 어둠을 베일 속에 감추고 그럴듯하게 위장하고 있다. 이 에너지장은 너무나 강력해서 한번 빠지게 되면 빠져나오기가 힘들어진다.

사람을 바라보고 있으면
그 사람이 보여
그의 발자국들이
그의 가슴 못 자국들이
가난과 폭력 속에서 뭉개진

재능과 꿈이 보여
나는 이게 힘들어
내 설움과 그 사람의 설움이
섞이는 것은 더욱 서러운 일
사람을 바라본다는 것은
내 가슴이 공명하는 것
그의 눈물 그의 빛깔이 되는 것

그런데 내가 왜 이러지?
- 사람을 바라본다는 것은

자기보존과 만족을 위해 정글의 법칙으로 움직이는 생존방식을 선택한 사람들은 영혼의 불꽃이 꺼져있다. 그들은 그 사실이 얼마나 큰 불행인 줄을 상상조차 하지 못한다. 그들은 자신이 모아들인 것이 사라질까 두려워하고 생물학적인 죽음에 떨게 된다.

영혼의 어둠은 곧 영원한 죽음이다. 인생이란 어둠이냐? 빛이냐? 하는 선택의 무대이다. 예수께서는 "네 눈이 깨끗하면 네 온몸이 밝을 것이고 네 눈이 악한 생각과 욕망으로 흐려져 있다면 너는 심한 어둠 속에서 헤매게 될 것이다. 그 어둠을 어찌 이루 다 말하랴!"(마 6:22-23)라고 탄식했다.

인생의 불행은 악한 생각과 욕망으로 마음이 흐려지는 데 있다. 몸의 건강도 마음이 밝아야 한다. 영혼도 마찬가지이다. 우리는 영육 간에 밝은 빛의 사람으로 자신을 가꾸어가야 한다. 빛이 없다면 생명도 없다. 각 개인의 재능이 꽃피울 수도 없고 새로운 도전과 창의력이 살아날 수 없다.

인간은 그가 바라보고 마음속에 그리는 것, 관심의 에너지를 쏟고 있는 것이 그의 현실로 나타나게 된다. 누구에게나 똑같은 현실은 존재하지 않는다. 그것은 각자의 관심 에너지가 다르기 때문이다. 따라서 각자에게는 각자의 현실이 있을 뿐이다. 그렇다면 나는 무엇에 관심을 두고 나 자신의 현실을 창조하고 있는가?

"그분은 우리 속에서 다음과 같은 열매를 맺게 해 주십니다. 사랑, 기쁨, 평화, 인내, 친절, 선의, 진실, 온유, 그리고 절제입니다." (갈 5:22-23)

자신의 삶을 영혼에 초대하는 자, 영혼의 빛을 더욱 밝게 하고자 하는 자, 그는 빛의 거룩한 열매를 풍성하게 거두게 된다.

14장

공중의 새들을 보라

마태 6:25-34

2022년 봄, 실내에 들어왔다가 출구를 못 찾고 이리저리 유리창만 들이받고 있는 꾀꼬리를 붙잡아 밖으로 내보내 준 적이 있다. 내 손안에서 심장이 엄청나게 빨리 뛰던 꾀꼬리를 안정시키려 한참 조율해 주고 나서 날려 보냈다. 그 새는 다음 날부터 나를 찾아와 노래하더니 금년 봄에는 방문 바로 앞 참나무 가지에 둥지를 틀었다.

느닷없이
집 안으로 날아들어 온
산새 한 마리
유리창 앞에서 파닥거리고 있다
나가려고 밖으로 뛰쳐나가려고
몸부림치고 있다

보이지 않는 벽
그 너머 보이는 새의 하늘
나에게 저 유리벽은 무엇일까
기억 속에 묻힌 쓰라림인가

아직도 버리지 못한 나인가

자기 날개만 상하게 하는
새 한 마리
창 밖 세상으로 날려보낸다.

- 산새

염려하지 말라

"공중의 새들을 보라. 새들은 씨를 뿌리거나 거두어들이거
나 양식을 곳간에 모아들이지 않으나 먹을 것을 걱정하지 않는다.
하늘에 계신 너희 아버지께서 기르시기 때문이다. 그런데 너희는
새들보다 훨씬 더 귀하지 않느냐?"(마 6:26)

염려는 인간의 몸과 생명을 망치는 핵심 요인이다. 본문은 생명
과 몸의 중요성을 망각할 때 과도한 염려에 빠지게 된다는 것을 경
고하고 있다. 실제로 사람들이 염려하고 걱정하는 것은 90% 이상
이 실제로 일어나지 않는 일이라고 한다. 즉 사람들은 쓸데없는 걱
정을 과도하게 하면서 살아간다는 것이다. 티베트에는 '걱정을 해
서 걱정이 없어지면 걱정이 없겠네'라는 속담이 있다. 척박한 고산
지대에 사는 그들이 걱정을 대하는 태도를 엿볼 수 있다.

인생을 부질없게 만드는 것은 미래의 걱정, 과거의 후회, 과도하
게 타인을 의식하는 것, 해결의 의지를 내려놓고 무작정 참고 사는
것 등이다. 삶이 곤궁해지는 것은 바로 이런 원인이 무엇 때문인지

이해하지 못하고 마음속에 간직한 채 살아가는 데 있다. 그것이 인간관계이든 내면의 트라우마이건 빨리 과감하게 정리할수록 인생에 도움이 될 것이다.

과거에 대한 회한에 사로잡힐 때 우울증에 시달리게 된다. 우울증은 과거의 후회라는 포승줄에 묶여있을 때 나타나는 증세 중 하나이다. 신앙인에게 있어 우울증은 그 사람이 신앙에서 멀어졌다는 것을 나타낸다. 즉, 마음을 하늘에 두는 것이 아니라 땅에 두고 있음을 증거하여 주는 것이다. 기도하는 사람이 우울증에 시달릴 수는 없다. 그것은 영혼의 사람은 과도하게 과거에 매이지 않기 때문이다. 과거의 입력된 생각으로는 진실을 들여다볼 수 없고 현재에 존재할 수도 없다.

염려 - 마음의 분열과 찢어짐

'염려하다'(메림나오, μεριμνῶν)는 '분열하다', '찢어지다'라는 뜻이다. 이는 근심의 속성을 잘 나타내 준다. 물질의 문제로 염려하여 마음이 분열하는 혼란에 빠지면 영혼은 길을 잃게 된다. 그렇게 되면 먹고 입는 문제가 나를 위한 것이 아니라 내가 음식과 의복을 위해 사는 가치전도가 일어나게 된다. 삶은 무한한 반복이 될 뿐 전혀 새롭지 않게 된다. 바로 여기에 인생의 불행이 발생한다.

이때 나를 위해 사용되어야 할 삶의 조건들이 나의 우상으로 군림하게 된다. 지금 나의 마음 상태가 분열과 찢어짐으로 상해 있다면 그 원인이 어디에서 발생한 것인가를 살펴보는 지혜가 시급하게 필요하다. 예수는 염려하지 말아야 할 이유를 공중의 새

를 통해 교훈하고 있다. 새들도 하나님의 은혜로 살아가는데 하
나님의 형상으로 지음을 받은 인간을 어찌 먹이시지 않겠느냐고
강조하신다.

> 겨울 아침마다
> 창밖에 어지러운 발자국을 남기던
> 새 한 마리
> 오늘은 소나무 등걸에 앉아있다가
> 그냥 날아간다
> 먹이를 찾아 땅을 헤맬 때는
> 발자국을 남기더니
> 허공을 날아갈 때는
> 발자국을 남기지 않는구나
> 공중에 나는 새를 보라 했던
> 그분의 말씀은
> 저 새를 두고 하신 말씀이었구나
> 소나무 밑동 옆에는
> 어제 보이지 않던 노란 수선화가 곱다
> 너는 어느 세상에서 온 것인가
> 보이는 것마다 놀라운
> 이 봄날 아침
> 나도 너처럼
> 여기 있다.
>
> - 나도 너처럼

염려와 근심은 삶에 긍정적 영향을 주지 못한다.

"너희가 걱정한다고 해서 그 걱정이 너희 목숨을 한 순간이라도 연장시킬 수 있겠느냐?"(마 6:27, 현대어 성경)

"너희 중에 누가 염려함으로 그 키를 한 자나 더 할 수 있느냐?"(개역한글)

개역한글 성서에 등장하는 키(헬리키아, ἡλικίαν)는 '생명'으로도 번역되는 단어이다. '한 자'는 구약에서 길이를 재는 단위인 '한 규빗'이다. 이는 보통 사람의 손가락 끝에서 팔꿈치까지의 거리이다. 현대어 성경은 헬리키아를 목숨으로 번역하고 있다.

"또 너희는 왜 의복 때문에 걱정하느냐? 들의 백합화를 보라! 백합화는 수고도 길쌈도 하지 않으나 입을 것을 걱정하지 않는다."(마 6:28)

"또 너희가 어찌 의복을 위하여 염려하느냐? 들의 백합화가 어떻게 자라는가 생각하여 보라."(개역한글)

여기에서 두 성서의 본문 해석이 다르게 나타나고 있다. 개역한글 성서는 '어떻게 자라는가 생각하여 보라'고 되어 있다. '생각하여 보라'(카타만다노, καταμάθετε)는 그냥 바라보라는 것이 아니라 '깊고 정확하게 생각하라'는 뜻이다. 진리는 합리적이고 이성적 인식을 무시하지 않는다. 인간의 염려는 합리적이고 이성적인 판단에 근거를 두기보다는 조건 반사적인 감정의 반응에 기인한 경우가 많다. 건강한 사고력을 가진 사람도 맹목적인 염려에 사로잡히면 순식간에 이성의 힘을 잃게 된다.

공중의 새나 들의 백합은 우리가 그냥 지나치는 대상이다. 예수는 일상적인 자연의 세계를 주의 깊게 관찰하고 사색할 줄 아는 인간이 되어야 한다고 말씀하고 있다. 모세는 불에 타지 않는 떨기나무의 불을 보고 '왜 그럴까?' 하고 다가갔고(출 3:2-3), 어떤 현자는 게으른 자를 향하여 개미에게 가서 배우라고 권하였다(잠 6:6). 이사야는 머리를 들어 하늘의 별을 보고 누가 이 모든 것을 지었을까 생각하라고 말했다(사 40:26).

성서에 등장하는 영성의 사람들은 사물을 잘 관찰하고 사색하며 묵상하는 사람들이었다. 이러한 태도는 무엇보다 슬기와 명철을 구하라는 잠언의 지혜로 요약된다.

"사람들이 돈을 벌려고 얼마나 애쓰더냐? 자기 집에 남몰래 재산을 쌓아 두려고 눈에 불을 켜고 달려들지 않더냐? 그들이 그렇게 애쓰듯 너도 분별력과 깨달음을 얻으려고 혼신의 힘을 다 기울여야 하지 않겠니? 그렇게만 하면 너는 여호와께서 어떤 분인지 알게 되리라. 하나님을 진심으로 모신다는 것이 어떤 것인지 깨닫게 되리라."(잠 2:4-5)

잠언은 하나님을 깊이 아는 것이 지혜의 근본이라고 확언한다.
"여호와를 경외하는 것이 지혜의 근본이요 거룩하신 자를 아는 것이 명철이니라."(잠 9:10, 개역한글)

예수는 첫 번째 제자를 만났을 때 '너희가 바라는 것이 무엇이냐?' 하고 물으셨고, 어떤 문제가 생겼을 때 '시몬아, 너는 어떻게 생각하느냐?'(마 17:25) 하고 묻기도 하셨다. 자연의 아름다움에 눈먼 사람들, 관찰과 사색이 결여된 인간은 진정한 믿음의 상태에 들어설 수 없음을 예수는 통찰하였다.

예수의 말씀을 주의 깊게 살펴보면 창조 세계와 인생을 책처럼 읽고 깊은 사색을 통하여 궁극의 진리와 통하신 분임을 알 수 있다. 어떤 분별심도 없이 일체의 대상을 눈여겨보고 이 세계를 바라보고 있는 자기 자신에 대해 사색하는 태도야말로 진리를 추구하는 사람들의 기본적 태도라고 할 수 있다.

> 오늘은 순창과 임실복음서를 읽었다
> 겨울산 골짜기마다
> 지나가는 칼바람
> 나는 키 기울여 말씀을 들었다
>
> 너를 괴롭히지 말라
> 오직 네 자신을 평화롭게 하라
> 그 어느 것도 거부하지 말라
> 네가 불러들여 온 고통을
> 그만 놓아 보내거라
>
> 옳습니다
> 그렇습니다, 아버지
> 당신의 복음서 책갈피마다
> 두 번 다시 밟지 않을
> 제 발자국마다
> 당신은 말씀으로 살아계십니다.
> - 당신의 복음서

먼저 관찰과 사색의 시작을 자신의 숨에서부터 시작해 보자. 들숨이 생명과 에너지의 영접이라면 날숨은 죽음이다. 생명과의 연결고리 숨이 끊어지면 육체는 죽게 된다. 사람들은 수입이 늘어나고 배움이 커갈수록 시간이 없다, 돈이 없다고 비명을 질러댄다. 자신을 고요히 성찰하고 자신의 숨을 관찰하는 시간은 잠시도 할애하지 않으면서 바쁘다고 하는 말만 입에 달고 다닌다. 그들의 마음이 죽어있음을 한자어 '바쁠 망(忙)' 자가 잘 보여주고 있다.

바쁘게만 살아서는 충만한 삶을 살아갈 수 없다는 것은 분명하다. 자신의 건강과 참 생명을 죽이는 길을 바쁘게 가고 있는 사람은 무엇인가 성취했다고 생각하면 할수록 자기 안의 두려움과 걱정 근심이 더 커가기 마련이다. 이때 숨과 숨 사이를 지켜보면 몸과 마음이 이완되고 잡다한 생각들도 멈추게 된다. 생각의 파도가 잠잠해질 때 마음이 고요해진다. 지금 내 콧속으로 들어오는 숨을 깊이 관찰하다 보면 첫 번 아담에게 불어 넣으셨던 첫 숨이 바로 지금 나의 호흡임을 알게 될 것이다. 그리하여 하나님의 창조 세계가 얼마나 완전하고 풍성한 것인가를 깨닫게 될 것이다.

내일을 걱정하지 말라

과도하게 염려하면서 전전긍긍하는 방식의 삶은 어리석은 사람들이 쉽게 선택하는 방식이다. 예수는 물질로 인해 염려하고 근심하는 것은 불신에 뿌리를 두고 있기 때문이라는 명료한 통찰을 제시하고 있다. 만물을 창조하시고 기르시는 하나님을 믿지 못할 때 인간은 걱정과 염려의 파도에 빠지게 된다.

예수는 강한 명령어로 '내일을 걱정하지 말라'고 말씀한다. 여기에서 걱정하지 말라는 의미는 '강한 믿음을 가지라'는 의미이다. 별 것도 아닌 일에 벌벌 떨면서 살지 말고 넉넉하고 관대하고 호탕하게 인생을 살아가야 한다는 말씀이다.

공중의 새나 백합은 과거나 미래를 생각하지 않는다. 어떤 근심 걱정도 없이 지금을 여기에서 살고 있다. 새는 자기 목소리로 눈치 보지 않고 노래한다. 꽃은 자기 빛깔로 순수한 아름다움을 드러낸다. 백합은 내가 왜 장미가 아닌가를 묻지 않는다. 이것이 자연스러운 존재의 아름다움이고 완전함이다.

그런데 인간은 어떠한가? 사람들은 끊임없이 비교하고 선망한다. 그것은 자기 자신이 유일한 존재라는 것을 인정할 줄 모르기 때문이다. 인간의 추함은 나의 나 됨과 현재의 삶을 잃어버리기 때문에 발생하고 있다. 삶을 잃어버리면 인간의 영광은 사라진다. 무엇을 먹고 입을까 하는 걱정과 염려만 남게 된다. 잠을 못 이루고 불면증에 시달리게 된다.

인간님네 소막에서 바라본
누렁소의 눈망울에는
번뇌가 없었다.
송아지도 어미 소도
한가롭게 여물을 씹고
잠잘 때 잠만 자고 있었다.
이 밤에 잠 못 들고 뒤척이는 것은
사람뿐이겠지

번뇌의 여물 먹고 사는

인간뿐이겠지.

- 여물

예수는 새와 꽃에 대하여 설명하지 않는다. 그냥 '보라'고 말씀할 뿐이다. 설명으로는 새와 꽃을 알 수 없다. 예수는 새와 꽃 속에 깃든 로고스와 공명하고 있다. 걱정과 염려에 눈먼 사람들에게 공중의 새와 들의 백합은 보이지 않을 것이다. 꽃집에서 파는 꽃만 꽃이라고 생각하는 사람에게 들꽃은 꽃도 아닐 것이다. 예수는 그런 사람들에게 염려와 탐욕을 내려놓은 눈으로 다시 바라보라고 말씀하고 있다. 그때 새로운 존재와 세상을 보게 될 거라고 제안하고 있다. 우리 모두 공중의 새를 보고 들꽃을 바라보자. 깊이 그 존재들을 만나보자.

15장

0 〉100

마태 7:6-11

"구하라, 받게 될 것이다. 찾으라, 얻게 될 것이다. 두드리라, 열릴 것이다"(마 7:7)라는 이 말씀은 교회의 전도 문구로 많이 활용되어 왔기 때문에 일반인들에게도 많이 알려진 말씀이다. 살길이 막막한 어려운 시절에 예배당 문을 두드리고 이 말씀으로 힘을 얻은 사람들로 인해 한국교회는 성장동력을 얻어 왔다. 그러나 춥고 배고프던 시절이 지나가면서 이 말씀은 서서히 힘을 잃게 되었다. 절박한 어머니들의 기도 소리는 잦아들었고 무엇을 구하고 찾아야 하는지도 모른 채 신앙의 방황이 시작되게 되었다.

오늘 마태복음 7장을 읽다가 문득 성서를 장절로 나눈 데서 오는 함정이 이거구나 하는 발견을 하게 되었다. 그것은 7장 6절을 7절의 '구하라' 앞에 붙여 읽어야 한다는 사실이었다.

"거룩한 것을 개에게 주지 말고 진주를 돼지에게 주지 말라. 그것들이 발로 진주를 짓밟고 돌아서서 너희를 물어뜯을지도 모른다."(마 7:6)

이 본문은 무엇을 구하고 찾아야 하는지를 말씀하고 있다. 그것은 일상의 욕망을 채우기 위한 '찾음'이 아니라 어떤 특별한 목표,

곧 '**거룩한 것**'을 집요하게 추적해야 한다는 뜻이다. 사냥꾼이 사냥물을 추적하기 위해 온 힘을 다하는 것처럼, 그리하여 사냥에 성공하는 것처럼 거룩한 것을 찾을 때까지 멈추지 말고 찾아가야 한다는 말씀이다. 찾는 자는 발견하게 된다. 그러나 찾아야 할 대상이 없는 자는 당연히 찾지 않을 것이다.

개와 돼지는 배부르면 그만인 존재를 상징한다. 목구멍으로 들어가는 것만이 전부인 인간의 은유이다. 그러나 그 무엇이 아닌 자기 자신을 존귀하게 알고 '나'를 알아가고 찾아가는 인간이 있다. 여기에서 진주는 거룩한 것의 다른 상징적 표현이다. 돼지나 개가 진주를 좋아하거나 알아볼 수도 없다. 개돼지는 진주를 짓밟아버리고 진주를 준 인간을 오히려 공격한다.

이 세상에는 개돼지의 길을 가는 사람이 있고 자기 안의 진주를 추적하고 발견해가는 사람들이 있다. 이 진주는 하나님의 형상이고 귀한 것을 귀한 것으로 깨달아가는 지혜이다. 최고의 존재로 성장하기를 원하는 사람이 진주를 찾아가는 자이다. 그는 자기 자신의 존귀함을 알게 되고 자신 안에 숨겨진 하나님의 나라를 발견하게 된다.

진주를 품은 사람 - 살아있는 사람

예수의 말씀을 총체적으로 보면 살아서 하나님을 믿는 자는 죽음에 속하지 않는다고 말씀한다. 즉 불멸의 존재가 된다. 이는 생물학적 육체가 죽지 않는다는 뜻이 아니다. 예수는 자신이 누구인지를 의식하지 못하는 사람, 자신이 하나님의 진주와 같은 존재인 줄 모르는 사람은 실제로 '죽은 자'라고 말씀했다.

예수는 생명의 길을 가고자 하는 사람들에게 중요한 조건 하나를 제시하고 있다.

어떤 사람이 예수께 "선생님, 어머니와 형제들이 밖에 와 계십니다" 하고 전하자, 주위에 있는 제자들을 가리키시며 "보라, 이들이 내 어머니요 형제들이다. 하늘에 계신 내 아버지의 뜻대로 사는 사람은 누구나 내 형제요 자매요 어머니다"(마 12:47-50) 하고 말씀하였다.

우리는 무엇을 구하고 찾아야 하는가? 예수의 말씀은 각자의 욕심을 구하는 데에 급급하지 말고, 하늘 아버지의 소망을 구하는 자가 되라 하신다. 그러기 위해서 자신의 소명이 무엇인지 제대로 알아야 하고 실천해야 한다. 그 실천을 위해서 때로는 부모와 가족을 미워하는 과정이나 자기 십자가를 지는 일도 발생할 수 있다. **자기 십자가를 진다는 것은 자신의 삶에 대한 책임을 지는 존재가 된다는 것이다.** 우리는 이기적 자아를 넘어가는 투쟁을 피하기 위한 도피처로서 교회나 가정, 또는 그 무엇이 자리하는 것을 경계해야 한다. 삶의 현장에서 강도 만난 사람을 바라보게 될 때, 내가 어려운 사람을 돕는 자입니까? 하고 그냥 넘어가지 말아야 한다. 내가 나로서 담당해야 할 책임은 나 자신의 것일 뿐이다.

0이신 하나님

의도는 모든 원인의 시작이다. 인생의 갈림길은 어리석은 의도와 지혜로운 의도 여하에 따라서 갈라지게 된다. 삶의 내용과 결과 역시 의도에 의해 달라진다. 내가 어떤 식사 메뉴를 원하느냐에 따라 식당이 달라진다. 의도하는 바가 없다면 인간의 재능과 자원은 사장된다.

재능과 자원은 무한 가능성으로서의 0과 같다. 0은 천 개 만 개나 하나나 똑같다. 그 0 앞에 숫자가 붙게 되면 그 가능성은 날개를 달게 된다. 하나님을 믿는다는 것은 나의 잠재적 가능성 0 앞에 1(하나)을 세우는 것이다. 손가락으로 세는 산수가 아니라 믿음의 수학적 등식을 사용하는 것이다. 그런데 자신에게 인생 점수를 주어보라고 하면 100점을 넘어서는 사람을 만나보기 어렵다.

사람들은 100점이라고 하는 기준의 강력한 울타리가 잠재의식 속에 있어 그 안에 갇혀 살고 있다는 사실을 모른 채 살아가고 있다. 그 울타리가 실제로는 존재하지 않음에도 100점에 묶여 살아온 의식은 올가미처럼 작용하고 있다. 100점이라는 기준을 깨고 나간 사람과 그렇지 않은 사람의 생각과 창조력이 같을 수 없다.

0은 인도에서 나온 숫자인데 서양에 전해지기까지 8백 년이 걸렸다고 한다. 0은 무궁무진한 이야기를 담고 있다. 0은 '없는 것을 있음'으로 표현한 숫자이다. 0은 수가 없음을 나타낼 뿐 현실 세계에 존재하지 않는 수이지만 양수와 음수를 연결하는 역할과 기능을 한다. 실체(體)는 없으나 쓰임(用)은 있다. 인간도 이 세계도 알고 보면 0이다. 빛깔은 모두 합해져 정합이 되면 우리 눈에서 사라진다. 그 사라진 세계가 빛의 세계에서는 클리어이고 색의 세계에서는 검정이다.

만물은 눈에 보이지 않는 데서 왔고 다시 때가 되면 가시 세계에서 사라진다. 이것을 우리는 하늘로부터 왔고 다시 하늘로 돌아간다고 말한다. 인생이란 촛불과 같다. 입김 한 번에 사라지는 촛불은 어디로 간 것인가? 바로 이것을 다석 유영모[21]는 '인간은 있이 없고, 하나님은 없이 계신다'라고 표현했다. 나는 이 말씀과 함께 '나는 내일 죽어 어제 묻혀 오늘 산다'라는 말씀을 사랑한다.

인간의 무덤은 공원묘지가 아니라 과거 현재 미래라는 수평의 흘러가는 시간(크로노스, κρόνος)이다. 수평의 시간이 수직의 시간으로, 이곳에서 여기로의 초월이 일어날 때 카이로스(καιρός)의 때가 임하게 된다. 유한한 인간에게 임하는 '순간 속의 영원'이다.

지구의 시간과 공간에 갇히지 않고 영생의 자유혼을 가지고 살아갈 수 있는 눈을 뜨는 것, 그리고 나의 양 날개를 펴서 영원의 하늘을 날아갈 수 있도록 지구에서 있는 동안 준비하는 것이 얼마나 중요한가를 0은 보여주고 있다.

요즈음 상담을 하면서 자신에게 현재의 인생 점수를 준 사람들에게 예전에는 100점을 선물했는데 요즈음은 0을 선물하고 있다. 100점과 0, 어떤 것이 큰 것인가?

며칠 전에 한 수행자가 찾아왔다. 그에게 자신의 인생 점수를 물었더니 70점이라고 했다. 십여 년 동안 수련을 통해 얻었다는 점수가 겨우 이것인가? 나는 그에게 0 하나를 선물했다. 영적 수행이란 무의식에 입력된 100이라는 기준의 알 껍질을 열고 나가 무한한 자기 하늘을 날아가는 것이라는 말에 그의 얼굴은 달아올랐다. 처음부터 700이라고 말했다고 해서 뭐라고 할 사람 하나도 없을 터인데

---

21) 다석 유영모(1890-1981) 개신교 그리스도인으로 교육자, 철학자이다. 김흥호, 함석헌 등의 제자들이 있다. 1921년 오산학교 교장, 1928년부터 35년 동안 서울 YMCA 연경반을 지도했다. 기독교 수도원 동광원(이현필)과 인연이 깊고, 전주 모악산 진달래집과 농장을 기증했다. 독창적인 한글 철학, 동양의 고전과 기독교 사상을 조화시키려 한 노력은 「참나」를 찾고자 하는 이들에게 깊은 영적 영감을 제시하고 있다.

왜 알아서 기고 살았을까요? … 그의 눈시울이 더욱 뜨거워졌다.

눈만 뜨기만 하면

마태는 예수를 만나고 0의 세상이 열렸다. 그는 세리라고 하는 권력이 대단한 줄 알고 살아왔지만, 예수의 부름을 받자마자 일하던 세관에서 곧바로 스승을 따라나섰다. 예수께서 부르시면 즉시 움직이고 행동하는 사람들이 하늘의 은혜와 기적을 체험한다. 지금을 사는 사람이 예수를 따라나설 수 있다.

인간의 노력으로는 100에 도달하기도 어렵지만, 태초부터 하나님이 준비한 은혜의 세계는 눈만 뜨기만 하면 한순간에 1,000으로 10,000으로도 갈 수 있다. 하나님은 0이시고 무한하시다. 그러나 인간 세계는 자기 자신의 벽에 갇혀 있다. 그러나 0이신 하나님을 아는 사람은 천국의 기쁨을 누리는 사람이다. **그에게 삶은 아름다운 기적이고 신비이다. '있이 없는' 존재가 아니라 '있음으로 있는' 사람이다.** 바로 그런 사람이 눈을 뜬 인생이다.

16장

좁은 문 - 속사람을 찾아가는 길

마태 7:13-29, 고후 4:16-18

숲속에서 살다 보면 많은 종류의 생명체들을 만나게 된다. 각자의 생명체는 자기 안에 놀라운 하늘의 선물을 간직하고 있다. 그 선물은 존재의 변형과 비상이다. 땅속의 굼벵이가 매미가 되는 이치를 굼벵이가 어찌 상상이나 할 수 있을까. 자연은 이런 놀라움으로 가득 차 있다.

전주 세계소리문화축제 기간에 전주 경기전에서 티베트의 나왕 케촉과 한국의 장구 명인이 즉석 연주를 한 적이 있었다. 그때의 연주곡 주제가 생명이었는데 바로 내 옆의 느티나무 밑에서 매미가 허물을 벗고 있었다.

> 경기전의 느티나무 등걸에서
> 자기 껍질을 벗고 나온 매미
> 온몸을 비워 내지르는
> 매미 소리 속에 매미가 있다.
> 오늘 나는 어떤 매미가 되고 있는 건가
> 여기에 앉아 있는 건가
> 제 무게에 떨어지는 낙엽은

바람을 일으키고
떨어진 나뭇잎이 한 줄기 바람에
굴러가고 있다

- 매미 소리 속에 매미가 있다

어떤 생명이든 생명에는 자기완성과 자기 초월의 선물이 들어있다. 굼벵이가 매미가 되듯이 인간 역시 속사람이 깨어나 영혼이 개화되는 순간이 가능성으로 잠재되어 있다.

좁은 문으로 들어가라

예수의 가르침은 지구에서 주어진 시간 동안 하나님을 만나는 사람이 되라는 데 있다. 하나님을 만나지 못하면 인생은 허무한 쓰레기가 된다. 그러므로 하늘의 거룩한 불꽃이 나의 영혼에 점화되도록 기도하고 영원한 생명의 불꽃을 피워내야 한다.

예수는 "나는 양들이 풍성한 생명을 누리게 하려고 왔다"라고 말씀했다. 그 풍성함은 먼 미래의 것이 아니라 지금 여기에서 당장 누릴 수 있다고 말씀했다. 하늘 아버지의 선물은 모두 나의 것임을 믿으라고 말씀했다. 하지만 하늘 아버지는 가장 좋은 것을 주시고자 애타고 있다는 그 말씀에 귀 기울이는 자가 없다고 탄식하였다.

예수는 풍성한 삶을 누리는 자가 되라고 말씀하시지만 왜 우리는 늘 부족하다고 생각하며 살아갈까? 이 결핍 의식이야말로 인간의 대표적 원죄 의식일 것이다. 사람들은 풍성한 삶이란 돈과 물질적인 것으로 각인되어 있다. 예수가 말씀하는 풍성함은 물질보다 더 크고 본질적인 것이다. 그것은 머리에 가득 찬 미래에 대한 두려움을 지혜로 바꾸고, 가슴의 시기와 질투가 영혼의 보물인 사랑과 자비로 가득 차게 하는 데 있다. **내 힘과 능력보다 위대한 하나님의 힘을 구현하고 우주적 진실의 보물을 갖는 데 있다.**

사람들은 광대한 우주를 바라보는 전율과 기쁨을 잃어버리고 에고의 진흙탕에 빠져 허우적대고 있다. 돼지의 사료조차 간신히 먹으면서 살아가던 탕자처럼 곤궁하게 살아가고 있다. 자신과 타인에게 상처를 주면서 경쟁을 해야만 한다는 강박에 시달리고 있다. 그러면서 '세상이 다 그런데…' 하고 합리화를 하면서 살아가고 있다. 하지만 그것은 신성한 나로서의 자기 자신을 기만하고 부정하는 삶이다. 예수는 이에 대해 명확한 선택을 하라고 말씀하고 있다.

"하늘나라는 좁은 문으로만 들어갈 수 있다. 지옥으로 가는 길은 넓고 그 문도 커서 쉬운 길을 택한 많은 사람이 다 그리로 들어간다. 그러나 생명으로 들어가는 길은 좁고 그 문도 작아서 그곳을 찾아오는 사람이 별로 없다."(마 7:13-14)

왜 좁은 문인가?

굼벵이가 매미가 되려면 자기 껍질을 벗는 과정이 있다. 나비가 되려면 고치라고 하는 어둠을 통과해야만 한다. 생명이 완성되어 가는 과정에는 어느 날 갑자기 뚝딱 이루어지는 것이 아니라 그에 따르는 과정(becoming)이 있기 마련이다. 인간이 물질 의식에서 그리스도 의식으로 가는 여정에는 긴 어둠의 터널을 통과하게 된다.

인간이 태어나서 얼의 존재가 되기까지 생명의 성장 과정에는 각자의 때와 그에 따르는 단계가 있다. 사도 바울은 마라톤에서 모든 출전자가 완주하는 것도 아니고 상을 받는 것도 아님을 강조했다(고전 9:24-27). 그에게 좁은 문으로 가는 길은 자신의 속사람을 자각하고 키워가는 방식이다. 마라톤 대회의 금메달은 아무나 그냥 주어지는 것이 아니라는 사도 바울의 지적에 우리는 주목해야 한다.

우리 안에는 완벽하고 장엄한 하늘의 뜻이 있다. 그렇다면 나를 향한 하늘의 뜻은 나에게서 실현되어야만 한다. 그 실현은 좁은 문으로 들어가는 자, 성장의 단계에서 필수적으로 거쳐야만 하는 문턱과 어둠을 두려워하지 않고 통과한 자, 자신의 속사람이 그리스도 의식으로 깨어난 자들에 의해 성취된다.

좁은 문으로 가는 사람은 좋은 열매를 맺는 사람이다(마 7:15-20). 그들은 아버지의 뜻을 실행하는 사람이다(마 7:21-23). 말씀을 듣고 따르는 사람은 반석 위에 집을 짓는 슬기로운 사람이다. 실천은 내일로 미루지 않고 오늘 응답하는 자의 것이다. 실천은 방관자로 머물지 않겠다는 신앙 고백적인 태도이다.

일 년 내내 가난한 자에 대하여 방관자로 살다가 성탄절 때 라면 몇 박스 들고 불우이웃돕기 한다고 허둥대는 것을 실천이라고 할 수 없다. 어쩌면 그렇게 일 년에 한 번 한결같이 라면뿐인가. 나는 그런 모습들을 중증 장애인들과 생활하면서 많이 경험한 바 있다. 부디 힘겹게 몸의 고통을 견디고 있는 형제들을 사진 찍는 대상으로 여기는 일은 삼가해 주기를 바랄 뿐이다.

지금 여기에서 선을 행할 수 있는 기회를 어떻게 사용하느냐는 나의 책임이다. 어떤 눈으로 인간을 바라보느냐 하는 것 역시 나 자신의 문제이다. 하나님은 우리가 기적의 주인공이 될 기회를 주고 계신다.

산상설교의 마무리에 있는 말씀이 반석 위에 집을 지은 사람의 비유이다. 어떤 폭풍이 몰아쳐도 무너지지 않는 집처럼 그리스도의 바위 위에 존재의 집을 지은 사람들은 어떤 상처를 주는 공격이나 칭찬에도 흔들리지 않는다. **믿음은 내 생각과 신념을 믿는 것이 아니라 하나님의 생각을 받아들이는 것이다.** 믿음은 예수를 존재와 삶의 밑힘으로 삼는 것이다. 예수가 자신의 밑힘이요 기초라면 그는 인생을 성공적으로 살게 될 것이다. 이것이 산상설교의 결론이다.

예수님의 이름으로 기도하였습니다?

그리스도인들은 기도를 마무리할 때마다 '예수님의 이름으로 기도하였습니다'라고 한다. 그것은 "내 이름으로 무엇이든지 구하라. 내가 다 이루어 주겠다"(요 14:14)라는 말씀이 근거가 되었을 것이다. 하지만 무엇이든지 구하면 받을 수 있는 것일까? 사람들은 '구하면 얻는다, 찾으면 찾을 것이다, 문을 두드리면 열릴 것이다'라는 신념 속에서 기도하곤 한다. 그러나 성서 말씀이 그런 주술적 수준이라면 인류의 정신문명을 바꿔 놓지는 못했을 것이다.

마태는 우리에게 예수의 엄중한 말씀을 전하고 있다.

"종교적으로 흠이 없는 사람이라 해서 다 믿음이 깊은 사람은 아니다. 그들이 내게 '주님'이라 부른다고 해서 다 하늘나라에 들어갈 수 있는 것도 아니다. 가장 중요한 문제는 그들이 하늘에 계신 내 아버지의 뜻을 실행하고 있느냐 하는 것이다. 심판 때 많은 사람이

'주님, 주님, 우리는 주님의 말씀을 전하였고 주님의 이름으로 귀신을 쫓아내고 많은 이적을 행하였습니다'라고 말하더라도 나는 이렇게 대답할 것이다. **'너희는 내 사람이 아니다. 물러가라, 이 악한 자들아!'"**(마 7:21-23)

어찌하여 이런 일이 일어날 수 있을까? 앞에서 말한 '내 이름으로 무엇이든지 내게 구하면 내가 행하리라'라는 말씀을 원문으로 보면 '내 이름으로'는 '내 이름 안에서'로 해석된다. 그것은 전치사 'en'에 대한 해석 차이다. 요한복음에서 그 뜻을 분명하게 알 수 있다. "너희가 다시 살아나면 너희는 내가 아버지 안에 있고 너희가 내 안에 있고 또 내가 너희 안에 있는 것을 알게 될 것이다."(요 14:20)

여기에서 전치사 'en'은 모두 '안에'로 해석하였다. 이렇게 해석하면 '내 이름 안에서 무엇이든지 내게 구하면 내가 행하리라'가 된다. 곧 내 이름으로 구하는 것이 아니라 내 이름 안에서 구해야 한다는 것이다.

'이름 안에서 구한다'란 예수께서 하나님 안에 거한 것 같이 우리도 예수 안에 거할 때, 즉 예수의 사람이 되었을 때 비로소 하늘에 계신 아버지의 뜻대로 행하는 자가 될 수 있다. **예수 이름 안에서, 예수 안에서, 예수가 되어 기도하면 그 기도는 하나님의 뜻을 이루는 기도이기 때문에 이루어지지 않을 수 없고 하나님은 더 좋은 것을 우리에게 선물로 주신다.** "너희 아버지께서 구하는 사람에게 더욱 좋은 것을 주시지 않겠느냐?"(마 7:11). 그렇다면 더 좋은 것은 무엇인가? 이 구절과 평행본문을 찾아보면 누가복음 11장 13절이다.

"너희 아버지께서 구하는 사람에게 성령을 주시지 않겠느냐?"

더 좋은 것은 성령이라는 것을 알 수 있다. 성령은 거룩한 영을 말한다. 거룩한 영이 있는 사람이 거룩한 사람이다. 그러므로 하나님의 사람은 거룩한 사람이다. 예수 안에 있는 사람이 거룩한 사람이다. 예수를 믿는다는 말은 '예수의 사람 됨'을 말한다. 즉 예수의 인격으로 되어감이다. 이 전제가 없다면 그는 지금 신앙의 착각, 곧 결정적 위기 속에 빠져 있다.

좁은 문 - 새로운 인류의 삶

날이 갈수록 인간이 만물의 영장이라고 말하기 어려운 세상이 되어 가는 것 같다. 인간은 연약하다. 그리스도인이라고 예외일 수 없다. 과대한 욕망과 무지는 무엇을 구해야 될 지 모르는 혼미한 상태로 우리를 몰아넣는다. 그 혼미함이 만물의 영장인 인간의 격을 떨어뜨리고 혼란에 빠지게 한다.

성서는 세상이 아무리 막장으로 간다고 해도 그리스도 예수를 통해서 인간은 하나님의 자녀요, 그리스도와 같은 완전에의 길이 열려 있음을 선언하고 있다.

"하나님께서는 우리를 선택하여 당신께 나아가도록 부르셨고 우리가 하나님께로 갔을 때 '죄 없다'라고 선언하셨습니다. 그리고 그리스도의 선량한 성품을 지니게 하여 하나님과 올바른 관계를 맺게 해 주셨으며 그분의 영광을 우리에게 약속하셨습니다."(롬 8:30)

사도 바울은 하나님의 뜻대로 부르심을 입은 사람들은 모든 일이 합력해서 좋은 결과를 이룬다고 말씀한다. 그 결과의 내용은 하나님의 섭리와 성령의 역사를 통해서 이루어지는 '당신의 아들과 같은 모습'의 성취이다. 이 성취의 소식이야말로 복음의 진수이다. 그리고 오늘의 교회가 새롭게 일어설 수 있는 바탕이 된다.

인간을 향한 하나님의 선택에는 두 가지의 목적이 있다.

첫째 그리스도인들이 그리스도의 형상을 본받게 하려는 것이고

둘째 예수 그리스도를 인류의 맏아들로 삼기 위한 것이다(롬 8:29).

신앙생활은 우리가 이 세상에 살아있는 동안 그리스도의 선한 성품을 지니도록 하는 연단의 여정이다. 신앙의 내용과 목표도 이에서 벗어나지 않을 것이다. 그리스도인은 경우 없이 화를 내고 조급하고 무서워하고 비관하고 걱정하는 삶에서 기쁨과 감사하는 삶으로 변화의 과정을 가게 된다. 좁은 문이란 그리스도에 의해 탄생 된 새로운 인류가 추구하는 삶의 방식을 상징한다. 그것은 신성한 인간을 향한 완전의 길이다.

17장

모든 기적 중의 기적 - 나

마태 8장

마태복음 5-7장의 산상설교는 신앙의 핵심은 주기도와 그 기도를 실천하는 데 있다는 것으로 정리된다. 8-9장은 예수께서 행하신 기적들이 모여 있다. 이어지는 10장에 제자들을 부르시는 장면이 있음에도 기적 보도의 중심에 마태를 부르신 장면이 별도로 들어있다. 왜 별도로 마태만 자리하고 있을까?

마태는 예수를 만나고 나서 새사람이 되었다. 그는 과거의 자신이 영적으로 나병 환자였고 귀신 들린 자였으며 귀먹고 눈먼 존재였음을 고백하고 있다. 자신이야말로 모든 기적의 주인공이라는 사실을 드러내고 있다.

인생이라는 밥상

마태는 직업이 로마의 하수인 세리였기 때문에 이스라엘의 공공의 적으로서 비난과 경멸의 대상이었다. 그런 사람이 예수의 제자가 되고 진리를 전하는 사도가 되었다. 바로 이게 중요하다. 성경을 공부하면서 예수의 기적에 대해 암기하는 것도 의미가 있겠지만 내가 그 기적의 주인공이 되는 실제적 체험은 더욱 중요하다. 밥상에 맛있는 반찬이 아무리 많아도 내가 먹을 수 있어야 의미가 있는 것이지 바라보고만 있다면 무슨 소용이 있겠는가?

인생이라는 밥상을 받았으면 통째로 나의 피와 살로 만들어야 한다는 것을 마태는 전해 주고 있다. 로마의 성 조반니 성당에 있는 마태 조각상은 반쯤 선 자세로 무거운 두루마리 말씀을 튼튼한 허벅지 위에 올려놓은 채 읽고 있다. 그는 세금 뜯어낼 목록만 보던 세리였던 사람이었다. 그랬던 그가 말씀을 탐구하고 증언하는 그리스도의 제자가 된 것이다.

8-9장에 등장하는 병 고침 받은 사람들은 상황은 다르지만 다양한 질병에 고통받는 사람들이었다. 그 내용을 보면 나병 환자, 중풍, 열병, 귀신 들린 사람, 하혈증, 죽은 소녀, 맹인, 벙어리 등이다. 병은 다양해도 그들의 공통점이 있다면 예수께 간절히 절박하게 구했던 사람들이다. 자신의 '간절함'을 예수께 말씀드리는 것이 살아있는 기도이다. 그들은 예수라고 하는 문을 간절하게 두드렸다. 그리하여 그들은 마태처럼 인생을 바꾸는 결정적인 기회를 얻게 되었다.

"구하라, 받게 될 것이다. 찾으라, 얻을 것이다. 두드리라, 열릴 것이다. 누구든지 구하면 받을 것이고, 찾으면 얻을 것이고, 두드리면 열릴 것이다."(마 7:7-8)

인생의 어둠은 구하지 않고 찾지 않고 두드리지 않는 데 있다. 아예 무엇을 구할 줄 모르는 데 있다.

인생의 기적을 체험하는 비방

　　예수는 인생의 기적을 체험하는 비방을 말씀하고 있다. 그 것은 목표가 분명한 삶이다. 인간다운 삶을 살기 위해서는 마음을 다해 원하고 찾고 두드리는 염원이 있어야 한다. 나는 그동안 사람들을 만날 때마다 줄기차게 물어왔다. '무엇을 원하느냐?' 유감스럽게도 나의 질문에 당황하는 사람들을 많이 보아왔다. 내가 질문하는 이유는 인간의 에너지와 재능은 의도를 분명하게 세울 때 발현되기 때문이다. 그 의도는 생각이다. 내가 동그란 집을 지어야 하겠다는 생각에서 동그란 집이 나온 것이다. '나는 예배당을 가겠다'라는 생각이 있었기 때문에 예배당까지 오게 된 것이다.

　　지금 내가 어떤 것을 절실하게 원하고 있느냐 하는 내용은 인생의 성패가 달린 문제이다. 내가 누구를 죽여야 하겠다는 생각에서 살인이 나오고 누구를 살려야 하겠다는 생각에서 살림의 행동이 나오게 된다. 그렇다면 지금 나는 어떤 생각을 하면서 살아가고 있는가? 그것을 한 단어로 말한다면 무엇인가? **내가 예수를 통해 받은 큰 은혜는 무엇보다 나 자신을 어떤 기준의 틀에 매이지 않고 자유로운 생각을 할 수 있게 된 것이라고 생각한다. 나는 그 무엇이 아니라 나 자신이라는 자각이었다.** 나의 상상은 무한하고 스스로 나 자신을 기쁘게 할 수 있는 능력을 행사할 수 있다는 점에서 나는 내가 좋다. 나에게는 '나보다도 더 큰 나'를 만나는 기쁨이 있다.

　　이 우주는 말씀으로 창조되었다. 말씀은 하나님의 생각이고 우주 창조의 재료이다. '빛이 있어야 하겠구나' 하는 하나님의 생각에서 빛이라는 존재가 나왔다. 많은 사람이 질병에 시달렸지만, 그중에서 '예수께 가면 내 병이 낫겠구나' 하고 몸을 일으켜 예수를 찾아간 사람들이 고침을 받았다.

나의 지금 현실은 내 생각의 반응이고 반영이다. 지속적으로 생각하는 그 생각은 그 사람의 얼굴과 몸짓을 만들고 현실을 창조하게 한다. 그러므로 우리는 지금 현재의 내 생각을 잘 확인하고 선택할 필요가 있다.

나의 인생은 지금까지 꼬이는 인생이었다고 하는 말을 지속적으로 반복하면 꼬이는 일이 찾아오게 된다. 이것이 우주의 법칙이다. 왜? 심은 대로 거두는 것이 우주의 법칙이니까. 내가 원하지 않는 것을 계속 불평하면서 말하면 말이 씨가 된다는 말처럼 그런 일이 반복된다. 그래서 예수는 인생의 핵심, 신앙의 핵심이 기도에 있다고 가르치셨다.

무작정
내려서는 것
내가 보여
눈물 나는 것

마음속의 말들을
지우고
또 지우다가
울음만 남겨두는 것
- 기도 1

기도는 나의 무의식에 뿌리를 둔 언어를 정화하고 거룩하게 한다. 기도는 어둠의 생각에 빠져 있는 상태에서 벗어나게 하는 탈출구다.

삶은 선택이다

삶은 선택이다. 삶이 재미있어지려면 재미있는 생각부터 선택해야 한다. 내가 예쁜 사람 되려면 나는 예쁜 사람이 되어야지 하는 생각부터 해야 한다. 소인울울(小人鬱鬱) 대인탕탕(大人蕩蕩)이라는 말처럼 우울한 생각에 사로잡혀 우울한 말만 하면 매사가 막히는 우울한 소인배로 살게 된다. 그러나 대범하게 살아야지 하고 마음먹고 빗자루로 낙엽을 쓸어버리듯이 우울한 마음을 쓸어버리면 큰사람의 삶이 펼쳐지게 된다.

사월에는
꽃이 아닌 것들이 꽃이라 해도
용서하자
당연한 일들을 착한 일이라고
좋은 일 했다고
목청을 높여도
허허 웃자
가파른 산길
오를수록 숨이 차도
발 디딜 때마다
넓어지는 세상이 아니던가

한스러웠던 지난 겨울을
진달래가 웃고 있다
오리나무 어린 새순
구절초 이파리도 웃고 있다
사월이 웃고 있다
꽃도 아닌 것들이 꽃이라 주장해도
이 사월에는 그냥 웃자

- 사월에는

　지금 이 순간의 생각과 감정이 나의 미래를 만들어내는 재료가 되고 있다. **내 생각과 감정의 시발점을 잘 살펴보는 눈이 떠지면 내가 나로부터 자유로워지는 길이 열리게 된다. 이것은 인간 수업의 기본적이고 핵심적인 주제이다.** 예배가 중요한 것은 찬송을 부르고 말씀을 읽고 듣고 나누고 하면서 우리의 생각이 정화되고 생각과 감정이 새로워지기 때문이다. 올라올 때 보지 못한 그 꽃을 내려갈 때 볼 수 있는 눈이 떠지기 때문이다.

　예배는 자기 정화와 에너지의 세탁 시간이다. 한 주 동안 때 묻은 나의 의식을 정화하고 자유, 힘, 사랑, 지혜, 창조의 언어로 나를 채우는 것이다. 삶을 바꾸려면 생각부터 바꿔야 한다. 예를 들어 불평의 말을 감사의 생각과 말로 바꾸면 삶은 궁핍한 삶에서 풍요한 삶으로 바뀌게 된다.

　눈이 밝아야 찾을 수 있다. 문을 못 찾으면 벽을 뚫고 다니느라 헛고생을 많이 하게 된다. 헛고생하는 사람들은 즉시 응답해야 할 때 미적거리고 익숙한 습관에 매몰된 삶을 산다. 넘치게 가지고 있으면서도 사용할 줄 모른 채 남이 가진 것을 부러워하거나 질투한다. 자신의 생각과 감정을 존중하지 못하고 불평하는 말을 입에 달고 살아간다. 그들은 결핍과 불행을 스스로 불러들이고 있음을 모른 채 살아간다. 그러나 그리스도의 사람들은 이 지구와 우주가 행복의 공간으로 주신 하나님의 선물임을 감사한다.

나의 현실은 내가 선택한 생각에 복종한다는 것을 체험하기 바란다. 정말 좋은 생각을 선택하고 말할 줄 아는 삶이 펼쳐지기 바란다. 마태 사도처럼 모든 기적 중의 기적은 바로 나 자신이어야 함을 기억하자.

✦ 18장 ✦
제자 - 나를 넘어서는 길을 가는 사람

마태 10:1-31

스승에게는 제자가 있다. 스승은 제자를 부르고 제자는 스승을 찾는다. 스승은 제자의 모델이다. 스승 없이 배운 사람은 일류가 되기 어렵다. 어느 동네에나 있는 아마추어에 머물게 된다. 어떤 분야에든 최고의 스승이 있다. 그러므로 무엇인가를 배우고자 한다면 먼저 스승을 찾아야 한다. 인생은 어떤 스승을 만나느냐에 성패가 달려있다. 제자는 스승이 한 일을 하고 스승의 가르침을 전한다.

깨달음의 정상에 오른 사람이 모두 스승이 되는 것은 아니었다. 대부분은 그 산에서 내려오지 않고 은둔하거나 자취를 감추었다. 정상에서 내려오는 사람은 매우 귀하다. 가르치는 실력을 길러야 하고 야만적인 세속에 적응해야 하고, 봉새를 비난하는 참새와 제비들과도 상대해야 하기 때문이다. 큰 스승이 되신 분들은 차마 외면할 수 없는 세상에 대한 지극한 자비심이 있는 분이었다. 그 자비심은 예수께서 보여준 것처럼 변화산의 영광에서 골고다를 향해 건너가는 눈물의 길이었다.

예수는 열두 제자를 파송했다. 12는 이스라엘의 열두 지파를 나타내는 숫자이다. 6을 가족공동체의 숫자라고 한다. 그것은 아버지

1, 어머니 2, 자식 3을 합한 수이다. 곱하기 1×2×3을 해도 6이다. 6은 가족처럼 가장 강력한 결속력의 상징이다. 벌집이나 눈과 물의 결정 구조는 육각형이다. 육각은 자연이 만들어낸 가장 효율적인 형태다. 6의 두 배인 12는 큰 결속력과 다수와의 관계 능력을 나타낸다. 12는 예수에 의해 열린 새 시대를 상징한다. 새시대는 새로운 평화의 시대이다. 폭력을 앞세운 로마의 평화가 아니라 약자를 보살피고 살리는 평화이다. 누구도 거들떠 보지 않았던 평화에 주목하게 되는 새로운 세상이 열리게 되는 일을 위해서 열두 제자는 부름받았다.

사람을 낚는 어부

　　예수의 첫 번 제자에 속한 사람들은 갈릴리 바다에서 물고기 잡는 어부들이었다(마 4:18-19). 마태복음에 의하면 베드로와 안드레 형제, 그다음에 야고보와 요한 형제를 불렀다. 안드레와 사도 요한은 세례 요한의 제자였다. 예수는 그들에게 사람 낚는 어부로 만들어 주겠다고 약속했다. 곧 인간의 영혼을 구원하는 제자로 선택하였다.

　어느 날 세례 요한은 지나가는 예수를 보고 '하나님의 어린양'이라고 선언했다. 그때 세례 요한의 옆에 있던 안드레와 다른 제자 한 사람이 세례 요한의 말을 듣고 예수를 찾아 나섰다. 이 사람들이 예수의 첫 번째 제자가 되었다. 마태복음은 예수의 직접 호출로 전해지는 데 반해 요한복음은 제자들이 예수를 직접 찾아가는 형태로 기록하고 있다. 안드레는 사람들을 예수와 연결하는 중개자 역할을 잘한 사도였다.

안드레는 예수를 그리스도로 고백한 최초의 제자이며 세례 요한과 예수를 이어주는 징검돌의 역할을 했다. 광야에서 오천 명을 먹이신 기적 사건에서도 그는 믿음으로 도시락을 가진 어린아이를 예수에게 데려왔다. 안드레 때문에 그의 형 시몬이 예수의 수제자 베드로가 되었다. 안드레는 조용히 행동했지만, 그 결과는 세상을 바꾸었다.

훗날 안드레는 네로황제 박해시대에 그리스 북부지방에서 선교하다가 X자 형태의 십자가에 못 박혀 순교하였다. 안드레는 십자가에 매달린 이틀 동안 계속해서 군중들을 향해 설교하였다고 한다. 그가 십자가에 매달린 채 마지막 순간까지 절박하게 외쳤던 설교의 내용이 무엇이었을까를 생각해 본다.

무엇을 찾느냐?

예수는 세례 요한의 제자인 그들에게 "너희가 구하는 것이 무엇이냐?(무엇을 찾느냐?)"라고 물었다. 바로 이 질문이 중요하다. 복음서에서 이 질문은 매우 중요하게 다루어지고 있다. 나는 무엇을 찾아서 예수에게 왔는가?

많은 사람이 예수를 찾았다. 그의 말씀을 듣기 위해서, 병 고침을 받기 위해서, 꼬투리를 잡아 죽이기 위해서… 등 이유는 많았다. 빈 무덤 밖에서 예수를 알아보지 못하고 울고 있는 마리아에게도 **예수는 '누구를 찾고 있느냐?'라고 물었다. 이 질문에 대한 대답의 내용이 신앙의 내용이고 인생의 내용이 된다.** 내가 어떤 사람인가는 지금 내가 무엇을 찾고 있는 사람인가를 살펴보면 알게 될 것이다.

열두 제자

마태는 '열두 제자'를 강조하고, 마가는 '열두 사도'라고 한다 (마가 3:13-19). 마가는 '배를 탄 제자들'(막 6:45, 8:10), '집에 있던 제자들'(막 7:17, 10:10)이라고 포괄적 표현을 한다. 요한은 예수의 제자들 가운데 아리마대 사람 요셉과 니고데모 같은 유대 지도자도 포함하고 있다(요 12:42, 19:38-39).

그 유대 지도자 두 사람은 유대의 최고 기관인 산헤드린 의회원이고 부자였다. 예수께서 활동하실 때는 공공연하게 자신을 드러내지 않았지만, 십자가 사건 이후 자신들의 제자 됨을 확실하게 드러냈다. 아리마대 요셉은 빌라도에게 가서 예수의 시신을 달라고 요청했고 빌라도는 내주라고 명령하였다(마 27:58). 그는 자신이 사용하기 위해 조성했던 새 무덤에 예수의 시신을 안치했다. 이때 니고데모는 몰약과 침향의 향료를 발라 장례를 치렀다. 이런 일은 당시의 살벌한 상황에서 목숨을 거는 일과 같았다. 이 두 사람은 결국 순교자가 되었다.

아리마대(아리마태아)는 예루살렘 북서쪽 사무엘의 고향으로 알려진 동네 이름이다. 아리마대 사람 요셉은 하나님 나라를 고대하는 거룩한 사람(막 15:43)이었고, 예수를 죽이려는 의회의 결정에 따르지 않았다(눅 23:51). 그가 십자가에서 흘리는 예수의 피를 성배에 담아 잉글랜드에 가서 글래스턴베리에 교회를 설립했다는 이야기 등 많은 전설의 주인공으로 회자 되고 있다.

제자(마데테스)는 예수를 따르는 사람들을 말한다. 복음서와 사도행전에만 260번 등장하는데, 90% 정도는 열두 제자에게 한정해서 사용하고 있지 않다. 예수를 따르는 집단에는 일반 추종자들과는 다른 제자단(막 2:14, 요 1:35-50)이 있었다. 그들의 이름은 전해지지 않았지만, 생업과 가족을 포기하고 예수와 함께 움직이는 특별한 소명의 사람들이었다(눅 9:57-58). 예수는 70명의 제자들을 뽑아 파송했다(눅 10:1).

열두 제자의 이름은 다음과 같다. 시몬(베드로), 야고보(세베대의 아들), 요한(세베대의 아들), 안드레, 빌립, 바돌로매, 마태, 도마, 야고보(알패오의 아들), 다대오, 시몬(가나안인), 가룟 유다이다. 제자단은 유대인과 그리스인, 세리(친 로마), 시몬과 같은 반로마 무장 투쟁가인 젤롯당원(열심당원)도 있고 가난한 어부 시몬과 안드레, 여러 배를 거느린 부자 야곱과 요한도 있다.

열두 제자 집단은 매우 다양하고 개성이 강한 사람들의 공동체였다. 예수는 서로 색다른 삶의 배경과 입장을 가진 사람들을 하나의 사명에 투신할 수 있도록 엮어냈다. 소크라테스나 공자, 석가를 비롯한 성인의 제자들은 당대의 뛰어난 인재들이었다. 이런 점에서 예수의 제자들은 너무나도 독특한 구성을 보여준다.

여타의 스승들은 원석을 깎아 보석으로 가공했다면 예수는 땅바닥에 뒹구는 돌멩이를 보석으로 만들었다고 할 수 있다. 예수의 제자들이 더 특별한 것은 그들이 거의 다 순교의 피를 뿌렸다는 것이다. 그들은 생사를 초월하여 이 세상을 건너갔다.

사라진 사도행전
- 유다 다대오, 시몬, 바돌로매 나다나엘

이란 순례 중에 동방박사 기념교회에서 멀지 않은 곳에 자리한 유다 다대오 사도의 순교 기념예배당을 찾아간 적이 있다. 인가 하나 없는 산중에 가레(튀르키예어로 검다는 뜻) 캘리써라는 이름의 검은 돌로 지어진 규모 있는 교회의 인상은 강렬했다. 그때까지만 해도 나는 다대오(이란어로 태디) 사도에 대해 아는 것이 없었다. 전혀 언급조차 하지 않았던 사도의 이름과 유적지를 그곳에서 만난 것이다.[22]

현지인의 설명에 의하면 페르시아의 왕이 병이 깊어지자 유대의 예수에게 사신을 보내어 초청을 했는데, 다대오 사도를 대신 파송했다고 하였다. '유다 다대오'는 시몬과 함께 시리아와 메소포타미아에서 복음을 전했고 페르시아 제국으로 가서 주로 변방의 아르메니아인들을 대상으로 포교 활동을 했다. 지금도 다대오 사도의 기일이 되면 수천 명의 아르메니아인이 기념교회에 머물면서 기도를 한다고 한다. 현지에서 들은 바로는 다대오는 3,500여 명의 교인들과 함께 순교했다고 전해진다. 다대오는 갈릴리 지역의 한 마을 이름이고 이름은 유다이다.

시몬(마 10:4, 막 3:18)은 열두 제자 가운데 한 사람이지만 알려진 바가 거의 없다. 그는 로마에 무장투쟁을 했던 혁명당원(zelotes)이었다. "로마 정부를 혁명으로 뒤엎으려던 가나안 사람

---

22) 마태복음과 마가복음에는 다대오, 누가복음(6:16)과 사도행전(1:14)에는 유다로 기록되었다.

시몬"(마가 3:18)은 이집트에서 선교하다가 다대오와 함께 페르시아로 가서 포교활동을 했다.[23] 전승에 의하면 페르시아 수아닐에서 도착한지 사흘 째 되는 날 이교도들의 습격을 받아 거꾸로 기둥에 매달려 톱으로 켜는 참혹한 순교를 했다고 한다. 이런 연유로 시몬의 행적은 현지에서조차 잘 알려져 있지 않은 것 같다. 기록이 없는 사도 시몬의 상징은 톱이다.

브리태니커 백과사전에 따르면, 아르메니아인들은 전통적으로 자신들을 노아의 손자 고멜의 세 아들 중 '아스그나스(Ashkenaz)와 도갈마(Togarmah)'의 자손들이라 주장한다. 유다 다대오는 디아스포라 유대인들이 많이 진출한 고대 아르메니아 영역이었던 에뎃싸(Edessa)에서 선교하였다. 안트리시안은 아르메니아 교회사인 『예루살렘과 아르메니아』에서 다대오가 8년 동안(35-43), 이어서 또 다른 예수 제자인 바돌로매가 16년 동안(44-60) 전도한 후, 둘 다 아르메니아에서 순교한 것으로 전하고 있다. 다대오는 아르다제에서 50년에, 바돌로매는 데르베드에서 68년에 순교했다. 아르메니아인들은 다대오를 아르메니아 독립교회의 첫 사도적 대감독으로 전하고 있다.[24]

바돌로매는 '돌로매의 아들'이라는 뜻으로서 성씨이고 이름은 나다나엘이라고 추정하고 있다. 요한복음(1:46-51, 21:2)에서는 나다나엘, 다른 복음에서는 바돌로매로 기록되어 있다. 예수는 나다나엘을 '간사함이 없는 참 이스라엘인'이라 표현하였다. 그는 인도에

23)   Catholic Encyclopedia article on St. Simon the Apostle, Appleton Company,1912. http://www.newadvent.org/cathen/13796b.htm
24)   조덕영(창조신학연구소 소장, 조직신학 Th. D.), 인류 기원과 노아 후손들(3), 기독일보 2020.11.03.

까지 가서 복음을 전하고 아르메니아의 알바노폴리스(Albanopo-lis)에서 순교 당했다고 한다(Eusebius, Jerome).[25] 유다 다대오와 함께 페르시아·아르메니아 등지에서 선교 활동을 하였는데, 전승에 따르면 아르메니아에서 선교 중 박해를 받아 산 채로 가죽이 벗겨지고 참수를 당했다고 한다. 이와 연관해서 그의 상징은 작은 칼과 벗겨진 살가죽으로 그려지고 있다.

그는 유다 다대오와 더불어 아르메니아 사도 교회의 수호성인이기도 한데, 아르메니아는 사도들의 희생이 헛되지 않아 로마 제국보다 앞서 세계 최초로 기독교가 국교화된 나라가 되었다. 그들은 시장 거래에서 에누리를 하지 않는다. 에누리를 하게 되면 거짓말을 하는 것이 되기 때문이다. 예루살렘에는 지금도 고대로부터 아르메니아 수도사들이 유지해온 구역이 있다. 예루살렘의 구(舊) 시가지 4개 구역(the Four Quarters of Jerusalem, 유대·크리스챤·아르메니아·무슬림 쿼터) 가운데 한 구역을 맡고 있다. 아르메니아는 과거에 로마교회로부터 정죄당한 사람들의 피난처였다. 그들의 사라진 저서와 자료들이 아르메니아에서 발견되는 이유이다.

아르메니아는 강대국인 튀르키예와 이란과 러시아 사이에서 온 갖 핍박을 받아온 가슴 아픈 역사를 지니고 있다. 특히 오스만 제국이 저지른 인종청소(제노사이드)의 집단학살(1915-1916)로 100만에서 150만명이 희생되었다. 아르메니아는 인구 300만에 국토도 남한의 3분의 1에 불과한 나라이지만 그들은 기독교 역사 속에 작지만 큰 나라의 역할을 해왔다.

---

25)   가스펠서브, 라이프성경사전, 생명의 말씀사, 2006.

나는 아시아 선교의 역사를 썼던 경교(네스토리안)와 함께 영혼의 불과 자신들의 언어를 지켜온 아르메니아를 다시 조명해야 한다고 생각한다. 사도행전은 베드로와 바울을 중심으로 쓰고 있기 때문에 여타의 제자들에 대해서는 언급이 되지 않고 있다. 이 때문에 먼 이방으로 선교의 발걸음을 옮겼던 제자들은 감추어져 있다.

하늘나라의 복음

제자들은 예수의 뒤를 이어 "하늘나라가 다가왔다(가까왔다, 개역한글)"(마 10:7)라는 말씀을 선포했다. 예수의 하늘나라에 관한 가르침은 매우 중요하게 강조된 말씀임에도 불구하고 지금까지 크게 오해되고 있다. 하나님의 왕국으로서의 천국은 하나님의 다스림이라는 동사적 의미이다. '가까이 왔다'라는 헬라어 엔기켄 (ʼHγγικεν)은[26] '이미 왔다'라는 의미가 있다.

'하나님 나라가 언제 시작됩니까?'라고 바리새파 사람들이 물었을 때, 예수는 **"하나님 나라는 눈에 보이게 시작되는 것이 아니다. 또 '여기 있다, 저기 있다'고도 말할 수 없다. 하나님 나라는 너희 가운데 있기 때문이다"**(눅 17:20-21)라고 말씀했다.

이 말씀은 너무나도 중요한 가르침이다. 천국이 너희 안에 있다면 지옥 또한 너희 안에 있지 않겠는가. 히브리어로 지옥은 '스올', 한글 성서에는 '음부'(陰府, 어둠의 마을), 그리스어로는 '하데스'인

---

26) 현재완료 3인칭 단수 동사

데 일반적인 무덤으로 사용되었다.[27] "내가 네게 말한다. 너는 베드로다. 내가 이 반석 위에 내 교회를 세우리니 그 어떤 죽음의 세력도 그것을 누르지 못할 것이다"(마 16:18)에서는 죽음의 권세와 영역을 나타낸다.

지옥이란 마음에 빛이 없는 암흑의 상태를 말한다. 이 암흑에서 발생하는 원한과 죄책감, 온갖 질병과 굶주림, 지금도 전쟁으로 죽어가는 사람들의 처참한 현실은 지구가 생지옥일 수 있음을 보여주고 있다. 옛사람들은 지옥이 땅속에 있다고 믿었다. 이 생각 때문에 독일 사람들은 굶어 죽으면서도 감자를 먹지 않아 이른바 감자 대왕이라고 불리는 프르드리히 대왕이 시식회를 하러 다녔다고 한다.

예수의 하나님 나라는 지금 여기에서 찾아지고 경험되어져야 한다. 하나님의 다스림은 나의 '내면'(in)과 '외면'(among)에 함께 있다. 나의 내면에서 들려지는 진리의 말씀에 귀 기울이고 그 말씀을 따르는 자에게 하나님의 다스림이 임하게 된다. 그때 천국을 지금 여기에서 누리는 삶을 살 수 있다. 바로 이 때문에 예수는 하늘 아버지의 뜻이 하늘에서 이루어진 것처럼 이 땅에서 이루어지도록 기도하라는 가르침을 주었다.

예수를 만났던 사람들 가운데 다수는 자신들의 눈에 보이는 가시적 지상천국을 원했다. 그들은 자신이 원하는 방식의 하나님 나라와 예수이기를 원했다. 예수를 추종했던 사람들과 예수의 엇갈리는 화법을 이해하기 위한 열쇠는 '거듭남'의 체험에 있다. 그 체험

---

27) 시편 16:10, 사도행전 2:31, 창세기 37:35, 욥기 14:13, 전도서 9:10, 요나서 2:2

은 참을 깨치는 사건이고 내가 나에게로, 즉 하늘 아버지께 돌아가는 체험이다. 이 근본 경험의 사건이 일어날 때 현상만 바라보고 반응하는 내 시선이 내면과 본질을 향할 수 있게 된다.

순간 속에서 영원을 체득(신의 다스림, 바실레이아, βασιλεια)하는 시간이 카이로스의 시간이다. **그때 인간의 무덤은 땅에 만드는 봉분이 아니라 과거 현재 미래라는 지구의 시간과 공간 의식임을 알게 된다.**

하나님은 계시지 않은 곳이 없다. 이 말은 하나님의 나라는 이 땅에 어느 곳이든지 펼쳐져 있다는 뜻이다. 하나님 나라 곧 진리의 씨앗이 마음 밭에 심어지고 가꾸어지고 성장하는 그리스도인은 '그 어디나 하늘나라'의 삶을 살아가게 된다. 이런 사람들이 하나님 나라의 원인을 심고 가꾸는 자요, 자신과 이 세상에 영원한 하나님 나라를 실현하는 자이다.

당신의 하늘은
나의 발끝에 내려와
나는 더 이상 피할
하늘이 없다.
쇠 저울처럼 내 삶은 무거워도
구석 구석마다 기다리는
당신의 나라
나는 더 이상 숨을
하늘이 없다.

- 하나님 나라

제자들의 사명

예수는 제자들에게 자신이 하신 병자 치유, 죽은 자를 살리는 일, 귀신을 쫓아내는 사명을 주셨다(마 10:8). 병이 들어 주저앉은 사람들, 삶을 포기하고 절망에 빠진 사람들, 기쁨이 없는 사람들, 땅만 바라보는 사람들에게 하늘 아버지께 눈을 돌릴 수 있도록 하는 사명을 주신 것이다.

오늘의 현실 속에서 일에 파묻혀 정신적으로 혼미한 삶을 살아가는 사람들이 많이 있다. 그리스도인의 사명은 죽은 자를 일으켜 세우는 데 있다. 자신의 몸을 느낄 수 있도록, 자신의 생명 감각을 자각할 수 있도록, 병들고 왜곡된 삶으로부터 해방된 삶을 살아갈 수 있도록 돕는 데 있다. 내가 나로부터 해방된 자유인의 삶을 살아가도록 돕는 데 우리의 일이 있다.

지금 이 순간 하나님의 숨이 내 콧속으로 들어가고 있음을 자각하고 생명의 주권이 나에게 있지 않음을 알아차리는 사람들이 영이 관통하는 그리스도의 제자이다. 예수는 제자들을 파송하시며 사명을 잘 감당할 수 있도록 능력을 부여하였다. 그 능력은 여러 가지 삶의 불가항력적 조건들에 의한 굴레를 벗겨 주는 능력이다.

우리는 예수께서 주신 권능을 사용할 줄 알아야 한다. 그 힘을 사용할수록 나의 권능이 커지고 사람들을 치유함으로써 나 자신을 깊이 치유하게 된다.

제자의 덕목 - 지혜와 순결

예수는 제자들에게 "돈은 한 푼도 가져가지 말라. 식량 자루나 여벌 옷이나 신발이나 지팡이도 갖고 가지 말라. 일꾼이 먹을 것을 얻는 것은 당연하다"(마 10:9-10)라고 하였다. 이는 오직 복음을 전하는 소명에만 목적을 둘 뿐 물질에 의지해서는 안 된다는 말씀이다.

또 "너희를 환영하지 않거든 그곳을 떠날 때 너희 발에 묻은 먼지를 떨어 버리라"(마 10:14)라고 말씀했다. 아무리 좋은 복음이라 해도 상대방이 받아들이지 않는다면 내 잘못이라고 자책하거나 실망할 필요가 없다. 그들에게도 거부할 자유가 있음을 인정하고 나는 나의 길을 가야 하기 때문이다.

예수께서는 "내가 너희를 보내는 것은 마치 양을 이리 떼 가운데 보내는 것과 같다. 그러므로 너희는 뱀같이 슬기롭게 처신하고 비둘기같이 순결하라"(마 10:16)라고 말씀하였다. 예수는 돈과 호신이 되는 지팡이조차 갖지 않은 제자들에게 **지혜와 순결을 요청하였다. 이 두 가지는 제자들이 갖추어야 할 중요한 덕목이다. 양순한 마음만 가지고는 이 세상을 견디고 이길 수 없다.**

유대인들에게 뱀은 창세기에서 볼 수 있듯이 죄의 원형적 상징이다. 그러나 예수는 유대교에서 부정적으로 인식하고 있는 뱀을 긍정적 상징으로 사용하였다. 예수의 제자는 뱀처럼 지혜로워야 한다. 뱀이 상징하는 생명력과 지혜가 있어야 한다. 높은 이상만 찾지 말고 원초적 몸의 생명력을 잘 살려서 살아야 한다.

이미 어떤 바이러스도 세균도 발붙일 수 없는 건강한 몸의 상태로 관리하는 사람은 질병을 무서워하거나 방어할 필요가 없을 것이다. 설사 공격을 받는다 하더라도 그는 지혜롭게 벗어나게 될 것이다. 로마는 성을 쌓고 망했다는 말이 있다. 로마가 국운이 일어날 때는 성이 없었다. 감히 도전하는 세력이 있을 수 없었기 때문이다.

예수의 제자들을 향한 힘찬 격려는 **"너희 몸은 죽일 수 있어도 영혼은 죽이지 못하는 사람들을 무서워하지 말라"**(마 10:28)라는 말씀이다. 그리스도인이 이 세상을 용기 있게 살아가야 할 이유가 바로 여기에 있다. 모든 두려움에서 벗어날 수 있는 진정한 해방의 복음이 바로 이 말씀이다. 삶도 죽음도 하나님께 속한 것이다. 그분은 나의 아빠로서 내 영혼을 보호하시고 내 영혼과 함께 계신다. 따라서 내 영혼의 지성소를 파괴할 것은 그 어떤 것도 없다.

✦ 19장 ✦
예수 - 하나를 둘로 가르는 칼

마태 10:32-42

"누구든지 사람들 앞에서 나를 안다고 하면 나도 하늘에 계신 내 아버지 앞에서 그를 안다고 하겠다."(마 10:32, 현대어 성경)

"누구든지 사람 앞에서 나를 시인하면 나도 하늘에 계신 내 아버지 앞에서 저를 시인할 것이나"(개역한글)

'나를 시인하면'의 본래 문자적 의미는 **'내 안에서 시인하면'**이다. 즉 예수와 영적 연합이 된 자로서의 고백을 말한다. 또한 삶의 현장에서 예수가 나의 그리스도이심을 구체적으로 고백할 것을 요구하는 말씀이다. 따라서 '시인'한다는 말은 나의 생명과 운명이 그리스도에게 있음을 확신한다는 뜻이다. 그런 사람이라면 원수들 앞에서도 자신이 그리스도의 사람임을 분명하게 고백할 수 있을 것이다. 이것은 내가 '나'(I AM)임을 빌라도 앞에서 선언했던 예수의 뒤를 따르는 사람으로서의 당연한 의무이다.

아미쉬 공동체의 영성

　친구 목사가 찾아와서 아들의 세계여행기를 한 권 주었다. 그 내용 가운데 영화 '위트니스'에도 등장하는 미국의 아미쉬(Amish) 공동체를 방문한 이야기가 실려 있었다. 문명의 편리함을 최소한으로 줄이는 옛날 방식의 생활을 하는 그들의 역사 가운데 전해지는 비극적인 이야기를 소개하고 있었다.

　어떤 정신 나간 인간이 총기를 들고 와서 공동체의 학교 아이들을 모두 죽이겠다고 26명의 아이를 줄 세웠다. 그때 한 아이가 나서서 여기 있는 아이들 가운데 내가 제일 나이가 많은 언니이니까 나를 먼저 죽이라고 말했다. 그 아이는 13살이었다. 그러자 살인자는 총을 쏴서 그 소녀를 죽였다. 그러자 또 한 아이가 나서서 내가 여기에서 나이가 많은 언니이니 나를 죽여라, 이렇게 세 명째 나서니까 마지막으로 세 명을 죽이고 나서 그 살인자는 더 이상 아이들을 죽이지 못하고 자살해버렸다.

　아미쉬 공동체는 아이들과 살인자를 함께 장례식을 했고 그 살인자의 부인을 장례식에 초청했다. '우리는 그를 용서했으니 참석해도 좋다'고 했으나 용서를 구하는 답신은 왔지만 참석하지는 않았다고 한다. 아미쉬 공동체의 영성과 힘이 무엇인지 목숨을 내놓은 아이들이 잘 보여주고 있다. 여기 있는 아이들 중에서 내가 제일 큰 언니이니 나를 먼저 죽이라고 담대하게 말하고 죽어간 아이들은 '시인'한다는 것이 무엇인지를 잘 말해 주고 있다.

칼 - 분리의 상징

예수는 제자들에게 사람들을 두려워하지 말라고 말씀하셨다(마 10:26). 사람들은 나에게 상처를 주고 굴욕감을 줄 수 있어도 나의 영혼을 파괴할 수 없다. 나의 생사는 하나님께 있는 것이지 사람들에게 있는 것이 아니다. 바로 이런 확신이 있는 사람은 원수들 앞에서 나의 정체성을 확실하게 고백할 수 있을 것이다.

예수께서 말씀하시는 '시인'의 결과는 폭력과 거짓의 세계로부터 분리되는 결과를 가져오게 된다. '나는 평화가 아니라 칼을 주려고 왔다'(마 10:34)라는 말씀에서 칼은 무력의 상징이 아니라 분리의 상징이다.

거짓으로 유지되는 집단에서 진실을 말하는 사람은 가장 위험한 사람이다. 그는 기득권을 유지하기 위해 뭉친 사람들과 분리가 되기 마련이다. 체념과 두려움에 의한 양보와 굴종에 의해 유지되는 평화는 가짜 평화이다. 강압적으로 말하는 소리에 꼼짝 못하고 있다면 그것은 자기 자신을 죽이는 폭력을 용납하는 일이다.

예수의 말씀은 하나를 둘로 가르는 칼이다. 파멸의 길로 달려가는 집단에서 분리되어 구원의 길을 선택하는 사람에게는 자연스럽게 분리가 일어날 수밖에 없다. 이 분리가 사랑하는 가족일 수도 있고 내가 아끼는 것일 수 있고 목숨일 수도 있다. 그래서 믿음의 길은 십자가의 고통으로 우리에게 다가올 수 있다. 십자가는 구원의 표상이기도 하지만 내가 하나님의 신비와 사랑에 한 발 더 가까이 가기 위해 치르는 인생 수업료이기도 하다.

변혁의 새 세상을 여는 그리스도의 제자들

10장에는 파송하는 제자들을 향한 교훈과 지침이 구체적으로 적시되고 있다. 복음을 전하는 전도자는 여행 경비의 돈을 지녀서는 안 되고 두 벌 옷과 신발과 지팡이를 갖지 말라고 하였다. 이는 소명의 사람이 가져야 할 분명한 결의와 태도이다.

나는 2022년 10월에 포르투갈 리스본에서 산티아고까지 700여 km를 한 달 동안 걸은 적이 있다. 배낭을 메고 걸어가는 그 길은 먼 길을 떠나는 자는 모름지기 몸과 마음의 짐이 가벼워야 한다는 것을 체험하는 길이었다. 비누 한 장을 사는 것도 그 무게를 여러 번 생각하다가 내려놓기도 했다. 다수의 사람이 새 신발을 신고 온 것을 후회한다. 가장 좋은 신발은 내 발에 편한 신발이다. 걸음마다 고통인데 새 신발이나 메이커 있는 비싸고 화려한 신발이 무슨 소용인가.

예수는 선교의 길을 떠나는 제자들에게 짐 없는 가벼운 길을 떠나라 하셨고 앞으로 어떤 환난의 어려움이 닥친다 해도 두려워하지 말라고 하였다. 짐의 무게는 그의 두려움과 비례한다. 제자를 향한 예수의 말씀은 지시적 명령이 아니라 위로의 권면과 격려이다. 제자들은 어렵고 두려움이 엄습할 때마다 스승의 파송 말씀을 떠올리며 마음을 다잡았을 것이다.

훗날 제자들이 생사를 내려놓고 순교의 길을 가게 된 것은 사람을 두려워하지 말고 하나님을 두려워해야 한다는 예수의 가르침이 육화되었기 때문일 것이다. 세상에서 가장 무서운 것은 무서운 것이 없는 사람이라고 한다. 제자들이 바로 그런 사람이 된 것이다.

시대가 변했다 하더라도 신앙인의 삶의 중심과 내용까지 바뀔 수는 없다. 그리스도인은 시대마다 묵은 관습의 틀을 깨고 변혁의 물꼬를 열어 왔다.

한국사회는 각 분야에서 혁신적인 개혁이 필요하다. 종교 분야라고 해서 예외일 수 없다. 한국교회의 개혁은 벽지 바르는 개혁이 아니라 벽을 허물어 새로 세우는 개혁이 필요하다. 그런 개혁의 동력은 하나님께 두려움을 바친 사람들, 교인이 아니라 그리스도의 제자가 되기를 바라는 그리스도인들에게서 분출하게 될 것이다. 그들은 자신의 믿음을 과감하게 세상 앞에 시인한다. 엘리야 선지자처럼 고요히 속삭이는 하나님의 음성을 듣는 사람들이다.

엘리야는 북이스라엘 아합왕의 왕비 이세벨에 의하여 나라가 우상으로 뒤덮힐 때 바알의 제사장 450명을 백성들과 함께 한자리에서 쳐 죽였다. 그 이후 이세벨로 인해 어려운 지경에 처하게 되어 '이제는 저만 홀로 남아서 주님을 섬기고 있다'라고 하소연할 때, 하나님은 그에게 말씀했다.

"그렇더라도 나는 이스라엘에서 바알에게 무릎 꿇거나 경배하지도 않고, 바알 신상에게 입 맞추지도 않은 사람 7천 명을 남겨두겠다."(왕상 19:18)

시대가 아무리 어두워도 하늘의 불을 화로처럼 가슴에 간직한 사람들이 있다. 그들이 남은 자요, 하늘의 때를 기다리는 사람이다. 대한민국의 희망은 여기에 있다. 인간의 절망이 끝나는 곳에 하나님의 희망이 있다. 마태는 예수의 말씀을 통하여 신앙은 앎이 아니라 삶이요, 바라봄이 아니라 됨이라는 점을 강조한다.

20장

9의 세례 요한과 10의 그리스도

마태 11:1-19

　예수는 요단강에서 세례 요한에게 세례를 받았다. 당시에 세례 요한은 예수보다 6개월 먼저 태어났으나 종교와 정치적 비중이 매우 높은 유명 인물이었다. 광야의 거친 곳에서 살아가는 그의 모습과 거침없는 설교는 이스라엘 사회에 큰 충격을 주었다. 그러나 헤롯은 자신을 비판하는 세례 요한을 정치적 부담을 안고 감옥에 가두었다.

　감옥에서 죽음을 기다리던 세례 요한은 자신이 메시아라고 확신했던 예수가 진짜 메시아인지 의심을 하게 되었다. 그 이유는 요단강에서 회개를 촉구하는 자신의 방식과는 달리 대중들을 찾아다니며 적극적으로 설교를 할 뿐만 아니라 세례 요한처럼 금욕적이지 않고 먹고 마시는 데도 거침이 없었기 때문이다.

　세례 요한이 보낸 제자들은 "우리가 기다리는 분이 바로 선생님이십니까? 아니면 우리가 다른 분을 기다려야 합니까? 앞으로 오실 그이가 당신입니까?"라고 물었다. 이에 대해 예수는 세례 요한이 기다리는 메시아는 이미 왔고, 지금 메시아의 일을 하고 있다고 말했다. 예수는 예언자 이사야의 말씀을 인용하여 다음과 같이 말씀했다.

　"요한에게 돌아가 내가 한 일을 너희가 본 대로 알려라. 맹인이 보게 되고 앉은뱅이가 걸으며 나병 환자가 깨끗해지고 귀머거리가 들으며 죽은 사람이 살아나고 가난한 사람이 기쁜 소식을 듣는다. 그리고 '나를 의심하지 않는 사람은 행복하다'고 전하라."(마 11:4-6)

나는 지금 예수에게 어떤 반응을 하고 있는가?

마태는 세례 요한의 제자들에게 전한 예수의 답변에 대하여 세례 요한이 어떻게 반응했는지에 대해 언급하지 않는다. 다만 세례 요한과 같은 의심을 거두고 예수를 통해서 드러난 하나님 나라를 선택하라고 강조한다. 이는 세례 요한이 예수에 대해 어떻게 반응했는가보다 내가 지금 어떻게 이 주제에 대해 반응하고 있느냐가 더욱 중요하기 때문이다.

어떤 분이 나를 찾아와 『데카그램』을 읽었노라고 자랑스럽게 말했다. 그런데 그의 말을 듣다 보니 그는 거울을 보면서 자신의 얼굴을 보는 사람이 아니라, 거울의 액자만 보는 사람이라는 생각이 들었다. 나는 그에게 책에 대한 이야기가 아니라 데카그램을 통해 당신 자신을 읽고 본 이야기를 듣고 싶다고 말했다.

그는 책에 대한 요약 정보를 책을 읽은 것으로 착각하고 있었다. 자신을 찾고 생각을 깊이 하는 힘을 기르고자 하는 독서 훈련이 안 된 사람들의 함정에 그는 빠져 있었다. 성서를 읽는 사람들 역시 바로 이 점에 유의해야 한다. 성서는 나를 읽고 보는 책이지 문자 정보 습득을 위해 읽는 책이 아니다.

마태는 마태복음을 읽는 독자들에게 예수에 대한 정보를 읽는 것으로 그치지 말고 예수 앞에서 결단해야 함을 말하고 있다. 마태복음은 이 결단을 향한 초대의 복음서이다. 요한의 제자들이 돌아가자 예수는 세례 요한을 주제로 한 질문을 군중에게 하시고 이어 말씀하셨다.

"너희가 요한을 보러 황량한 광야로 갔을 때 그를 어떤 사람으로 기대하였느냐? 바람에 흔들리는 갈대와 같이 갈피를 잡을 수 없는 사람이라고 생각하였느냐? 아니면 왕궁에 있는 왕자처럼 화려하게 차려입은 사람이기를 바랐느냐? 아니면 하나님의 예언자냐? 그렇다. 사실 그는 예언자보다 더 훌륭한 사람이다."(마 11:7-9)

지금까지 세례 요한보다 더 큰 인물은 없었다

예수 당시의 동전에는 곱게 치장한 헤롯이 새겨져 있었다. 그러나 헤롯의 통치에 대한 절망으로 군중들이 몰려간 광야에서 외치는 세례 요한은 거친 옷을 입고 있었다. 그는 말라기 선지자 이후에 나타난 구약의 마지막 예언자였다.

예수는 요한이야말로 예언자보다 더 훌륭한 사람이며 성경에 예언된 하나님의 사자라고 말했다. 세례 요한은 다시 와서 한 시대의 종말을 선언할 엘리야라는 것을 분명히 깨달아야 한다고 강조하였다. 여자의 몸에서 태어난 자 중에서 세례 요한보다 큰 인물이 난 적이 없다고 말씀했다(마 11:11). 이보다 더 인간을 높이 격찬하는 말은 그 유례를 찾아보기 어려울 것이다. '그러나 하늘나라에서는 가장 작은 인물이라도 그보다 크다'고 말씀했다.

예수는 세례 요한에 대하여 1에서 9까지의 세상에서는 9에 도달한 인물이기는 하지만 10의 세상으로 열고 나간 인물은 아니라는 평가를 하고 있다. 완성의 수인 9는 알 속의 새다. 세례 요한은 알 껍질 속의 옛 시대를 마감하는 인물이었다. 이제 예수는 익숙한 9의 세상을 깨고 새로운 차원의 세상으로 열고(open) 나가는 길을 제시하고 있다. 바로 그것이 10의 완전한 세상이다. **그 세계는 낙타가 바늘구멍을 통과할 수 있는 세계이다.**

9(Ennea)의 세상과 10(Deca)의 세상이 어떤 차이가 있는지 수로 풀어 보자.

수에는 홀수인 양수(陽數)와 짝수인 음수(陰數)가 있다. 양수는 남성에너지로서 +이고 음수는 여성에너지로서 -이다. 9는 양수로 시작해서 양수로 끝나는 수이다.

9의 시대 = +(양)에서 +(양)으로의 시대

1(+, 시작), 2(-), 3(+), 4(-). 5(+, 중심), 6(-), 7(+), 8(-), 9(+, 끝)

9의 시대는 시종일관 남성이 중심이다. 곧 남자에게서 여자가 나오는 아담의 세상이다.

10의 시대 = +와 -가 5개씩 균형이 되는 시대

1(+, 시작), 2(-), 3(+), 4(-), <5(+), 중심, 6(-)>, 7(+), 8(-), 9(+), 10(-, 끝)

+에서 시작하여 -로 마무리되고 있다. 10의 세상은 남녀가 평등이 되는 평화의 세상이다. 씨앗이 열매가 되고 열매가 씨앗으로 내려가는 순환과 평등의 시대이다. 힘으로 억압하고 권력으로 군림하는 자들이 종말을 고하는 마리아의 노래가 실현된 세상이다.

우리가 마시는 산소도 -전자를 잃어버리면 활성산소가 된다. 활성산소는 정상 세포를 공격하여 -전자를 빼앗아 온다. 이때 염증이 발생하고 온갖 질병의 원인이 된다. 지금까지의 세계사는 활성

산소와 같은 공격적인 남성문화의 시대였다. 이제 9의 세상을 뒤엎는 정화의 역사가 시작되었다.

10의 세상에 있는 사람은 어린아이라도 세례 요한보다 큰 사람이다. 요한은 땅의 차원에서는 가장 큰 자이다. 그러나 하늘의 차원에서는 가장 작은 자이다. 데카의 세상은 에고에서 깨어나 나 자신을 개방하는 것이다.

나는 이 세상에 속한 사람이 아니라 하늘나라에 속한 사람으로 하늘을 먹고 마시며 살아간다. 예수는 자신이 하늘의 산 떡이며 음료라고 말씀했다. 제자들에게 '나'를 먹고 마시라고 말씀했다.

9(완성)에서 10(완전)으로 살아가는 인생

"세례 요한의 때부터 지금까지 하늘나라는 공격 받아 왔고 공격하는 자들이 차지한다."(마 11:12, 현대어 성경)

"세례 요한의 때부터 지금까지 침노를 당하나니 침노하는 자는 빼앗느니라."(개역한글)

'세례 요한의 때'는 요한의 목이 잘리고 예수 역시 십자가에 못박히는 폭력의 시대였다. 정치권력과 종교 권력이 야합하여 예루살렘 성전이 장사치들의 소굴로 변한 시대였다. 예수의 말씀은 세례 요한은 물론 예수의 제자들이 헤롯과 같은 폭력배들에 의해 고통을 경험하게 될 것이며 폭력배들은 권력으로 하나님 나라를 빼앗으려 할 것이라고 예언하고 있다. 이는 요한은 물론 예수 자신과 제자들이 앞으로 당면하게 될 가혹한 운명을 예견하신 말씀이다.

예수는 장례식 놀이와 결혼식 놀이를 놓고 갈라진 아이들을 비유하면서 자신이 세례 요한처럼 행동하면 귀신 들렸다고 비난하고, 죄인들과 함께하면 먹고 마시기를 탐하고 세리와 죄인들의 친구라고 온갖 비난을 하는 사람들로 인해 어떻게 처신을 하든 거부당하게 될 것을 말씀하고 있다.

하늘나라를 공격적으로 접근하는 사람들은 교회 안에도 있다. 열정적으로 누구보다도 믿음 생활 잘한다고 생각하는 사람들 가운데는 천국을 자신의 행실로 우선권을 가지고 차지할 수 있을 거라 오해하는 사람도 있다. 하지만 하나님 나라는 인간의 의를 세우는 노력으로 주어지는 것이 아니라 전적인 은혜로 주어진다. 그 은혜를 힘입어 천국을 상상조차 할 수 없었던 죄인들, 세리와 창녀와 온갖 저주받은 사람들에게 영생의 기회가 주어진 것이다. 우리는 마태복음의 저자가 저주받은 직업 세관원이었음을 상기해야 한다.

예수는 세례 요한처럼 금욕주의자가 아니었다. 사람의 영혼을 얻기 위해서라면 온갖 욕을 먹어도 함께 먹고 마셨고 애환을 나누었다. 예수는 심각하고 외골수적인 삶을 배격했다. 하늘 아버지께 효도하는 것은 기쁨으로 사는 데 있으며 유연하고 창조적인 사고를 하면서 신명의 춤을 추는 자유를 누리는 데 있음을 보여주었다.

이것을 요약하면 9의 세계를 열고 나가 10(Deca)으로 사는 것이다. 영생의 하늘길을 열고 나간 그리스도의 하늘을 나도 날아보는 것이다.

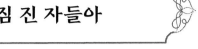

21장

수고하고 무거운 짐 진 자들아

마태 11:28-30

1982년 봄, 의료봉사활동 그룹의 현지 답사 차 남원군 대산면 운교리를 찾아가게 되었다. 그때 마을 뒷편 풍악산 자락에 자리 잡고 있는 작은 마을을 방문하여 취지를 알리고 참여를 독려하였다. 그때 예사롭지 않은 어른을 만나서 대화를 나누다가 그곳에서 하룻밤 묵게 되었다. 그분과 함께 하룻밤 머물고 내려오는데 두 분의 어머니가 배웅을 하기 위해서 나를 따라 나오셨다.

시내버스 타는 곳이 한 눈으로 보이기 때문에 사양을 했지만 끝내 동행하게 되었다. 말없이 산 아래 큰 느티나무가 서 있는 정류장까지 걸어와 버스를 기다리는데 갑자기 거센 소나기가 쏟아져 내렸다. 나는 온갖 짜증을 섞어 하늘을 올려다보며, "이런 우산도 없는데" 하고 화를 냈다. 바로 그때 내 귓전을 울리는 소리가 들려왔다.

"어, 비를 주시네!"

나는 두 분의 입에서 동시에 터져 나온 그 말씀과 그분들의 표정을 바라보는 순간 엄청난 부끄러움의 충격을 받고 말았다. 그날 시내버스는 왜 그렇게 늦게 오는 것인지 참으로 부끄럽고 난감하기만 했다. 그러나 그날 그 순간은 나의 인생을 뒤바꾸는 계기가 되었다. 돌아오는 버스 속에서 나는 수없이 자문했다.

내가 우산 없는 것하고 소나기 오는 것하고 무슨 상관이 있단 말인가?

나는 왜 화날 일도 아닌 일에 화를 내고 있는가?

제정신이 들어서 보니 TV에 아무개 얼굴만 비쳐도 고함을 지르는 내 모습이 보였다. 나는 그때 내가 누구인지 어디에 있는지를 분간하지 못하고 있었다. 나 자신에게 절망이었고 무거운 짐을 지고 살았던 시절이었다. 그러나 알고 보니 나는 절망할 자격조차 없는 인간이었다. 사실을 사실대로 보지 못하고 최루탄 연기와 함께 보낸 세월 속에서 나의 상처와 분노 에너지를 정의감으로 오해하고 있었던 것이다.

그 이후 부끄럽지만 그분들의 정체가 궁금하여 용기를 내어 다시 찾아가게 되었다. 그 때서야 나와 대화를 나눈 분이 동광원 수도원과 광주에 있는 사회복지 법인 귀일원의 정인세 원장이었음을 알게 되었다. 나는 그곳에서 스승을 만나는 행운을 얻게 되었다.

인생에서 가장 중요한 것은 스승을 만나는 일이라 생각한다. 혼란한 시대에 절망하고 있었지만 아무리 강물이 혼탁해 있다고 하더라도 그 근원인 옹달샘이 맑게 버티고 있는 한 강물이 정화될 가능성이 남아 있음을 그분들을 통하여 확인하게 되었다. 영혼은 나 자신의 부끄러움을 먹고 자란다는 것을 배우게 되었다. 그러기 위해서 '왜?'라는 물음이 사라져야 한다는 것도 알게 되었다.

오공 시절 숨쉬기가 어려워지면
나는 키일원 정원장님을 찾아
광주로 내려가곤 했다.
말하지 않아도
그저 찾아뵙기만 해도
돌아올 때면
무거운 지게 짐을 내려놓은 것처럼
나는 가벼워졌다.

상처받자고 온 세상
그곳에 내 살길이 있다고
상처 주는 사람 안 되고
상처받는 사람 된 것이 어찌
감사한 일 아닌가라고 일러 주신 가르침
이 새벽에 다시 들려온다.
이 땅에 누군가 상처받는 사람 있어
세상은 숨 쉴 만하고
상처받는 사람만이
거저 주고 거저 받는 인생길 갈 수 있음을
다시 생각한다.

쉼을 줄 수 있는 사람이 어떤 사람인가를
보여주신 선생님께서
쓰라린 한 생애를 마감하며 주신 말씀을
또다시 생각한다.

"죽을 맘으로 가라
가고 또 가라.
하늘 아래 사람이란 이름은
본시 믿을 것이 못 되는 것
오직 하나님을 믿자.
저기 하늘 위로
우주의 중심을 꿰뚫고 있는 힘
그 힘을 받아 살자."

- 정인세

  운교리의 느티나무는 아직도 나에게 부끄러움이다. 나의 새로운 시작은 그 부끄러움에서 시작되었다. 그러나 돌아보면 오늘도 나는 여전히 부끄럽다. 그것은 아직도 내가 벗지 못한 부끄러움이 크기 때문이요, 나에게 이르는 길이 멀기 때문이다.

새벽 종소리가 아직도 살아남아서
어둠의 머리를 쓰다듬는 곳
한 생애의 쓰라림을
성가 소리에 묻어버린 이들이
맑은 눈으로 살아가고 있다
그들은 왜를 묻지 않는다
왜 너는 일하지 않느냐
왜 너는 신발을 제대로 놓지 않았느냐
왜 너는 독화살을 맞았느냐고
묻지 않는다.

기도회가 끝이 나도
별은 아직 초롱하다
오늘 새벽에도 식구들은
저마다의 십자가를 챙겨 들고
자기 자리로 돌아가고 있다.
　　　　　　　　　　- 동광원

다 내게로 오라

　몸이 아플 때는 몸처럼 무거운 짐이 없고 좌절과 절망에 괴로워할 때는 마음처럼 무거운 짐이 없다. 인생의 짐이란 참으로 다양해서 그 끝을 알 길이 없다. 어떤 이는 수고하고 무거운 '짐'을 구약의 율법이라고 풀이하고, 심리학자들은 과거의 상처와 트라우마, 또는 자기 비하와 억압으로 해석하기도 한다.

　예수는 자신의 사명이 율법을 완성하는 것이며, 각자의 짐이야 어떠하든 다 내게로 오라고 초청하고 있다. "수고하고 무거운 짐 진 사람들은 다 내게로 오라. 내가 너희를 쉬게 하겠다."(마 11:28)

　'다 나에게로 오너라'라는 초청은 강력한 힘이 느껴진다. 그것은 초청에 응답하는 여부가 인간의 운명이 걸려 있는 중대한 사건이 되기 때문이다. 나에게 오라는 말씀은 하나님을 가까이하라는 명령이며 동시에 하나님의 약속이다.

　"하나님을 가까이하라. 그리하면 너희를 가까이하시리라."(약 4:8)

그리스도인의 믿음은 하나님의 약속을 믿는 것이다. 그 약속은 죽은 '나'를 살리는 약속이다. 약속을 힘있게 붙잡은 사람들은 그들의 의식 속에 기적적인 변화가 일어났고 생사를 초월할 수 있는 충만한 행복을 체험하였다. 그 체험은 성령의 연금술이었다.

예수의 초청은 삶에 짓눌린 사람들을 향해 있다. 그 초대는 신분 여하와 상관없이 누구에게나 열려있다. 하나님을 아는 것이 지혜의 근본이라면 예수의 초대는 인생을 가장 아름답게 살 수 있는 근원의 지혜이다. 이 지혜를 만난 사람에게 인생의 멍에는 가볍고 쉽다.

예수는 내가 나와 분리되지 않고 일치할 수 있는 평화의 길을 말씀한다. 그것이 무엇이든 나를 힘겹게 하고 짓누르는 것으로부터 해방되는 길을 제시한다. 예수께서 제시하시는 삶으로부터 자유롭고 평화로워지는 길은 무엇인가? 그것은 예수에게서 두 가지 태도를 배우는 데 있다.

"나는 온유하고 겸손하니 내 멍에를 메고 내게 배우라."(마 11:29)

온유와 겸손

첫째는 넉넉한 온유함이다. 온유는 자신과 타인에게 베푸는 따뜻하고 부드러운 친절이다. 온유는 먼저 자기 자신을 온유하게 대하는 데서 출발한다. 자신에 대해 화를 내는 사람들은 자신에게 주어진 삶을 인정하지 않는다. 분노는 내면의 평화를 깨뜨리는 주범이다. 분노의 사람들은 마음이 고요할 수 없다. 고요함은 지혜의 길을 갈 수 있는 필수조건이다.

마태복음 5장 5절에 '온유한 자는 땅을 차지한다'라는 말씀이 있다. 온유한 자는 약속의 땅 곧 하나님 나라의 땅을 차지하게 될 것이다. 본문에서 온유는 겸손과 비슷하지만 **온유(프라에이스, πρα ΰς)는 타인의 행동에 대한 나의 성숙한 반응이다. 나의 인내로 베푸는 친절이다.**

둘째는 겸손이다. 여기에서의 겸손은 자발적인 헌신과 타인을 위해 섬기기 위해 자신을 낮추는 모습이다. **겸손은 자신의 내면 깊이에서 자기 자신과 직면하는 용기를 가진 사람의 덕목이다.** 이 용기를 가진 사람들이 자신의 짐을 예수 앞에 내려놓을 수 있다. 그리고 나의 짐 대신 진 예수의 짐이 가볍다는 것을 경험하게 된다. 이 경험을 하는 사람들이 자신의 에고를 깨뜨려 온유와 겸손의 무릎을 꿇을 수 있다.

자신을 자비롭게 대하라

하나님은 희생 제물을 원하지 않고 자비를 선포하신다. 우리는 자신을 자비롭게 대하라는 주님의 말씀에 온유와 겸손함으로 귀를 기울여야 한다. 가상의 이념, 두려움으로 투사된 미래에 속지 말아야 한다.

예수는 사랑에 대해서 '너희 이웃을 네 몸처럼 사랑하라'고 말씀했다. 여기에서 '네 몸처럼'이 포함된 이유를 숙고해야 한다. 내가 나를 사랑하는 만큼 내가 나의 존엄함을 깨닫는 만큼 우리는 후유증이 없는 건강한 사랑을 나눌 수 있다. 나 자신을 온유하고 자비롭게 대할 때 일체가 축복이고 감사이고 은혜임을 알게 될 것이다.

예수를 통해 선포된 복음은 우리가 아름다운 것을 아름답게 보고 느끼는 기쁨의 세상이었다. 그 세상을 누릴 수 있으려면 우리에게 '쉼'(아나파우시스, ἀναπαύσω)이 있어야 한다. 쉼이란 말은 줄이 팽팽한 현악기의 줄을 느슨하게 하는 걸 말한다. 그리스도의 초청에 응답하는 자는 불안과 죄책감, 긴장과 욕구불만으로 인해 과도하게 조여진 상태에서 벗어나 진정한 마음의 안식을 발견하게 된다. 쉼은 안식으로 들어서는 문이다.

과도한 스트레스 상황으로 자신을 밀어 넣지 않고 자신을 섬세하게 돌보는 자가 지혜로운 사람이다. 온 세상을 다 얻는다 해도 오늘 밤 생명을 잃는다면 그것이 무슨 유익이 있겠느냐고 그리스도는 묻는다. 하나님께서 지금 주시는 숨을 잘 맞이해 보자. 내가 누려야 할 안식을 발견해 보자.

마태 12:1-14

안식일에 대한 바리새인과 예수의 논쟁은 복음서에 자주 등장하는 주제이다. 안식일 논쟁을 살펴보면 논쟁의 원인은 거의 예수에게 있음을 알 수 있다. 예수는 바빌론 포로 귀환 시대 이후부터 그 누구도 범할 엄두조차 내지 못한 안식일에 대한 전통을 공개적으로 무시했다.

율법을 문자적으로 온전히 준수해야만 구원받는다고 믿고 있는 유대인들은 예수와 그를 따르는 제자들의 자유분방한 행동을 종교적 전통과 믿음을 파괴하는 도전으로 받아들였다. 급기야 그들은 예수를 죽이려고 하였다.

"바리새파 사람들은 회의를 소집하고 예수를 죽일 모의를 하였다."(마 12:14)

저것 보십시오

밀밭을 지나가다가 배가 몹시 고픈 제자들은 밀이삭을 잘라 먹었다. 그 광경을 보고 바리새인들은 예수에게 항의하였다.

"당신의 제자들이 율법을 어기고 있소. 안식일에 이삭을 잘라 먹다니 될 말이오?"(마 12:2)

이 질문 속에는 문자적으로 율법을 지켜야만 구원을 얻는다는 바리새인들의 종교관이 그대로 녹아있다. 가장 중요한 안식일에는 모든 일을 중단하고 오직 경건하게 하루를 보내야 하는데 규례를 고의로 범하는 당신들이 어찌 구원을 이룰 수 있겠는가 하는 비난이 들어있다.

우리는 쉽게 바리새인들의 태도를 우습게 볼 수 있다. 그러나 지켜야 할 가치를 목숨 걸고 지켜온 그 정신 때문에 2천 년 동안 디아스포라로 떠돌다가 나라를 다시 세웠다는 점을 살펴보아야 한다. 이천 년이 지난 오늘의 자유민주주의 체제에서 살아가고 있는 우리의 관점으로만 보면 바리새인들로부터 배워야 할 지혜를 놓칠 수 있다. 유대교 랍비 마빈 토게어는 유대인이 안식일을 지킨 것이 아니라, 안식일이 유대인을 지켰다고 말했다. 지켜야 할 가치도 원칙도 없는 종교인은 매운맛이 모두 사라진 고추와 같을 것이다.

예수는 바리새인들의 논쟁적 물음에 직면할 때마다 두 가지로 대답하였다.

첫째는 안식일에 생명을 구하는 것과 죽이는 것 어느 것이 옳은 것인가?(눅 6:9) 선을 행하는 것과 악을 행하는 것 어느 것이 옳은 것인가?

둘째는 '사람의 아들[28]'이 안식일의 주인이다'라는 대답이다(마

---

28) 예수는 자신을 인자(人子)라고 표현했는데 복음서에 81회 등장하고 있다.

12:8, 눅 6:5).

예수의 반문 속에는 안식일은 규례 준수 그 자체에 목적이 있는 것이 아니라 '사람을 위해 있는 것이다'라는 안식일의 본질을 담고 있다.

최근의 코로나 사태에서 대면 예배를 목숨 걸고 끝까지 사수해야 한다고 주장하는 분들도 있었다. 이러한 믿음도 훌륭하다. 그러나 안식일 논쟁에 대한 예수의 말씀으로 비추어 본다면 우리는 또 다른 진실을 찾게 되리라고 생각한다. 형식적 준수로만 담을 수 없는 근본적인 말씀의 본질을 함께 생각하는 자세이다. 우리는 대면 예배냐 비대면 예배냐라는 대립 구조에서 신령과 진정으로 예배하는 자를 찾으신다는 주님의 말씀에 근거한 예배가 이 시점에서 무엇일까를 진지하게 생각해야 할 것이다.

자기 자신을 위한 안식을 발견하라

예수께서 말씀하는 안식이란 어떤 의미일까를 생각하다가 도마복음서(60)에 등장하는 이야기를 생각했다. 어느 날 예수께서 어떤 사마리아 사람이 양을 끌고 가는 것을 보시면서 "저 양은 어찌 되는 것입니까?"라고 묻자 제자들이 "아마 저 사람은 그 양을 죽여서 먹을 것입니다"라고 대답했다. 그러자 예수께서 "저 사람은 양이 살아있을 동안에는 먹지 않을 것이지만 죽여서 송장이 된 다음에는 먹어버릴 것입니다. **여러분 자신도 또한 산 송장이 되어 먹혀버리지 않도록 자기 안식의 처소를 추적하십시오**"라고 하셨다.

여기에서 추적한다는 말은 사냥꾼이 짐승을 추적하듯이 자기 자신을 위한 안식을 발견하라는 뜻이다. 안식을 추적해서 발견하는 사람은 산 송장일 수 없다. 그것은 안식이란 영혼이 죽은 자에게 안식일 수 없기 때문이다.

자신의 소명과 임무에 대해서는 무지하고 게으르면서 무조건 일주일 중 하루 정해진 날을 안식일로 지켰다고 모든 책임을 다한 것인 양 착각하는 율법적 믿음은 지금이라고 해서 달라진 것이 없다. 주일 날 하루 예배당 다녀오면 이승은 물론 다음 생까지 보장해 주겠거니 하는 사람들의 신앙생활은 산 송장이 되어 먹혀버리게 될 것이다.

안식을 찾고 안식을 누리는 자가 안식일을 안식일답게 한다. 다시 말하자면 안식은 살아있는 자의 것이다. 이런 관점에서 마태복음 8:21-22의 말씀을 다시 상기하자.

"제자 한 사람이 말하였다. '선생님, 아버지의 장례를 치르고 나서 선생님을 따르겠습니다.' 그러자 예수께서 그에게 말씀하셨다. '죽은 자들의 장례는 죽은 자들에게 맡기고 너는 나를 따르라.'"

깨어 있으라

예수는 제자들에게 '깨어 있으라'는 말씀을 자주 하셨다. 이 말씀은 산 송장이 되어서 악마에게 먹히지 않도록 자기 안식의 처소를 추적해야만 한다는 경고의 말씀이다. 내가 하나님의 자식인지 모르고, 아버지의 이름을 영화롭게 해야 할 인생의 목적을 모르고 사는 사람은 빛을 향해서 나갈 수 없다. 그는 두려움의 노예가 되고 인생을 암흑으로 살아갈 수밖에 없다. 안식일은 '쉼'(아나파우시스, ἀναπαύσω)이라는 뜻이 포함되어 있는데, '쉼'은 '멈추다'

라는 뜻이 있다. **깨어 멈추어야 안식일의 주인인 그리스도의 뜻을 알아차릴 수 있다.**

　지금 천국을 누리는 사람들, 가슴 속에서 파도 소리처럼 끊임없이 들려오는 주의 음성을 듣는 사람들은 하나님이 준비하신 자기 자신을 위한 안식을 발견하고 있다. 우리가 주목해야 할 것은 불안하고 위험한 상황 속에 처한다고 하더라도 하나님의 준비하신 안식을 보물찾기 하듯 추적하여 발견하고자 하는 믿음의 자세이다. 하나님의 나라가 임한 사람들이 바로 살아있는 자이고 안식일을 안식일답게 하는 사람이다. 산 자만이 하나님을 영화롭게 할 수 있다.

제3부

환생
(還生, Reincarnation)

너희는 나의 육체적 죽음에 대해서 오해하고 있다.

뿐만 아니라 너희들 자신의 죽음에 대해서도 오해하고 있다.

죽음은 나와 아무런 상관없는 언어이다.

나는 오고 갈 뿐 죽는 존재가 아니다.

23장

하늘나라 비유

마태 13장

　마태복음 13장에는 '하늘나라는 OOO과 같다'라는 8개의 비유가 등장하고 있다. 이런 식의 비유는 누가복음에 두 번 소개되고 있을 뿐이다. 예수의 화법은 비유의 화법이라고 할 수 있을 만큼 비유를 많이 사용하였다. 그렇다면 왜 비유가 많이 등장하는가?

　본래 진리는 언어로 표현될 수 없는 속성을 가지고 있다. 진리는 각성이고 초월이고 무한이고 융합인데 어찌 설명의 언어로 모두 표현할 수 있을까.

　표현하기 어려운 것을 대중들에게 전달하고자 할 때 최선의 방법으로 비유나 우화를 사용하게 된다. 이를 비유로 말하자면 비유는 달을 가리키는 손가락이다. 비유의 핵심은 손가락만 보지 않고 달을 보는 데 있다. 즉 비유의 원관념을 파악하는 사람에게 그 참뜻이 드러난다.

　마태복음에서 하늘나라는 죽은 뒤에 가는 미래의 천국이 아니다. 지금의 삶이 사라지거나 무시된 채 막연한 미래에 찾아야 할 하늘나라가 아니다. 마태는 지금 여기의 이 땅에서 하나님의 다스림에 자신을 열고 그분의 뜻에 맞게 살아가는 사람은 이미 하늘나라를 이 땅에서 살아가는 사람이라고 말한다.

그런 사람은 가고 오는 시간의 차원을, 또는 여기 있다 저기 있다 하는 공간 차원을 벗어난 사람이다. 그에게는 영원하신 하나님과 임마누엘의 주님이 이미 함께하시기 때문에 죽음을 벗어나 영생을 살아가고 있다.

처음부터 실현된 원인 속의 결과

바울은 믿음으로 의롭다 함을 받으면 종말에 하나님의 인정을 받게 된다는 점을 강조하고 있다. **바울은 믿음의 결과를 강조한다. 그러나 예수의 하늘나라 복음은 원인 속에 결과가 처음부터 실현되었음을 선언하고 있다.** 바울은 부활 이전의 역사적 예수보다는 다메섹으로 가다가 만난 부활의 예수에게 집중한다. 그의 강조점은 갈릴리 예수가 아니라 신앙의 그리스도이다. 그 이유는 바울이 예수를 만난 적이 없었기 때문이라고 생각한다. 바울 서신에는 예수라는 이름을 단독적으로 거의 사용하지 않고 있다. 갈라디아 6:17절에 "내 몸에는 예수를 욕하는 자들에게 맞은 상처가 남아 있습니다"의 예수도 부활하신 주님을 가리킨다. 바울 서신의 목적은 과거의 나사렛 예수의 삶이 아니라 죽음과 부활 사건을 통해 나타난 예수 그리스도의 메시지와 믿음의 절대적 중요성이다.[29]

바울 서신은 모두 복음서가 등장하기 전에 작성되었다. 바울은 로마에서 AD 63년에 순교하였고 첫 번 복음서인 마가복음조차

---

29) 민남현, 성 바오로 사도의 신학과 영성, 바오로 딸, 2019, p.86-87.

AD 70년대 초반에 집필되었다. 교회의 태동기였던 바울의 시대에는 기독교가 없었다. 바울의 서신은 십자가에서 죽고 부활한 예수 그리스도에 대한 바울의 풍부한 영적 체험과 성숙한 신앙이 두루 반영되어 있다.[30] 그렇지만 우리는 예수와 그리스도의 균형이 잡힌 신앙을 추구하기 위해 복음서에 대한 깊은 이해가 필요하다.

원인을 강조하는 것은 지금 여기에 과거와 미래가 동시에 있다는 관점이다. 지금 여기는 주장한다고 머무는 차원이 아니다. 애벌레와 나비의 지금 여기는 전혀 다른 차원이다. 애벌레는 과거 현재 미래라는 수평적 시간을 사는 존재이다. 그러나 애벌레로부터 거듭난 나비는 수직으로 날아오르게 된다. 시간 차원에서 깨어나 영원의 하늘을 날아오르는 신성한 의식으로 깨어난 사람들은 어디에 있어도 '지금 여기'에 있다.

어디에서부터
우리가 만났던가
산이었던가
강이었던가
바다였던가
구름이었던가
하늘이었던가
아니면 소나무의 수관 속이었던가
옹달샘이었던가
눈물이었던가

30) 이영헌, 로마서 강해, 바오로 딸, 2016, p.8.

그것도 아니라면
여기밖에 없겠구나
너도 여기
나도 여기 …

- 만남

애벌레가 오늘 나비가 되었다면 어제까지 더러운 거름더미 속에
있었던 일들조차 선물로 깨닫게 된다. 지금 나의 존재 상태에 의하
여 일체가 은혜가 될 수도 있고 상처로 남을 수도 있다. **나비는 애**
벌레가 죽은 뒤에 되는 존재가 아니라 지금 고치 짓고 나가는 변
형의 과정을 통과하면 된다. 애벌레의 미래는 지금 나비로 완성될
때 의미가 있다. 소멸의 죽음이 아닌 변형의 죽음, 바로 여기에 지
구 공간에서 살아가는 우리의 삶이 중요한 이유가 있다.

날마다 먹고 잠만 자던 누에가
어느 날 입에서 실이 나오고
고치도 짓고 나비도 되듯
그렇게 사람의 영혼도 깨어나기까지는
잠을 자는 것이겠지요.
잠자는 자에게 시간은 의식되지 않겠지만
그 무시간의 무저갱 속에서 경험하는
경험이 다 하는 날
사람도 자기 실을 뽑아 나비가 되는
그런 날도 있을 겁니다.
그대의 살 속에서 불같은 영혼이

솟아날 때까지
더욱더 풀어내세요.
자신을 억압하고 무시하지 말고
행복하기로 작정하세요
그리고 무작정 행복하게 살아버리세요
창밖에는 봄비가 내리고 있네요.
- 편지

지금 하늘나라를 누리지 못하는 사람들은 미래가 두렵고 특히 육체의 죽음에 대해서는 공포를 느끼게 된다. **원인도 과정도 없이 미래에 대한 두려움을 투사하는 하늘나라는 예수와 아무런 상관도 없는 천국이다. 그것이야말로 불신이고 미신이다.** 자기 십자가를 지고 예수를 따르는 신앙이 부활의 세계로 우리를 이끌어 간다.

하늘 씨앗 속에는 하늘이라는 열매가 들어있다. 예수의 하나님 나라 비유는 천국이라는 씨앗이 내 마음에 떨어져 그 씨앗에서 싹이 나고 성장해 가는 과정을 살아가는 사람은 당연히 천국의 열매를 맺게 될 것이라고 말씀하고 있다(인중유과, 因中有果).

되어 감(Becoming)의 과정과 노력이 필요하다

선한 나무에서 선한 열매가 맺어지고 악한 나무에서는 악한 열매가 맺어지게 된다. 씨앗과 열매 사이에는 공간과 시간의 간격이 있다. 씨앗이 1이라면 열매는 10이다. 그 사이에 1에서 9까지의 과정이 있는데, 우리가 몸을 입고 지구에 보내어진 이유는 그 과정을 경험하기 위한 것이다. 지구에서의 삶은 영원한 생명을 결정짓는 너무나도 중요한 기회이다. 인간은 결코 남보다 더 크고 많은 밥그릇 챙기려고 지구에 온 존재가 아니다.

우리는 나를 알기 위해서 나 아닌 것을 나로 아는 착각에서 깨어나야 하고 지금 이 순간을 알아차리는 지혜의 눈을 떠야 한다. 그리고 무엇보다 그리스도 예수를 알아보는 눈을 떠야 한다. 복음서는 이스라엘 사람들이 고대하던 메시아가 왔지만, 그분을 알아보고 말씀을 깨닫는 자들이 없었음을 전해 주고 있다. 그렇다면 오늘의 우리 한국의 교회 현실도 이천 년 전의 이스라엘처럼 그 반복을 하고 있지는 않은가? 교회에 다니시는 분들은 '나는 왜, 무엇 때문에 예배당에 가는가?'를 진지하게 생각해야 한다.

예수는 예루살렘 성전을 장사하는 집으로 만든 인간들이 환전하는 상을 둘러엎어버리고 채찍을 들어 치셨다. 지금 우리의 현실은 종교뿐만 아니라 정치, 경제, 사회 각 분야의 힘 있는 장사꾼들이 나라와 국민의 근간을 흔들고 핍박하는 꼴을 보여주고 있다.

십일조 헌금에 대하여 신명기 26장 12절은 이렇게 말씀하고 있다.

"3년마다 한 번씩은 농산물의 십일조를 중앙 성소로 가져오지 말고 각자 자기 성읍의 창고에 모아 놓고 그곳에 사는 레위 사람과 이방인과 고아와 과부가 배불리 먹고 살 수 있도록 하여라."(신 26:12)

교회는 고아와 과부와 나그네, 굶주리는 이웃인 북한 동포를 먹이고 배부르게 하는 일에 관심을 가져야 한다. 수백억 돈을 싸놓고도 굶주린 이웃을 외면하면서 더 큰 건물 짓는 데 경쟁적으로 몰두해온 결과가 오늘의 현실로 나타나고 있지 않은가.

교회는 부와 권력을 축복이라는 명분으로 구하기 위해 모이는 곳이 아니다. 교회는 진리를 구하고 하늘 아버지의 뜻이 이 땅에서도 이루어지도록 헌신하는 자들의 공동체로 회복되어야 한다. 가상의 환상으로 꾸며진 천당을 가고자 하는 욕심 때문에 모이는 곳이 아니라 인류가 한 아버지의 자식임을 알고 누구나 사랑할 수 있는 사랑의 힘을 기르는 곳이 교회가 되어야 한다.

마태복음 13장은 자신 안에 원인 인자로써 예수의 말씀으로 심어진 하늘나라의 씨앗을 잘 성장시키는 되어 감(Becoming)의 과정과 노력이 필요하다는 것을 반복해서 강조하고 있다. **되어 감의 시작은 돌이키는 회개(메타노이아)이며, 되어 감의 과정은 의식의 변용과 확장이다.** 그것은 의식의 지평을 무한 확장해 가는 삶이다. 지금 천국의 씨앗을 심고 가꾸는 사람이 천국의 열매를 얻게 된다.

✦ 24장 ✦
겨자씨 예수

마태 13:31-32

13장에 등장하는 비유 가운데 깊은 성찰이 필요한 내용이 겨자 씨 비유이다. 겨자씨의 비유는 공관 복음서에 모두 등장하고 있다.[31] 그러나 성서 본문에 겨자씨가 큰 나무가 되었다는 데서 오는 오해 때문에 겨자가 1년생 풀이라는 사실이 왜곡되어 있다.

모든 진실이 사실이 아닌 경우가 많은 것처럼 이 본문 또한 그런 경우에 해당하는 사례이다. 무엇보다 이 본문은 전달하고자 하는 내용을 효과적으로 표현하고자 하는 비유적 화법임을 이해할 필요가 있다. 마가복음은 '땅에 뿌려진 다음에는 어떤 식물보다도 크게 자라서'(막 4:32)라 하고 있다.

겨자(mustard)는 우리가 자주 먹는 갓과 같이 십자화과에 속한 풀로써 연한 잎과 줄기는 채소로 먹기도 하고 열매는 매운맛 때문에 양념과 약재로 많이 사용되어왔다. 한국에서는 고추냉이로 혼용해서 사용하고 있다. 근동 지방에서는 대나무처럼 빨리 자라고 번식력이 강한 식물로 인식되어 있다. 유채처럼 노란 꽃이 피는 이 식물이 다 자랐을 때의 키는 보통 1.5m, 갈릴리 호숫가에서는 3m

---

31) 마 13:31, 17:20, 막 4:31, 눅 13:19, 17:6

까지 성장한다고 한다.

겨자의 약효에 대해서 로마의 역사가이자 자연계를 아우르는 백과사전(박물지)을 저술한 가이우스 플리니우스 세쿤두스(Gaius Plinius Secundus, 23-79)는 『자연역사』에서 다음과 같이 적고 있다.

"피타고라스는 겨자를 대단히 맛을 내는 식물로 분류한다. 그 맛이 콧구멍을 뚫고 뇌에까지 침투하기 때문이다. 겨자를 찧어서 식초와 섞으면 뱀이나 전갈에 물린 상처에 특효약이 된다. 겨자는 곰팡이의 독을 제거한다. 가래가 끓을 땐 겨자를 녹을 때까지 입 안에 담고 있거나 꿀물에 타서 목구멍을 헹구면 좋다. 치통에는 겨자를 씹으면 효과가 있다. 겨자는 모든 위장병에 특효가 있다. 겨자는 오관에 생기를 주고 그 냄새를 맡고 재채기를 하면 머리가 맑아진다. 겨자는 장을 진정시키고 생리와 소변을 촉진시킨다."[32]

위 내용에서 보듯이 로마에서는 만병을 다스리는 약처럼 사용했지만, 유대인은 율법이 정한 채소가 아니라는 이유로 불결한 식물로 취급하였다. 이것은 인간과 동물과 심지어 식물까지도 거룩한 것과 속된 것을 구분하고 차별하던 당시 사회의 뿌리 깊은 통념을 엿볼 수 있는 사례가 될 것이다.

거룩한 것과 속된 것

구약성서는 성스러운 것과 속된 것이 함께 섞이는 것을 엄

---

32) 위키백과 참조

격하게 금하였다.

"내가 이르는 규정을 잘 지켜라. 서로 다른 종류의 가축을 교미시켜서는 안 된다. 같은 밭에 서로 다른 종류의 식물을 함께 심지 말아라. 서로 다른 재료의 섬유로 천을 짜지 말아라. 그런 천으로 짠 옷은 입지도 말아라."(레 19:19)

"너희는 포도원에 다른 씨앗을 섞어서 뿌리지 말아라. 그렇게 농사를 지으면 그 수확물은 모조리 성소의 제사장들이 차지하게 된다. 너희는 소와 나귀에 나란히 멍에를 메워 쟁기질을 하지 말아라. … 너희는 털실과 모시를 섞어 짠 옷을 입지 말아라."(신 22:9-11)

우리가 살아가고 있는 이 시대는 유전자조작 기술이 놀랍게 발전하고 있다. 본래 취지는 인류의 행복과 건강을 위한다고 하지만 그 위험성은 날로 증대되고 있다. 유전자조작 과정과 결과는 예상치 못한 결과로 나타날 수 있다. 그중에 두드러지는 것이 유전자조작 곡물과 사료(GMO)이다. 또한 생태계의 파괴와 교란은 복제 인간과 새로운 생명체의 탄생 등의 문제를 발생시켜 생명에 대한 가치관의 혼란을 가져오게 될 것으로 예상된다. 이러한 현실을 염두에 두고 말씀을 생각해보면 이 시대에도 중요한 지침이 될 수 있다고 생각된다.

레위기나 신명기의 말씀은 하나님이 허락한 원초적인 창조적인 질서를 지키기 위한 본연의 뜻이 있다. 이러한 바탕에서 질서는 성스러움을 무질서는 불결함을 의미한다. 구약 전통과 랍비 문헌은 창조 질서를 보전하기 위해 성과 속을 엄격하게 구분하고 있다. 이 때문에 성스러운 채소밭에 속된 겨자씨를 뿌리면 안 된다고 그들은 믿었다. 그러나 후대에 내려오면서 겨자의 장점에 의한 수요 때문에 겨자를 재배하게 되었다. 이러한 배경에는 로마의 식민지 시절이라는 점도 있을 것이다.

겨자를 심는 경우 밀밭 가에는 뿌릴 수 없지만, 채소밭 가에 있는 고랑에 적은 양의 씨앗을 뿌릴 수 있었다. 즉 일반 채소와 엄격하게 구별하는 조건으로 허락된 것이다. 그런데 예수는 동산 또는 밭에 이 씨를 뿌린다고 말씀하심으로써 유다의 전통을 무시하고 있다.

예수의 다른 비유나 삶의 행태에서 뚜렷하게 드러나는 것은 성과 속의 엄격한 구별과는 거리가 멀었다는 점이다. 바리새인들과의 연속적인 마찰은 바로 이 문제와 직결되어 있다. 예수의 관점에서 참된 사랑을 실천한 사람은 유대인이 상종하기를 꺼려 하던 사마리아인이었고, 청지기의 비유에서 칭찬을 받은 자는 주인을 속인 사기꾼과 같은 사람이었다.

들판에서 양들과 뒹구는 목자, 죄 많은 여인, 거지, 소경 등 예수 주변의 사람들은 들판의 겨자처럼 무시당하고 소외된 한마디로 겨자씨처럼 불결한 죄인들이었다. 예수는 그들과 어울리며 성과 속을 뛰어넘으셨다. 바로 이것이 예수가 전하는 하나님 나라의 모습이다.

겨자씨 한 알만한 믿음이라도 있다면

예수의 겨자씨 비유는 단순한 지적 가르침이 아니라 하나님 나라를 이 땅에서 자신의 삶으로 구현한 그분 자신의 체험을 말씀하신 것이다. 이 말씀에 근거해서 교회는 성과 속의 이름으로 인간을 억압하고 차별해온 모든 전통은 무너졌다고 선포해 왔다.

예루살렘 세력들의 눈에 비친 예수는 갈릴리 호숫가에 지천으로 깔린 겨자씨와 같았다. 그들은 나사렛에서 무슨 선한 것이 나오겠느냐 하는 오만한 시선으로 예수를 무시했다. 겨자씨는 불결하고 그 씨가 작다는 특성으로 당시 사람들은 이해하였다. 겨자씨는 오늘의 시대에서 흙수저를 상징한다. 이런 관점에서 겨자씨는 예수와 제자들, 그리고 이어지는 교회의 정체성을 상징하는 식물이 되었다.

예수 운동은 예루살렘과 대척점에 선 변방의 갈릴리 운동이었고 겨자씨 운동이었다. 예수는 겨자씨처럼 무시 받는 자들에게 한 것이 곧 나에게 한 것이며 그들이 하나님 나라에 들어가게 됨을 최후 심판의 가르침에서 분명하게 말씀하였다.

마귀에게 사로잡힌 아이를 고쳐 주지 못하고 쩔쩔매는 제자들에게 예수는 이렇게 말씀하였다.

"내가 진정으로 말한다. 너희의 믿음이 적기 때문이다. 만일 너희에게 겨자씨 한 알만한 믿음이라도 있다면 이 산을 향하여 '옮겨지라'고 하여도 옮겨질 것이다. 그런 믿음만 있다면 너희가 못할 일이 없을 것이다."(마 17:20)

이 말씀은 가장 작은 것이 가장 큰 것을 움직일 수 있다는 진리를 담고 있다. 동시에 하나님의 생명과 능력이 내 안에서 발현되면 겨자씨처럼 보잘것없는 나도 산을 옮길 수 있음을 믿는 믿음을 촉구하고 있다.

이천 년 전 유대 현실에서 갈릴리의 예수 그리스도는 한 알의 겨자씨와 같은 존재였다. 그러나 그 겨자씨가 커지고 번져서 온갖 새들로 비유되는 만민이 깃들이게 되었다. 바로 이 과정에서 활동하시는 분이 하나님이시다. 우리는 겨자씨 같은 나를 일으켜 세우시는 하나님을 믿고 있다.

하늘나라가 임한 사람들은 작은 겨자 씨앗이 성장하면 새들이 찾아와 집을 짓고 의지하게 되듯이 사람들이 모여드는 삶을 살게 된다. 즉 공동체적 삶이다. 그는 가나의 혼인 잔치처럼 자신의 풍요를 나누는 기쁨의 삶을 살아가게 된다.

왜, 하필 겨자인가?

구약성서에 등장하는 나무 중에 가장 유명한 나무는 백향목이라고도 하는 송백이다. 송백은 구약성서에 수십 회 등장하는데 솔로몬 왕은 성전을 짓기 위해 레바논(페니키아)의 송백과 전나무를 대량으로 수입하였다. 솔로몬은 이 일을 위하여 레바논에 투입할 일꾼을 삼만 명 모집하였다(왕상 5:13). 유대인은 바빌론 포로 시기를 보내고 귀환하여 제2 성전을 건축할 때도 송백을 사용하였다.

예수는 하나님 나라 복음의 상징으로써 성전 건축에 사용한 크고 아름다운 송백이 아니라 너무나 평범하여 누구의 관심 대상조차 되지 못하는 푸성귀인 겨자씨를 제시하였다. 겨자는 아무리 크게 성장한다 해도 몸집이 큰 새들은 머물 수가 없다. 참새처럼 작은 새들이 머무는 보금자리 정도일 것이다. 이는 가장 평범한 사람들의 생활이 꾸려지는 모든 공간이 하나님 나라의 영역임을 나타낸다.

예수의 말씀에 등장하는 들의 백합, 공중의 새, 한 알의 밀알, 보리떡 다섯 개와 물고기 두 마리, 바다의 풍랑 등은 우리가 일상의 삶 속에서 만나는 모든 대상에서 하나님 나라의 진실을 볼 수 있어야 한다는 사실을 강조해 주고 있다.

내 마음과 내 삶의 모든 영역에 깃들어 있는 하나님 나라를 발견하는 사람은 범사에 감사할 수 있고 기뻐할 수 있을 것이다. 그런 이들은 순간마다 파도처럼 밀려오는 현상들이 선물처럼 제시하는 하나님의 시험지임을 알게 된다. 그 시험지에 어떤 답을 적어 가느냐는 나의 문제요 실력일 뿐이다. 삶으로부터 깨어날 때 운명에 쉽게 굴복하거나 운명을 무시하는 어리석음으로부터 벗어날 수 있다.

예수는 예루살렘 귀한 가문이 아니라 궁벽한 시골 베들레헴에서 태어나셨다. 삶의 마무리도 갈보리 사형장의 십자가에서 마치셨다. 예수는 자신의 삶에 대하여 이렇게 말씀하였다.

"여우도 굴이 있고 새들도 보금자리가 있으나 나 인자는 머리 둘 곳이 없다."(마 8:20)

예수는 흙수저 중의 흙수저였기 때문에 송백나무와 같은 하나님 나라가 아니라 겨자씨와 같은 하나님 나라를 선포하실 수 있었다. 비록 겨자씨처럼 초라하게 태어났지만 겨자 열매처럼 모든 이의 영혼을 각성시키는 톡 쏘는 맛을 주었고 병든 자를 고쳐 주었고 연약한 자들의 기력과 정신을 새롭게 해주었다. 그리하여 세파에 시달려 기진한 사람들이 안식을 얻을 수 있는 보금(복음)자리를 마련해 주셨다.

예수 운동은 갈릴리 운동이었고 겨자씨 운동이었다. 겨자씨의 비유는 이 시대에 찾아야 할 그리스도인으로서의 정체성과 우리가 함께 추구해야 할 삶의 모습이 무엇이어야 하는가를 제시해 주고 있다.

25장

원인(하늘나라)을 찾는 자는 지혜롭다

마태 13:31-43

대한민국이 세계 일등을 하는 분야가 여러 가지 있다. 생체인식, 휴대폰을 비롯한 IT분야에서 자랑스러운 1등을 볼 수 있다. 그런데 안타깝게도 건강 분야에서 세계 1등이 여러 개가 있다. 80세 나이를 기준으로 했을 때 3명에 1명이 암에 걸린다고 한다. 그중에서 10여 년 전부터 급증하고 있는 세계 1위인 병이 대장암이다. 남자는 여자보다 2배 발병률이 높다.

여성의 경우 유방암 발병률이 높은데 40세 이하 환자가 40-50%를 차지한다고 한다. 미국의 경우는 10-15%라고 하는데 압도적으로 젊은이들이 암에 시달리고 있다. 그렇다면 그 원인이 무엇일까?

전문가들은 고기를 한꺼번에 폭식하는 것과 대장이 쉴 수 없도록 밤에 음식을 과량으로 섭취하여 장기의 면역력을 떨어뜨리는 데 있다고 지적한다. 인간이 하루 필요로 하는 단백질의 양은 1kg에 1g을 기준으로 보고 있다. 60kg이면 60g이다. 그런데 식당에서 한 번 먹었다 하면 몇 인분씩을 한꺼번에 먹고 있다. 이미 2015년 세계보건기구 **WHO에서 햄과 소시지는 2군 발암물질, 붉은 고기는 1군 발암물질로 규정했다.**

고3 수험생들에게 야밤에 간식으로 고기 먹이는 엄마는 자식에게 불행의 씨앗을 주는 일을 저지르고 있다는 사실을 알아야 한다. 바로 이런 생활 습관이 한국인을 암으로 내몰고 있다. 한국인은 옛날부터 채식으로 살아온 사람들이다. 그런데 개념 없는 무지한 식사로 인해 자멸의 길을 가고 있다.

이런 원인에 대해 이해하면 불행을 방지할 수 있다. 그런데 사람들은 암 진단을 받고 나면 그때서야 채식을 한다. 우리나라의 현실은 병의 원인에 대해서는 무지하거나 또는 무시하다가 결과가 나타날 때 법석을 떨고 있다. 의학자들은 암이 혈액의 오염 때문이라고 말하고 있다. 그런데 혈액을 정화하지 않은 채 암조직을 도려내고 방사선 치료만 하게 되면 재발과 전이의 문제가 남게 된다는 것이다.

혈액이 깨끗한 사람은 암이 발생하지 않는다. 그렇다면 원인을 해결하지 않고 결과에만 매달리는 무모한 치료방식은 제고되어야 할 것이다. 우리나라의 의료비는 원인에 대한 투자보다는 결과에 쏟아붓고 있다. 건강의 문제나 영적인 문제나 지혜롭게 접근하는 방식은 먼저 원인에 대하여 관심을 가지는 데 있다.

씨뿌리는 사람의 비유

예수의 가르침, 그중에서도 핵심적으로 말씀하신 **하늘나라에 대한 가르침을 주의 깊게 보면 원인을 찾고 이해하는 곳에 지혜가 있다는 데 초점이 있다.** 인간의 인간다움, 하늘의 뜻이 땅으로 흘러가게 하는 통로의 역할을 하는 사람은 하늘 씨앗이 심어지고 발아되고 성장하는 사람이다.

하늘은 내 발등까지 내려와 있고 내 가슴 속에서 커가고 있다. 결국 사람이 하늘이다. 이 의식이 있을 때 인간은 영성의 길을 갈 수 있다. 예수의 말씀이 머리(이성), 가슴(감성), 배(의지, 행동)에 누룩처럼 확산이 되고 삶으로 나타나는 사람이야말로 이 세상에서 복을 누리는 사람이다. 13장의 첫 번째 비유인 씨뿌리는 사람의 이야기가 바로 이 주제를 다루고 있다.

길바닥에 떨어진 씨앗은 새들이 쪼아 먹어버렸다. 말씀에 집중할 수 있는 집중력과 정서적 안정이 준비되지 않은 사람이다. 번잡한 생각의 홍수 속에서 말씀은 발붙일 곳이 없다. 돌밭은 그나마 싹은 나온 사람이다. 그러나 곧 강렬한 햇빛에 말라버렸다. 집회에 참석해서 눈물 콧물까지 흘렸지만, 그 감정이 식어버리자 다시 원위치가 되어버린 사람을 상징해 주고 있다.

세 번째 가시덤불에 떨어진 씨앗 같은 사람은 믿음을 받아들였으나 자신을 찌르는 가시 같은 트라우마와 현실적 어려움과 두려움에 눌려 질식된 사람의 상징이다. 마지막으로 좋은 밭에 심어진 씨앗과 같은 사람이 있다. 그들은 각자 자기 자신만의 고유한 열매를 맺는데 각자의 형편과 노력대로 삼십 배, 육십 배, 백 배의 결실을 맺는다.

성령에 의해 깨어난 사람들은 삶의 풍요로움에 대해서 눈을 뜨게 된다. 자신을 제한하지 않는 상상력과 창의성이 솟아난다. 사랑과 아름다움에 대한 각성이 일어나고 생기가 돌게 된다.

나는 무엇을 가장 값진 것으로 여기고 있는가

밭에 숨겨진 보물에 대한 비유나, 진귀한 진주를 발견한 장사꾼이 모든 것을 팔아 그 진주를 샀다는 비유는 '나는 무엇을 가장 값진 것으로 여기고 있는가'에 대한 성찰을 하게 한다. 진주는 조개에서 나온다. 그 조개가 나라면 진주는 그리스도이다. 그리스도는 내 존재의 핵심이고 내 안의 깊은 곳에 있는 하나님의 형상이다. 그리스도는 나를 발견하게 하고 참된 삶으로 안내한다.

13장에서 주목되는 말씀은 비유의 결론인 52절이다.

"그러므로 하늘나라에 대한 가르침을 받은 율법학자들은 자기 곳간에서 옛 것도 꺼내고 새 것도 꺼내는 집 주인과 같다."

본문의 율법학자들은 예수로부터 비판의 대상이 된 당시의 율법학자가 아니다. 모세의 맥을 제대로 잇고 있는 율법학자가 율법에 정통해 있는 것처럼 천국의 비밀을 알고 있는 예수의 제자들 역시 마땅히 복음에 정통해야 함을 가리켜 사용한 비유의 언어이다.

옛 것이 율법이라면 새 것은 복음이다. 그리스도인은 이 두 가지를 동시에 소화하고 조화시키는 노력이 필요하다. 우리는 어떤 것을 보아도 복음의 눈으로 새롭게 해석하고 적용하는 실력을 키워야 한다. 지금은 지구적 차원에서 격변의 시대이다. 세상이 혼란할수록 새로운 질서를 찾고 대비하는 지혜가 있어야 한다. 그 지혜는 묵은 것과 새로운 것을 융합시켜 우리의 의식을 무한하게 확장시키는 데 있다. 이 지혜의 눈을 뜬 그리스도인들에 의해 시대의 중심이 바로잡히고 문명이 진보할 수 있는 동력이 나오게 될 것이다.

26장

끊어진 시간

마태 13:53-58

바리새인과 예수를 추종했던 사람들은 모두 눈에 보이는 하늘나라를 원했다. 그들은 자신이 생각하는 하늘나라와 예수이기를 원했다. 예수 당시 사람들과 예수의 엇갈리는 화법을 이해하기 위해서 열쇠가 되는 말이 있다.

헬라어에서는 시간을 크로노스와 카이로스로 구별하는데 크로노스는 흘러가는 시간이고 카이로스는 끊어진 시간이다. 크로노스가 땅속 7년을 보내는 굼벵이의 시간이라면 카이로스는 온몸을 비워 노래하는 매미의 시간이다. 굼벵이의 시간이 끝이 날 때 카이로스의 '때'가 열리게 된다. 하늘나라는 '순간 속의 영원', '영원 속의 순간'이 만나는 사건이다. 그 사건은 참을 깨치는 사건이고 내가 나를 아는 시간이다.

창조의 원리

성장의 임계점에서 존재의 도약이 일어난다. 이것이 창조의 원리이고 존재의 원리이기도 하다. 카이로스가 없으면 삶은 무의미해지고 지루해진다. 책을 읽어도 눈길이 멈추는 곳이 있어야 책을 읽는 보람이 있다. 경치를 구경해도 경치의 아름다움에 발길이 멈추고 사진이라도 찍는 경험이 있을 때 기억에 남는 여행이 된다.

완도에서 강진 방향의 국도를 운전하며 가고 있는데 갑자기 가슴이 뛰기 시작했다. 웬일인가 하고 주위를 둘러보니 예사롭지 않은 봉우리 하나가 보였다. 차를 멈추고 인가를 찾아가 물어보니 투구봉이라고 했다. 한마디로 강력한 에너지를 느끼게 하는 곳이었다. 내가 그냥 지나쳤다면 그 산을 만나지 못했을 것이다. 경치건 사람이건 독서건 잠시 멈추는 시간을 통해 우리는 새로운 만남으로 들어서게 된다. 하나님 나라도 흐르는 시간이 끊어진 시간이 될 때 찾아온다.

천당이나 극락은 모든 인간이 죽은 뒤에 가기를 원하는 원초적 이상향이기 때문에 종교가 존재하는 기반이 되고 있다. 하지만 예수의 하나님 나라는 지금 여기, 내 삶의 공간에서 찾아야 한다. 그 공간은 나의 '내면'과 '외면'에 있다. 나의 내면에서 들려지는 하나님의 말씀에 귀 기울이고 그 말씀을 따르는 자에게 하나님 나라가 임하게 된다. 외면은 나를 둘러싼 공간과의 관계이다. 하나님 나라는 '바실레이아'(βασιλεια), 곧 하나님의 영역과 명령으로서의 다스림이다.

하나님은 무소부재(無所不在)하시다. 이 말은 하나님의 나라는 이 땅에 어느 곳이든지 펼쳐져 있다는 뜻으로 새겨도 좋을 것이다. 중요한 사실은 하나님 나라의 씨앗이 마음 밭에 심어지고 가꾸어지고 성장하면 하늘의 새들이 보금자리를 틀게 된다. 하나님 나라의 원인을 심고 가꾸는 자는 자신과 이 세상에 하나님 나라를 실현하는 자이다.

우리는 다 알고 있다

늘 바라보던 산천초목이 전혀 새롭게 다가오는 순간이 카이로스의 시간이다. 예배가 나에게 멈추는 시간이 될 때 나를 찾고 회복하는 시간이 될 수 있다. 그때 우리는 참된 믿음을 만나게 되고 말씀을 실천할 수 있다. 참된 믿음은 하나님의 힘과 그리스도로부터의 지혜와 성령으로부터 사랑의 힘을 얻어 살아가는 데 있다.

카이로스의 '때'가 강조되는 이유는 지금 이 순간, 지금 여기를 읽어내는 지혜의 능력을 기르고 체득하라는 데 있다. 불안한 미래에 대한 두려움을 피하려고 보험 들듯이 믿는 신앙이 아니라 수평의 흐름에서 수직으로 올라서는 인간 의식의 도약이 있어야 함을 의미한다.

도마복음에 이런 구절이 있다. "여러분은 하늘과 땅의 얼굴을 읽어내면서 여러분 바로 앞에 있는 사람을 알아보지 못합니다. 그래서 여러분은 이 순간을 읽어내는 법을 알지 못합니다."

복음서에 등장하는 사람들이 예수를 알아보는 데 실패한 원인은 그들이 지금 이 순간을 읽어내는 법을 알지 못했기 때문이다. 예수의 고향 사람들은 예수의 가르침에 놀라 "어디서 저런 지혜와 능력을 얻었을까? 그는 목수의 아들이 아닌가? 그의 어머니는 마리아이고, 그의 형제들인 야고보, 요셉, 시몬, 유다도 **우리는 다 알고 있다**"(마 13:54-55)라고 말했다. 과연 그들은 다 알고 있었던가?

영원한 생명의 길

고향 사람들은 예수를 다 알고 있다고 착각했다. 지금도 대부분 교인들이 예수의 고향 사람들 같은 의식 수준에서 크게 벗어나지 못하고 있다. 복음서를 통해 예수에 대한 정보를 얻고 예수에 대한 설교를 수십 년 들었으니 예수를 다 알고 있다고 착각한다. 예수에 대한 자기 자신의 생각을 믿으면서 예수를 믿고 있다고 착각하는 것이다. 신앙의 도약이 일어나려면 어제까지 알았던 예수가 오늘 전혀 다른 예수의 얼굴로 보이는 순간이 찾아와야 한다.

그 순간은 이 순간을 읽어내는 법을 알아차리는 데 있다. 바로 여기에 영원한 생명으로 들어가는 문이 있다. 예수께서는 집단적인 종교인의 길을 말씀하지 않고 영원한 생명의 길을 독자적으로 찾아가는 삶을 추구하라고 말씀하였다. 영원 속에서 오늘을 찾고 오늘 속에서 영원을 찾아가는 사람이 되라고 강조하였다. 지금까지 보아왔던 사람들, 가족들을 다시 바라보자. 눈 앞에 펼쳐진 산천초목을 자세히 바라보자.

27장

물 위를 걷는 사람

마태 14:22-33

　시가 무엇이냐고 묻는 사람에게 내가 하는 대답은 '절실함'이다. 신앙이 무엇이냐고 물어도 나는 '절실함'이라 대답한다. 인생을 살아가면서 이 절실함 때문에 잠을 못 이루어본 경험이 한 번이라도 없다면 그의 인생은 매우 무미건조할 것이다. 공부를 하건 돈을 벌건, 또는 어떤 연구를 하건, 그 일에 대한 절실함의 크기가 그 사람을 만들어간다. 그런데 인생이 술술 풀릴 때보다는 잘 나가다가 앞이 보이지 않아 숨이 막히기 시작하면 그 절실함은 역설적으로 매우 진해지게 된다.

　절실함에 대해 생각하다가 떠오른 장면은 군대 훈련 중에 밀폐된 가스실에 들어가서 최루가스 체험을 한 것이다. 오래된 고물 방독면을 차고 엉겁결에 가스실에 들어가면 그 현장은 삽시간에 아수라장으로 변하게 된다. 살아남고자 몸부림치던 그 절박한 순간이 지나고 나면 살아서 맑은 공기로 숨 쉬는 것이 이렇게 좋은 거구나 하는 절실한 체험을 하게 된다.

인생 - 시달림의 파도를 건너

　본문에서 나에게 마음으로 다가온 말씀은 제자들이 배를 타고 가다가 '역풍을 만나 시달리고 있었다'라는 부분이다. 요즘 시달리는 일이 있다면 무엇인가? '시달리다'(basanizo)는 말은 고통과 괴로움과 고독한 상황에서 나타나는 증세이다. 시달림의 종류는 각 사람의 인생만큼 헤아릴 수 없이 많을 것이다.

　지금 제자들은 앞으로 나가고자 하나 도저히 나아갈 수 없는 상황이다. 그런데 배 타기 직전의 상황은 어떠했는가? 여자와 아이를 제외하고 5천 명을 먹이는 신명나는 기적의 축제 현장이었다. 아마 그때 제자들의 어깨는 무척 힘이 들어있었을 것이다. 얼마나 흥분되는 일인가. 그들은 흥분에 도취 되어 예수의 제자가 된 일에 대해서 자부심을 느끼고 앞으로의 미래가 탄탄대로가 될 것으로 확신했을 것이다.

　예수는 제자들을 재촉해서 군중에게서 떨어지도록 했다. 재촉했다는 말을 보면 어쩌면 제자들의 발걸음이 군중들과 쉽게 떨어지지 않았음을 보여준다. 하지만 제자들의 감격과 흥분은 자신들을 내팽개치는 역풍 앞에서 무너지고 말았다. 아무리 힘을 다해 노를 저어도 물결은 더욱 높아지고 이러다가 죽게 되겠구나 하는 공포마저 더해 갔다.

　내가 할 수 있는 모든 수단과 방법이 다 끝났다고 하는 상황에 돌입하면 우리는 자신의 불완전함과 살아가고 있는 현실이 얼마나 불안전한가를 깨닫게 된다. 인간은 자신의 운명을 헤쳐가기도 하지만 운명이 자신을 나둥그러지게 뒤집어엎는 경우도 있다. 이때가 가장 절박해지는 순간이다.

이 일이 일어난 시간을 마태는 새벽 네 시쯤(25절)이라고 기록하고 있다. 4라고 하는 이 숫자는 수비학적 장치를 요소요소에 두고 있는 마태복음의 특성을 고려해서 해석해야 한다고 생각한다. 이스라엘이 홍해를 건널 때 추격하던 이집트 군대는 새벽(밤 4경)에 박살이 났다(출 14:24). 이런 배경에서 성서에서의 4경은 하나님의 도우심이 기적처럼 임하는 시간의 상징이다. 제자들은 4경에 예수의 구원사건을 체험하게 된다.

예수 - 4(안정)를 깨뜨려 5(창조)의 세상을 여는 분

4라는 숫자는 수비학에서 땅의 숫자이고 안정의 숫자이다. 동서남북이라는 방위, 춘하추동이라는 계절의 변화는 정해져 있다. 그것은 익숙한 삶의 상징이다. 4의 정해진 틀에서 벗어나 5로 탈출하는 것이 구원사건이다. 항구가 4라면 대양을 행하여 출발하는 것이 5이다. 안전을 위해서 항구에만 매여 있는 배라면 그 배는 배일 수 없다.

인간의 심리적 변화단계를 보면 40대 중년에 역풍을 만나게 된다. 이른바 사추기(思秋期)이다. 사추기는 억압되었던 무의식 속에서 폭풍이 일어나는 시기이다. 여기에 사회적으로 경제적으로 위기가 더해질 때 중년은 심각한 상황에 빠지게 된다. 그런데 여기에 반전이 있다. 그것이 바로 5의 세계이다. 인류의 구원사건이 다섯 번째 여인인 마리아에게서 출발하는 것처럼 내가 파도와 역풍에 내동댕이쳐질 때 5의 세계가 열리는 계기가 될 수 있다.

마태는 그 계기가 예수의 출현에 있었음을 알려준다. 제자들은 물 위를 걸어서 다가오는 예수를 유령으로 보고 크게 두려워했다. 예수는 4의 세계에 매여 있는 제자들의 생각을 뛰어넘는 방식으로 찾아왔다. 예수는 제자들에게 "나다, 안심하여라, 겁낼 것 없다"라고 말씀했다. 자신을 드러내는 '나다'라는 예수의 말 속에서 제자들은 안심하게 되었다. 그런데 여기에 또 한 번 반전의 말씀이 첨가되고 있다.

파도를 밟고 오너라

베드로는 예수를 알아보고 나서 '물 위를 걸어오라고 하십시오'라고 청했다. 그러자 예수께서는 '걸어오너라'라고 응답했다. 배는 육지가 아닌 물 위에 떠서 인간을 보호한다. 그런데 베드로는 그 배 밖으로 나가 물 위에 서 있는 모습을 잠시 보여주었다. 그것은 베드로에게 있어 안전을 보장하는 경계를 벗어나는 극적인 순간이었다. 그렇지만 물 위를 걸어가던 베드로의 시선이 예수에게서 풍랑으로 옮겨지는 순간 그는 물에 빠져 살려달라고 애원하는 애처로운 처지가 되고 말았다.

예수를 알아보고 용기를 낸 것까지는 좋았으나 자신에게 입력된 한계 속으로 다시 돌아가고 만 것이다. 우리가 예수를 바라본다는 것은 베드로처럼 지금 시달리고 있는 모든 두려움의 파도 위를 걸어가는 것과 같다. 믿음은 그 기적을 살아갈 수 있게 한다.

예수는 물에 빠진 베드로를 붙잡으시면서, "믿음이 적은 자여, 왜 의심하느냐?" 하고 탄식하셨다. 이 말씀이 베드로에게만 주신 말씀일까? 오늘도 많은 베드로가 자신의 약한 믿음 때문에 예수를 믿기는 하지만 작은 파도에도 두려움에 빠지고 있다. 4의 세계인 자기 생각으로 예수를 믿는 한, 그는 인생을 시달리면서 살아가게 된다. 그는 삶의 기적을 체험할 수 없다. 그러나 예수께서 내 배에 타시면 나는 평화로워질 수 있다. 나의 시선이 역풍에서 예수에게로 옮겨진다면 우리의 믿음은 산을 옮길 수 있고 물 위를 걷게 될 수 있다.

마태는 우리에게 바다를 건너는 것과 같은 인생에서 두려움에 뿌리를 둔 생각에서 벗어나 진정한 믿음을 가져보라고 말씀해 주고 있다. 지금 시달리고 있는 파도를 바라보면서 두려워하지만 말고 바로 그때 예수에게 시선을 두는 강한 믿음이 있어야 신앙의 맛을 아는 사람이 된다고 권고하고 있다.

28장

예수를 놀라게 한 여인

마태 15:21-28

　예수를 만나 기적의 주인공이 된 사람들은 대부분 가난했고 병들었고 사회적 약자들이었다. 복음서는 바로 이런 사람들이 주로 예수를 만난 사람들이었음을 보여주고 있다. 어쩌면 능력 있고 물질적으로 풍요한 사람들은 영성의 깨어남이라는 관점에서 보면 매우 불리한 입장에 있다고 볼 수 있다. 그들에게 절박한 상황이 찾아오기는 흔치 않기 때문이다. 유대인의 통치 기구인 산헤드린 공회의 일원이며 부자인 니고데모나 아리마대 요셉과 같은 사람은 매우 특별한 경우라고 볼 수 있다.

　예수는 애통하는 자, 곧 고통을 겪으면서 생명의 길을 발견하는 자는 복이 있다고 말씀하였다. 고통을 많이 겪는다고 해서 생명의 길을 발견하는 것은 아니다. 수업료는 많이 냈어도 인생의 학점을 따지 못하는 경우가 많기 때문이다. 그러기에 고난을 통해 생명의 학점을 따는 사람은 복이 있다.

　　바늘 하나 꽂을 자리만 있어도
　　뿌리를 내려 너는
　　너를 피워내고 있구나

삶은 곤고한 것이라
사람들은 말하고
쉽게들 절망하지만
그런 게 아니라고
결코 그럴 수 없노라고
온몸으로 도리질하고 있구나
하늘을 활짝 웃고 있구나.

- 채송화

인간의 변화는 어느 때 생기는가?

궁하면 변하고 변하면 통한다는 말이 있다. 궁즉통(窮卽通)이라는 말은 막다른 '궁'을 통해서 변화할 때 통하게 된다는 말이지 변화가 없다면 통도 없다는 뜻이다. 진정한 궁즉통이 되면 오래가게 된다. 인간의 삶이 옹졸해지는 것은 변화 없이 궁색함에 그대로 머물러 있기 때문이다. 그것은 변화란 기존의 것이 무너지는 위험성에 대한 두려움을 발생시키기 때문이다.

그냥 현상 유지하면서 변화 없이 궁함을 모면하려고 하는 사람들이 곧잘 '흐름대로'를 함부로 말하곤 하는데 그것은 자신을 속이고 하늘이 주는 기회를 놓치게 되는 어리석음일 수 있다. 병아리가 되었으면 알 껍질을 깨고 나와야지 그 안에서 주어진 대로 살겠다, 순리대로 살겠다, 나는 바라는 것이 없다고 말하는 것은 자기 자신에게 저지르는 어리석은 폭력일 뿐이다. 주어지는 대로 살겠다는 말은 삶을 주체적으로 살아보라는 자유의지의 선물을 포기하는 것이다.

예수는 생명의 길은 좁은 길을 선택하는 데 있다고 말씀했다. 좁은 길은 쉽고 편한 길이 아니다. 역풍을 만난 제자들처럼 죽도록 시달릴 때, 막다른 상황을 만난 것처럼 자신이 궁해질 때, 그것은 나의 변화의 때가 다가오는 예고일 수 있다. 인간은 어지간해서는 기득권과 체면을 내려놓기 어렵다.

본문에 등장하는 가나안 여인은 마귀가 들려 손을 댈 수 없는 딸 때문에 고통을 받아 왔다. 그녀는 죽을 지경이었다. 바로 그런 절박한 상황이 그녀를 예수 앞에서 모든 자존심을 내려놓게 하고 용기와 지혜가 있는 사람으로 거듭나도록 했다.

영혼의 실력자 가나안 여인

본문의 배경이 되는 두로와 시돈은 베니게의 두 주요 항구 도시로서 고대에서부터 우상숭배의 도시로 성서에 전해지고 있다(왕상 16:29-19:18, 사 23장). 예수는 가버나움에서 바리새인과 서기관들을 비난한 일로 인해 박해를 예상하고 이방인 땅으로 피신하였다.

이때 등장하는 가나안 여인은 마가복음에 의하면 수로보니게, 곧 베니게 출신의 시리아 여인으로 나타난다(막 7:26). 알렉산드리아의 교부였던 클레멘트(Clement)[33]의 전승에 의하면 가나안 여인의 이름은 '유스타'(justa)였고 딸의 이름은 '베레니케'였다고 한

---

33) 클레멘트(Clement, 150-215)는 알렉산드리아 신학교(Catechetical School of Alexandria)의 수장이었다. 그는 오리게네스(Origen)의 스승이었고 불교에 대해 언급한 최초의 신학자이다.

다. 마태가 굳이 이방인 원주민의 여인으로 언급한 것은 이스라엘과 원수 관계인 이방인이 그리스도께 나아왔음을 강조한 것이라 할 수 있다. 유대인에게 배척당한 복음의 중심이 이방인에게 넘어가게 될 것을 예지해 주고 있다.

여인은 예수를 찾아와 무릎을 꿇고 엎드려 도와 달라고 애원했다. 하지만 예수는 매우 쌀쌀하게 "자녀들이 먹을 빵을 강아지에게 던져 주는 것은 옳지 않다"라고 거절하였다. 이때 여인은 물러서지 않고 "주님, 그렇긴 합니다마는 강아지도 주인의 상에서 떨어지는 부스러기는 주워 먹지 않습니까?" 하고 말하였다. 그제야 예수는 "여인아! 참으로 네 믿음이 장하다. 네 소원대로 이루어질 것이다" 하고 감탄했다.

헬라어 원문에는 '여인아' 앞에 '오!' 하는 감탄사가 있어 예수의 놀람과 감탄을 강조해서 나타내고 있다. 또 헬라어 원문에는 22절 앞에 '보라'(이도우, ἰδού)라는 명령형 감탄사가 있다. 이것을 보면 가나안 여인의 사건에 대한 보도는 짧지만, 그 여운은 매우 긴 내용임을 알 수 있다.

용기를 발휘할 기회를 주시는 하나님

천하의 예수님도 그 여인의 대답에 감탄했다. 막다른 상황에서 아무리 예수라 해도 물러서지 않고 영혼의 검을 뽑아 예수에게 내지르는 여인의 내공에 그 누구인들 감탄하지 않을 수 없었을 것이다. 아마 이 여인이 남자였다면 예수의 열두 제자 반열에 들어가고도 남았지 않았을까 싶다.

"누가 인내를 달라고 기도하면 하나님은 그에게 인내심을 줄까요? 아니면 인내를 발휘할 기회를 줄까요? 용기를 달라고 기도하면 하나님은 용기를 줄까요? 아니면 용기를 발휘할 기회를 줄까요?" (영화 Evan Almighty)

하나님은 우리에게 '용기 몇 그램, 인내 몇 그램'하고 주시지 않는다. 인내와 용기를 발휘할 상황을 열어주신다. 문제는 내가 나에게 주어진 기회를 나의 것으로 만드느냐 여부이다. 여인은 자신에게 주어진 일생의 유일한 기회를 악착같이 놓치지 않고 붙잡았다. 그래서 예수도 피할 수가 없었다.

여인은 예수께서 어떤 말씀을 했건 간에 그에 상응하는 현명한 대답을 했으리라고 생각한다. 지금 살아있다는 것은 순간마다 기회를 맞이하고 있다는 것이다. 지금 이 순간이야말로 처음이자 마지막의 기회로 다가오고 있다. 이것이야말로 하나님의 은혜요 선물이다. 그렇다면 나는 어떤 방식으로 이 기회를 붙잡고 있는가?

가나안 여인은 자기 확신이 바로 잡혀 있는 모습을 보여준다. 그녀는 머무르는 곳마다 주인이 되고 자신이 서 있는 곳마다 참을 찾아내는 영혼의 실력자이다. 어떤 자리에서도 자신이 주인공이 되면 그 자리가 모두 진리의 세계가 된다는 뜻인 수처작주 입처개진(隨處作主 立處皆眞)[34]이라는 지혜를 가나안 여인이 보여주고 있다.

---

34) 임제록(臨濟錄)에는 수처작주 입처개진의 앞에 "큰 그릇이라면 결코 남들에게 미혹 당해서는 안 된다(如大器者直要不受人惑)"는 말이 있다. 수처작주는 언제든 좌중을 압도하는 주인공이 아니라 여러 유혹에 흔들리지 않는 태도가 먼저라고 말한다.

+ 29장 +

너는 나를 누구라고 생각하느냐?

마태 16:13-20

예수의 사역에서 열두 제자는 매우 중요한 역할을 감당했다. 베드로, 요한, 야고보는 그중에서 선별된 제자였고, 베드로는 수제자로서의 대표성을 가지고 있다. 특히 가톨릭에서 교황의 권위적 배경으로 본문을 근거로 한다는 점에서 오늘의 본문은 해석상 많은 논란을 불러왔다. 베드로는 시리아교회에서 권위 있는 최고지도자로 활동했고 교회의 성립과정에서도 주도적 역할을 한 인물이었다. 마태는 베드로를 유대인 그리스도인과 이방인 그리스도인의 사이에서 다리 역할을 한 제자로 보고 있다.

늘 흔들리는 나침반의 바늘처럼

베드로는 제일 먼저 치고 나가는 용기와 곧바로 물러나는 비겁함의 양면성을 보여주곤 한다. 예수를 바라보고 물 위를 걷는가 하면 파도를 바라보는 순간 공포에 눌러 물에 빠지기도 하는 모습은 믿음과 의심의 롤러코스터를 타는 우리의 모습이기도 하다. 본문에서 베드로는 그리스도의 제자이면서 동시에 반대자이다. 고백하면서 동시에 배신한다. 베드로는 강함과 약함의 양면성을 함께 보여준다. 믿음에 서 있을 때는 강하지만 육적 본성에 서 있을 때는 한없이 약해진다.

마태는 베드로를 통하여 나침반의 바늘이 항상 흔들려도 중심이 북쪽을 향하는 것처럼 믿음과 의심 사이에서 방황할지라도 그리스도를 향한 근본적 마음이 중요하다는 것을 말하고 있다. 길을 가다 보면 넘어질 때도 있고 쓰러질 때도 있다. 넘어지고 쓰러지는 것이 문제가 아니라 일어서지 않는 것이 문제일 뿐이다. 진정한 제자의 길은 한없이 부끄럽기는 하지만 약하고 쓰러진 자리에서 털고 일어나 다시 고백하고 그리스도께 돌아가는 베드로의 길과 같다.

지금 이 순간은 과거, 현재, 미래가 동시에 연결되어 있다. 지금 이 순간은 인생이 결정적으로 반전될 수도 있는 기회이다. 가룻 유다와 베드로의 운명이 갈린 것은 한 순간의 선택에서 벌어진 일이다. 지금 이 순간을 잘 맞이한다면 과거에 매이지도 미래를 두려워하지도 않게 된다. 하나님을 향한 믿음은 지금 이 순간 내가 어떤 선한 의지를 발휘할 것인가에 대한 태도와 행동으로 나타난다.

선한 의지는 자기 자신에 대한 존재 의지, 배움의 의지, 약자를 돕고자 행동하는 의지, 주어진 기회를 지혜롭게 활용하고자 하는 의지, 사람들이 나를 만나기 전과 후가 달라지기를 원하는 의지 등이 있다. 중요한 사실은 먹고 싶은 의지가 있을 때 식당을 찾아가는 행동을 하는 것처럼 나에게 벌어지는 상황이란 순간마다 발휘되는 나의 의지와 선택이다.

의지에 대해 논할 때 사람마다 의지력의 차이가 있다는 것을 전제한다. 그러나 믿음의 영역에서 의지를 논할 때는 하나님이 허락하시면 나 자신이 발휘할 수 있는 의지의 영역에는 한계가 없다. 베드로는 자신의 한계 안에서 고집을 부리다가 그리스도의 길을 막는 악마라는 책망을 받기도 한다.

사람들이 인자를 누구라고 하느냐?

예수는 제자들에게 "사람들이 인자를 누구라고 하느냐?"라고 물었다. 제자들이 대답하였다.

"어떤 사람들은 세례 요한이라 하고 어떤 사람들은 엘리야라고 하고 또 어떤 사람들은 예레미야나 예언자 중의 한 분이라고 합니다."(마 16:14)

제자들의 다양한 답변은 어느 시대이든지 그리스도로서의 예수를 알아보는 사람이 얼마나 희귀할 수 있는가를 보여준다. 어떤 사람들은 예수를 세례 요한으로 여긴다. 요한은 금욕주의자다. 요한은 문명의 삶을 거부한 광야의 사람이었다. 자연인 요한은 먹고 마시기를 탐하는 자라고 비난받았던 예수의 길과는 전혀 다른 모습이다. 예수의 첫 기적이 결혼식의 잔치판에서 물로 포도주를 만든 기적이었음을 기억한다면 예수와 요한은 전혀 다른 모습임을 알 수 있다.

엘리야는 믿음의 순수와 정통성을 지키려고 왕과 투쟁했던 매우 공격적인 인물이다. 그는 우상을 섬기는 사제들을 모조리 죽였다. 예수는 자기와 생각이 다른 사람들을 죽이려 하지 않고 얻으려고 하였다. 끝까지 회개할 기회를 주었고 하나님의 잔치에 초대하려고 하였다. 예수는 자신을 십자가에 못 박는 사람들을 향하여 저들은 저들이 하는 짓을 모르니 용서해 달라고 기도하였다.

예레미야는 수난받는 눈물의 예언자이다. 그의 삶은 고통의 연속이었고 눈물의 길이었다. 예수도 수난의 길을 가셨다. 그러나 예수는 고통만이 아니라 인간의 삶을 회복하고 풍요하게 하려고 세상에 왔다고 말씀하였다. 믿음을 지키고 의롭게 살기 위해 고통을 받을 수는 있지만, 내적 평화와 기쁨을 잃어버리지 않는 길을 제시하였다.

예수는 제자들에게 눈물 속에도 무지개가 있음을 보는 눈을 뜨게 하였다. 무지개는 약속된 희망의 상징이다. 믿음의 사람들은 고통의 눈물이건 기쁨의 눈물이건 어떤 눈물을 흘려도 눈물 속에서 무지개를 발견한다. 이 무지개를 보았기에 초대교회 믿음의 선배들은 로마의 극심한 박해를 이길 수 있었다. 그들은 신앙 안에서 하나 되었고, 칼날 앞에서 굶주린 사자와 화형대 앞에서 당당하게 복음의 진리가 참되다는 것을 순교로써 증명하였다.

수 세기 동안에 걸쳐 죽이면 죽일수록 그리스도인의 숫자가 늘어났던 이유는 무엇이었던가. 그것은 성령의 역사 속에서 십자가를 통해 나타난 부활의 복음이 사람들의 심령을 새롭게 하고 생사를 초월하는 믿음으로 인도했기 때문이다. 이 믿음이 있어 몸은 죽어도 영혼은 죽일 수 없는 자들을 두려워하지 않았고 소유를 초월하는 신앙공동체가 태어날 수 있었다.

살아계신 하나님의 아들

예수의 첫 번 질문에 대하여 제자들은 모두 대답하였다. 그 대답의 정리가 위 세 인물로 모아진 것 같다. 그러나 두 번째 질문

"그러면 너희는 나를 누구라고 생각하느냐?"에 대해서는 베드로 혼자만 대답하였다. **"주님은 그리스도이시며, 살아계신 하나님의 아들이십니다"라는 베드로의 고백은 베드로만의 고백이 아니라 마태와 마태복음을 만나는 독자들 모두에게 해당되는 고백의 핵심이다. 특히 '살아계신 하나님' 여기에 핵심 방점이 있다.** 우리의 신앙은 죽은 하나님을 믿는 신앙이 아니라 살아계신 하나님을 믿는 신앙이다. 그렇다면 "나는 예수를 누구라고 생각하는가?" 이에 대한 대답이 바로 각자의 신앙 내용이 될 것이다.

30장

베드로의 길, 예수의 길

마태 16:21-28

예수는 안식일이 사람을 위해 있는 것이라고 말씀했다. 이 말씀은 종교는 사람의 삶을 위해서 있어야 한다는 뜻이다. 안식일 날 성전에서만 믿는 하나님이 아니라 일상의 삶에서도 하나님을 만나야 한다는 의미이다. 그런 사람의 하나님이 살아계신 하나님이다. 내가 나에게 깨어 있어야 예수를 제대로 믿는 사람이다.

"주님은 그리스도이시며, 살아계신 하나님의 아들"이라는 베드로의 고백은 예수를 그리스도로 믿는 신앙고백의 핵심으로써 모든 교회의 기초가 되었다. 교회는 그리스도의 바위 위에 세워져야 한다. 베드로의 이름은 바위에서 유래한다. 바울은 그리스도를 능력있는 바위(petra)라고 말했다.

"그리스도는 능력 있는 바위로서 그들과 함께 계셨는데, 그들은 바로 그 바위에서 흘러나오는 물을 마시고 새로운 힘을 얻었습니다."(고전 10:4)

그리스도인들은 각자의 지성소를 그리스도의 바위 위에 세워야 한다. 이것이 믿음의 내용이다. 이런 믿음의 사람들이 하나님을 아버지라고 고백할 수 있다. 그리고 삶을 통해서 죄의 사슬에서 벗어난 자신의 자유를 증명한다.

예수 당시에 천국의 열쇠는 율법학자와 바리새인들이 가지고 있었다. 예수는 그들을 하늘나라를 닫아버린 자들이라고 비난하였다.

"화가 있어라. 너희 바리새파 사람들과 종교 지도자들아, 이 위선자들아, 너희는 하늘나라의 문을 가로막고 서서 너희 자신도 들어가지 않고 다른 사람들도 못 들어가게 하고 있다."(마 23:13)

천국의 열쇠를 가진 사람

열쇠를 가진 사람은 잠겨진 문을 열 수 있다. 열쇠를 가진 사람은 문을 열 수 있는 권한이 있다. 열쇠는 아무나 가지는 것이 아니라 권한이 주어진 사람만이 소지할 수 있고 사용할 수 있다. 열쇠가 있어 문을 열 수 있다면 그는 잠글 수도 있을 것이다. 그리스도의 말씀을 받은 사람들은 삶의 열쇠, 영생의 열쇠를 받은 사람들이다. **나를 얽어매는 온갖 사슬과 무겁게 누르고 있는 악한 세력으로부터 풀어주는 열쇠를 가질 때 자유인이 될 수 있다.**

내가 사용해야 할 열쇠는 내 마음의 문을 열게 한다. 내 마음속에는 다양한 문이 있다. 파도처럼 요동치는 마음도 있지만 깊은 고요와 침묵의 문도 있다. 그 문을 열면 하나님의 권능과 성령의 사랑과 예수의 지혜가 내 마음과 가슴을 사로잡는다. 사랑이 나를 채울수록 나는 만물과 통하는 영감 속에 잠기게 된다.

나의 닫힌 문들을 활짝 열어 그리스도를 초청할 때, 나는 내가 볼 수 있는 모든 대상이 자신의 방식으로 아름답다는 것을 알게 된다. 바로 이것이 믿음의 사람들에게 가장 중요한 모든 것이다.

구르는 돌멩이도 같은 것은 없다. 산천을 뒤덮은 눈송이도 그 결정체의 모습은 모두 다르다. 인간도 마찬가지이다. 왜 그럴까. 그것은 현상계에 나타난 하나하나가 완전하게 창조되었기 때문이다.

자연의 세계, 하나님의 세계는 일체가 각자의 완전한 아름다움을 가지고 있다. 그러나 욕심에 가득 찬 인간의 눈에는 그 아름다움이 보이지 않는다. 돌보다는 금덩이가, 금보다는 다이아몬드가 더 좋은 것이고 더 비싼 것이라는 생각에 사로잡혀 있기 때문이다. 사람이 사람을 무시하고 억압하는 이유도 이 문제와 직결되어 있다.

열쇠를 가진 사람은 자신의 사슬을 풀 수 있을 뿐만 아니라 사슬에 묶여있는 사람들을 풀어 그리스도에게 연결해 줄 수 있다. 참된 믿음은 몸(몸+맘)의 병을 치유하고 자신을 옭아매는 사슬들을 걷어낸다. 권능과 지혜와 사랑이 정삼각형처럼 자리 잡게 한다. 믿음의 성공은 이 조화에 있다. 공간(힘), 시간(지혜), 인간(사랑)의 관점에서 내가 지금 무엇이 부족하고 무엇을 구해야 하는지 잘 살펴보는 지혜가 필요하다.

너는 나에게 장애물이다

베드로의 위대한 신앙고백과 그에 대한 예수의 칭찬에서 본문이 끝났더라면 베드로의 입장에서 얼마나 좋았을까? 마태는 여기에서 반전을 보여준다. 이 반전의 묘미가 마태복음의 특징이다. 예수께서는 고난을 받아야 한다고 말씀했다. 이에 대해 베드로는 예수께서 왜 이 말씀을 하시는지 숙고하지 않고 대뜸 자기 말을 했다. 그것도 예수를 붙들고 간절히 말하였다.

"주님, 그럴 리가 없습니다. 그런 일이 주께 일어나서는 안 됩니다."(마 16:22)

지금 이때의 배경은 가이사랴 빌립보라는 이방인 지역이다. 이제 예수는 이스라엘의 변방까지 몰려있는 상황이다. 예루살렘 세력에 의해 죽어야 할지 아니면 이방지역으로 가서 때를 기다리며 목숨을 살려야 할지 초읽기에 몰려있는 상황이다. 베드로는 때를 읽지 못했고 무엇보다 예수의 심중을 헤아리지 못했다. 예수께서는 베드로를 향해 비수 같은 말씀을 했다.

"사단아, 물러가라! 너는 하나님 편에서 생각하지 않고 인간 편에서만 생각하는구나."(마 16:23)

예수의 사람은 하나님의 일을 '먼저' 생각하는 사람들이다. 지상에 우리가 보내어진 사명이 여기에 있음을 깨달은 사람들이다. 우리는 자유롭고 활기차게 삶을 살아가지만 때로 고난과 역경을 만날 수 있다. 그때 내가 어떤 선택을 하는가 하는 결단이 필요할 때가 있다.

조금 어렵고 자존심 상한다고 피해가기만 한다면 그는 그리스도인이 무엇인지 모르는 사람이다. 예수는 내가 잘 나갈 때만 함께 하는 분이 아니다. 내가 고독할 때, 쓰러지고 연약한 자리에 있을 때, 죽음에 맞서게 됐을 때 함께 하고자 하신다.

자기를 버리고, 자기 십자가를 지고

예수는 이어서 "누구든지 나를 따르려거든 자기를 버리고 자기 십자가를 지고 따르라"라고 말씀한다(마 16:24). 이 말씀을 교회 안에서 자기 부정, 자기 폄하 등으로 왜곡되어 말해지는 것을 볼 수 있다. 속 썩이는 자녀를 두고 저 애가 내 십자가라고 하기도 하고 자신의 질병을 지칭하기도 한다. 어떤 형태이건 자기 비하는 내 안에 계신 하나님을 모독하는 행위이다.

자기를 버린다는 말은 자기 중심적인 인간의 육적 본성에 대하여 '아니오'라고 부정하는 것이다. 그것은 에고의 나를 향한 선언이다. 하나님의 일에 거역하는 나의 성향과 습관을 극복할수록 마음은 한없이 아플 수 있다. 신앙의 여정에는 바로 이 싸움이 크든 작든 치열하게 있기 마련이다.

조각가 양충모의 작품을 보면 한쪽 다리는 빠져나왔지만 한쪽 다리는 여전히 돌 속에 파묻혀 있다. 신앙의 여정은 단순한 것 같아도 에고의 나를 쳐서 복종시켜야 하는 과제를 안고 있다. 이 작품은 에고 탈출의 마지막 정점을 표현하고 있다.

"아, 나는 얼마나 비참한 처지에 놓인 인간입니까! 누가 이 죽을 수밖에 없는 노예 상태에서 나를 해방시켜 줄 것입니까?"(롬 7:24)

이 과정을 지나 썩을 몸이 불멸의 옷 불사의 옷을 입을 때 우리는 승리의 찬가를 이 땅에서 부를 수 있다.

"승리가 죽음을 삼키리라.

죽음아! 네 승리는 어디 있느냐?

네 독침은 어디 있느냐?"(고전 15:54-55)

그리스도인은 자기 에고를 이해하고 다루고 넘어서는 훈련이 있어야 한다. 이 훈련이 없다면 교인은 될 수 있어도 그리스도의 군사가 될 수는 없다. 훈련이 없는 군인은 오합지졸에 불과할 것이다. 이 훈련을 통하여 예수를 나만의 예수로 독점하려 하고 나의 이기적 행복을 위해 예수를 이용하려고 하는 신앙의 왜곡에서 벗어날 수 있다. 예수는 나의 작은 에고보다 무한히 크신 분이다. 그 예수를 바라보는 마음이 우리를 더 큰 사람 더 큰 믿음으로 이끌어간다.

자기의 에고를 부정하는 고통은 나를 무한히 성장시키려는 하나님의 초대이다. 사랑의 성장은 모든 존재를 있는 그대로의 존재로 보는 눈이 열리게 한다. 민들레와 엉겅퀴를 장미와 백합과 비교하여 무시하는 사람, 금전의 가치로 꽃을 비교하는 사람은 아름다움을 볼 수 있는 눈이 닫혀 있다. 아름다움과 실재의 세계는 소유하는 것이 아니다. 한 송이 들꽃과 구름, 햇빛과 신선한 공기를 어찌 내 것으로 소유할 수 있겠는가.

말씀의 하늘 씨앗이 마음 밭에 떨어져 성장하게 되면 그는 죽어다시 살게 된다. 낡은 어리석음의 질서를 마감하고 새로운 생명의 질서로 살아가게 된다.

그대는 독약이요
그대를 담아내는
피 묻은 말구유
내가 그대의 빈 무덤이
될 때까지
그대는 나의 속앓이요

- 예수에게

〈엑소더스〉 - 조각가 양충모

31장

변화산 - 인간은 빛의 존재

마태 17:1-8

변화산 사건은 공생애의 전반과 후반의 갈림길에 있다. 시간이 흐를수록 예수에 대한 오해와 공격은 점점 심해지게 된다. 민중과 제자들은 예수를 정치적 해방자로 추앙하고, 반면에 권력자들은 자신들의 기득권을 위협하는 공공의 적(敵)으로 배척하는 사태가 심해지고 있었다. 마태복음 16:21-28에서 십자가 수난에 대한 첫 번째 말씀을 하셨는데 이때부터 공생애의 활동이 십자가를 향한 고난의 여정으로 바뀌게 된다.

얼굴은 해와 같고 옷은 눈부셨다

예수는 핵심 제자인 베드로, 야고보와 그 형제 요한을 대동하고 '높은 산'으로 올라가셨다. 베드로는 수제자(마 10:2)이고, 야고보는 최초의 순교 사도이고(행 12:1-2), 요한은 가장 오래 장수하면서 말씀을 전한 사도이다. 그들은 예수로부터 집중 훈련과 교육을 받은 제자였다.

성서 고고학계에서는 해당 구절의 '높은 산'에 대해 다볼산이나 북쪽의 헬몬산일 수 있다고 추정해왔다. 헬몬산은 이스라엘에서 가장 높은 산으로 가이사랴 빌립보에서 멀지 않은 레바논 산맥에 위치한 해발 2,814m의 산이다. 다볼산((Mt. Tabor)은 갈릴리호에서 서쪽으로 18km 정도 떨어진 저지대에 단독으로 위치한 산으로 높이는 해발 588m이다. 필자는 평지에 엎어진 사발처럼 단독으로 있는 다볼산이 '높은 산'이라고 표현한 변화산일 수 없다고 생각한다.

그 무렵 제자들은 예수가 왕이 될 것으로 기대하고 인생을 걸었는데 수난을 예고하는 바람에 혼란에 빠지게 되었다. 점차 조여오는 적대 세력에 두려움을 느끼고 있었다.

"그때 예수의 모습이 그들이 보는 앞에서 변하여 얼굴은 해와 같이 빛나고 옷은 눈부시게 희어졌다."(마 17:2)

예수의 변화산에서의 변형은 제자들에게 크게 용기를 주었다. 인간은 건강 상태가 좋을수록 얼굴빛이 밝아진다. 인간의 인성 이면에 감추어졌던 신성의 빛이 드러날 때 육체를 투과하는 빛이 드러나게 된다.

독일의 생물물리학자 프리츠 알버트 포프[35]는 인간을 비롯한 모든 동식물의 살아있는 세포들은 빛의 한 형태로서 초미세광자인 생체광자(bio-photon)를 발산한다는 이론을 입증했다. 그는 인간의 세포 하나가 20km 밖에서 보이는 촛불에 상응하는 정도의 빛을 발산한다는 것을 측정했다. 모든 생명체는 햇빛의 파장의 빛을 흡수하여 생명을 유지한다. 인간 역시 빛으로 생명을 유지하고 빛과 색을 내재한 존재로서 자신의 빛(Aura)을 발산한다.

---

35) Fritz-Albert Popp, 1938-2018, 독일의 카이저스라우테른 대학교수.

인간은 존재 자체가 빛의 화신이다. 구약성서에서 얼굴의 광채 때문에 사람들이 바라보기 힘들어 얼굴에 수건을 덮었던 모세가 있다. 모세의 빛은 수건으로 가릴 수 있었던 데 비해 예수의 얼굴 광채는 옷까지도 투과해서 눈부신 상태였다. 도자기를 구워보면 1,200℃ 이상의 높은 불에서는 흙덩어리도 불이 된다. 예수의 광채 강도는 빛의 화신 그 자체로 변형되었음을 전해 주고 있다.

모세와 엘리야

마태는 변화산에서 예수와 더불어 나타난 인물이 모세와 엘리야였다고 전한다. 율법과 선지자를 대표하는 두 인물이 등장하는 것은 예수가 그 시대에 등장했었던 자칭 메시아가 아니라는 확증을 나타낸다. 같은 사건을 기록한 누가복음 9:30-31에는 이런 말씀이 있다.

"그들은 모세와 엘리야였다. 영광스런 빛에 감싸인 그들은 예수께서 하나님의 계획을 이루시기 위해 예루살렘에서 죽으실 일을 이야기하고 있었다."

베드로는 이 엄청난 사건을 바라보다가 신중히 생각할 겨를도 없이 횡설수설하고 말았다. 주제 파악, 상황 파악을 전혀 하지 못한 채 말하고 있다.

"주님, 우리가 여기서 지낼 수 있다면 좋겠습니다. 만일 주님이 원하시면 제가 초막 세 채를 지어서 하나는 주께, 하나는 모세에게, 하나는 엘리야에게 드리겠습니다."(마 17:4)

가장 영광스러운 변형의 순간에 십자가의 죽음을 이야기하고 있었다는 것은 무엇을 말함인가. 그것은 어떤 신비도 자신의 소명과 삶을 벗어나면 안 된다는 것을 의미한다. 자신에게 주어진 소명을 팽개친 신비는 하늘의 뜻일 수 없다는 것을 아프게 전해 주고 있다. 하늘만 바라보고 땅의 현실을 외면하면 그리스도의 영성일 수 없다.

예수는 변화산의 초막에 머물지 않고 예루살렘으로 내려가 인류를 위한 제단에 자신을 제물로 바쳤다. 바로 이게 중요하다. 예수는 빛의 화신으로 머물지 않았고 지구에 온 소명의 현장으로 내려갔다. 빛의 밝은 몸으로 일상생활은 어울리지 않는다. 만약 빌라도 앞에서 밝은 광채의 빛을 발산했다면 어땠을까 상상해 본다.

변화산의 여정을 가는 사람들

예수께서 여자가 낳은 자 중에 가장 큰 사람이라고 평한 세례 요한은 허무하게 목이 잘렸고 예수는 십자가에 매달려 옆구리를 창에 찔렸다. 이것은 또 무엇을 말함인가?

인간이든 예술작품이든 알아보는 사람이 있어야 그 가치가 드러난다. 명마를 알아보는 사람이 있을 때 그 시대에 명마가 나타나는 법이다. 인간의 의식은 저마다 다르다. 하지만 크게 분류한다면 육체 의식, 본성 의식, 영성 의식, 신성 의식으로 나눌 수 있다. 우리는 그리스도 예수를 통하여 에고의 육체 영역에서 그리스도 의식으로 깨어나고 자기완성의 길을 오르고 있다.

그리스도는 내가 오르고 있는 변화산의 여정에 동행하신다. 그리스도의 임재를 느끼며 그리스도와 동행하는 사람들은 변화산의 여정을 가고 있다. 변화산을 오른 사람들은 각자의 삶의 현장인 예루살렘과 골고다에서 그리스도 의식을 드러낸다. 바로 이런 사람들이 그리스도를 알아보는 사람들이다.

32장

환생(還生, Reincarnation) - 엘리야와 세례 요한

마태 17:9-13

27년 전 즈음에 환생에 대한 관심이 대중들에게 유행하던 때가 있었다. 그 당시 나에게 전생에 대한 견해를 물어보신 분이 있어 한 편의 시로 대답한 적이 있다.[36]

우리가 어찌
초면일 리 있겠습니까
이 세상에 오기 전 우리는
하나님의 의자 밑에서
숨바꼭질하며 놀지 않았던가요

우리가 다시
그분에게로 가면
쓸데없는 근심으로 지새우던
오늘을 웃지 않겠습니까
몸뚱이를 나로만 알던

---

36)   이병창 시집, 나의 하나님이 물에 젖고 있다, 1997, 미래문화사.

철부지 어린 시절들
화내고 욕심부리던 일들을
부끄러워하지 않겠습니까
                    - 전생을 묻는 이에게

　나는 그에게 전생의 삶이 그렇게 궁금하다면 본인의 현재 삶을 살펴보면 된다고 말했다. 지금까지 살아온 삶의 결산이 자신의 현재이기 때문이다. **어제의 내일이 오늘이고 내일의 어제가 오늘이다.** 육체 의식을 벗어난 차원에서 보면 오늘 속에 전생과 내생이 함께 있다. 어찌 여기에 토막을 칠 수 있겠는가.

　"자기의 육체를 위하여 심는 자는 육체로부터 썩을 것을 거두나 성령을 위하여 심는 자는 성령으로부터 영생을 거두리라."(갈 6:8, 개역한글)

　윤회(輪回, transmigration)는 차례로 돌아간다는 말이다. 겨울에 잎을 떨군 나무들이 봄이면 다시 살아나듯 우주의 기운에 의하여 물레바퀴처럼 돌아가는 원리를 말한다.[37)]

　윤회나 환생이라는 용어는 교회에서 금기되어왔다. 아무도 사용하지 않았고 묻는 이도 없었다. 하지만 본문에서 예수는 세례 요한의 전생이 엘리야라고 분명하게 말씀하고 있지 않은가. 그렇다면 여러분은 어떻게 생각하는가?

　육체가 태어날 때가 모든 시작이고 육체가 죽으면 단 일 회로 생

---

37)　장석렬, 성서 속의 윤회와 환생, 청진, 2011, p.82.

명은 끝이란 말인가? 그렇다면 이 세상의 빛을 보기도 전에 낙태로 지워지고 예수를 믿을 겨를도 없이 어린 아이 때 숨진 생명들의 영혼은 어떤 구원의 기회조차 없이 영원히 마감되고 마는 것인가? 바로 이런 물음들을 전제하면서 성서의 말씀과 이 주제를 둘러싼 교회사적인 조명을 해 보고자 한다.

엘리야와 세례 요한

변화산에서 내려올 때 제자들이 물었다. "왜 율법학자들은 메시야가 오기 전에 엘리야가 먼저 와야 한다고 주장합니까?"(마 17:10) 제자들의 질문은 '메시아가 오기 전에 온다는 엘리야가 언제 다시 오는가'를 묻는 물음이다. 또한 이 질문은 '예수가 진정 메시아인가'라는 의문에 대한 확증을 요구하고 있다. 예수는 이렇게 대답하였다.

"그들의 주장이 옳다. 엘리야가 먼저 와서 모든 준비를 갖추어 놓아야 한다. 사실 그는 이미 왔다. 그러나 아무도 그를 알아보지 못하고, 아무렇게나 대접하였다. 인자도 그들의 손에서 고난을 받을 것이다."(마 17:11-12)

세례 요한도 예수도 '아무렇게나' 대접을 받았다. 세례 요한은 목이 잘렸고 예수는 십자가에 못 박혔다. 진리를 사랑하고 진리대로 살고자 진리를 위해 싸웠던 사람들은 고난의 길을 걸어간 사람들이었다. 그들은 사람들이 듣기 좋아하고 인정하는 것만을 말하지 않았다. 사람들이 한 번도 생각해보지 않은 것을 말하고 전혀 예기치 않게 닥쳐올 일에 대해 경고하는 사람이었다.

예수는 세례 요한을 엘리야의 환생이라고 분명하게 말씀하고 있다. 제자들은 이 말씀을 통해 세례 요한의 전생이 엘리야임을 알게 되었고 예수가 메시아임을 믿게 되었다. 제자들이 엘리야를 언급한 것은 구약의 예언을 근거로 한 것이다.

"내가 온 세상을 심판하는 그 무섭고 위대한 날이 오기 전에, 내가 예언자 엘리야를 너희에게 보내겠다."(말 4:5)

유대인들은 엘리야가 환생하여 이스라엘을 회복할 것이라는 선지자의 예언을 근거로 메시야를 기다려왔다. **예언자 이사야는 세례 요한을 가리켜 오래전에 이렇게 말하였다. "광야에서 외치는 자의 소리가 들린다. '주님의 길을 예비하고 그가 다니실 길을 곧게 하라.'**[38](마 3:3)

예수께서는 이 점을 분명히 강조하였다. **"너희가 만일 예언서와 율법의 참뜻을 알고자 한다면, 언젠가는 오리라고 예언된 엘리야가 바로 세례 요한이라는 사실을 분명히 깨달아야 한다. 들을 귀가 있는 사람은 들어라."**(마 11:14-15)

세례 요한의 아버지 사가랴에게 천사는 예언의 말을 전했다. **"그는 옛 예언자 엘리야의 심령과 능력을 가진 사람이다. 주님보다 먼저 와서 그분을 영접하도록 사람들을 준비시킬 것이다. 그는 어른들의 마음을 어린아이의 마음처럼 부드럽게 하고 복종하지 않는**

---

38)   이사야 40:3

마음을 변화시켜 믿음의 지혜를 갖도록 만들 것이다."(눅 1:17)

세례 요한이 민중의 관심을 끌게 된 것은 메시야가 오기 전에 온다는 엘리야의 이미지와 공통된 부분이 많았기 때문이다. 두 사람은 광야 생활을 했고 낙타 털옷을 입었으며 허리에 가죽띠를 두르고 살았다. 요한은 메뚜기와 석청(야생 꿀)을 먹었고, 엘리야는 까마귀가 물어다 주는 것을 먹고 살았다. 엘리야는 아합왕과 이세벨로 인해 목숨을 위협받았고, 요한은 헤롯왕과 헤로디아에 의해 목숨을 잃었다. 무엇보다 두 사람의 공통점은 사악한 왕이 통치하는 시대에 정의로운 목소리를 냈다는 점이다.

엘리야는 바알의 예언자들 450명과 대결하여 승리한 후 그들을 백성들과 함께 처단했고[39] 세례 요한 역시 유대인의 종교 지도자 바리새파 사람들과 정치지도자 사두개파 사람들을 향하여 '독사의 자식들'이라고 가차 없이 비판했다.

사회의 혼란은 정치의 혼란이고 정치의 혼란은 종교의 혼란으로 이어진다. 사악한 정치와 종교가 손을 잡을 때 그 시대의 민중은 불행해진다. 엘리야 시대에는 성직자 제도가 무너진 시대였다. 아합왕은 북이스라엘의 왕 중에서 가장 대표적으로 악한 왕이었다. 그는 시돈(페니키아)의 왕 엣바알의 딸 이세벨과 정략결혼을 하였다. 이세벨은 사마리아에 올 때 바알 제사장 450명과 아세라 여신 제사장 400명을 데리고 왔다. 그녀로 인해 이스라엘은 바알 숭배

---

39) 열왕기상 18장. 19절에서 엘리야는 바알의 예언자 450명과 아세라 여신의 예언자 400명을 부르도록 했다. 그러나 20절, 22절의 갈멜산의 대결에서는 이세벨의 예언자 450명만 모인 것으로 기록되어 있다.

가 만연하여 정통적인 의미의 제사장들은 사라지게 되었다.

바알은 가나안의 토속 우상으로써 풍요의 남성신이다. 고대의 풍요는 다산(多産)과 관련이 있다. 그들의 종교 행위는 바알과 여성신 아세라(아스다롯) 우상 앞에서의 집단 난교였다. 신전의 여인과 남창에 의해 태어난 영아들은 우상에게 인신 제물로 불태워졌다. 음란과 잔인함이 결합된 사악한 우상 종교가 이스라엘을 삼켜버린 것이다.

율법이 정한 전통에 의하면 레위 지파에서 제사장을 맡아야 하는데 지파 구분 없이 뇌물만 바치면 아무나 제사장이 될 수 있었다. 성직을 감당할 수 있는 자질과 실력은 필요 없는 막가파 시대가 된 것이다. 바알 제사장들은 모세 때부터 내려오던 전통을 무시하고 금송아지 우상을 만들어 숭배하게 하였다. 그들은 기름진 음식을 즐기며 환락과 사치를 추구하는 자들이었다. 성서는 왕국이 멸망의 길을 가게 된 것은 어리석은 왕들과 혹세무민하는 거짓 성직자들 때문임을 지적하고 있다.

오늘의 한국 현실도 예외가 아니다. 도시마다 신학교와 신학원 간판이 걸려 있고 어느 날 갑자기 목사가 되었다고 말하는 사람들도 볼 수 있는 세상이 되었다. 목사 몇 사람 모이면 교단을 만들다 보니 온갖 교파가 난립하고 있다. 학문의 여왕이라고 했던 신학은 사라지고 이제 자격증을 찍어내는 혼탁한 시대가 된 것이다.

인간 의식의 무한한 지평을 여는 학문으로서의 신학을 포기할 수는 없다. 치열한 논쟁과 사색이 신학 수련에는 밑받침되어야 한다. 내가 다녀본 신학대학원 가운데는 질문을 아예 하지 못하게 하는 곳도 있었다. 물음이 없는 곳에 어찌 답이 있을 수 있을까.

사과를 아는 것과 사과에 대해 아는 것은 다르다. 말씀 역시 마찬가지일 것이다.

영혼창조(靈魂創造, creationism)와
영혼선재(靈魂先在, pre-existence)

손자들을 데리고 아버님의 산소를 찾아갔을 때 이런 질문을 했다. "인간이 우주에 가면 입는 옷은?" "우주복이요." "그럼 인간이 지구에서 입는 옷은?" 손자 녀석들은 대답하지 못하고 어리둥절하였다. "바로 우리 몸이 지구에서 입는 옷이란다. 이 무덤에는 증조할아버지가 계신 것이 아니고 지구에 계실 때 입으셨던 몸 옷이 들어있는 거야. 우리가 지구에 살아있을 때는 우리 몸이 하나님의 집이지만 영혼이 하나님께 돌아가면 몸 옷을 남겨 놓고 가는 거지." 아이들은 고개를 끄덕거렸다.

인간과 영혼의 관계를 이해하는 대표적인 두 가지 관점은 영혼창조와 영혼선재가 있다. 하나님은 각 개인의 잉태 또는 출생 시에 새로 영혼을 창조하시어 그 즉시 육체와 결합시켜 주신다는 것이 영혼창조설이다. 중세에 가장 보편적으로 받아들여진 학설이며 로마 가톨릭의 공식 교리이다.

이에 반하는 영혼선재설은 세상이 창조되기 전에 예수 그리스도께서 영원 전부터 존재하고 계셨다는 사상이다(골 1:15, 17, 미 5:2). 이는 그리스도의 신적 특성을 나타내는 것으로써 때가 차서 성육신 하신 영원한 생명, 즉 '로고스'의 존재에 대한 신학적 전문 용어로 쓰이고 있다(요 1:1, 17:5, 24). 이 '선재'라는 용어를 인간에게 적용하여 인간의 영혼이 이 땅의 삶을 시작하기 전, 즉 영혼이 육체와 결합되기 이전에 이미 존재하고 있었다는 사상으로 쓰이기도 한다.[40]

인간은 태어났다 죽는 존재가 아니라 이 세상에 왔다가 다시 돌아가는 존재라는 관점이 영혼의 선재이다. 이 주제는 로마 시대에 기독교가 국교가 된 이후 강력하게 탄압을 받았던 사상이다. 그렇다면 그 이유가 무엇이었을까? 이 물음은 313년 콘스탄티누스 황제가 갑자기 기독교를 국교로 인정한 이후 벌어진 피문은 역사가 담겨있다. 우리는 어떤 예수를 찾아야 하고 어떤 교회를 지향해야 하는가? 이에 대한 대답이 들어 있다.

떼이야르드 샤르뎅[41] 신부는 영혼의 선재에 대하여 이렇게 말한다. **"나는 영적 체험을 하는 육체적 존재가 아니라 육체적 체험을 하는 영적인 존재이다."** 샤르뎅은 우리가 영적 존재로서 지구에 보냄을 받아 육체적 체험을 하고 있음을 말하고 있다.

샤르뎅은 생물학자로서 우주 진화의 정점으로서의 오메가 포인트(omega point)를 제시했다. 오만 년쯤 지나면 지구인들의 의식 수준이 그리스도 예수 수준이 될 거라는 것이다. 그의 관점으로 보면 예수는 인류가 궁극적으로 도달할 오만 년 후의 미래를 이천 년 전에 이루신 분이다. 인간은 모두 똑같은 시간을 살아가고 있는 것이 아니라 각자의 시간을 살아간다. 태국의 어느 산속에서 원시 생활하는 부족이 문명 세계에서 살고 있는 사람과 똑같은 시

---

40) 가스펠서브, 교회용어사전, 생명의말씀사, 2013.
41) Pierre Teilhard de Chardin(1881-1955), 예수회 수도사 출신의 가톨릭 신부로 프랑스의 철학자, 고생물학자, 지질학자이다. 베이징 원인 발견에 참여한 것으로 유명하다.

간대를 산다고 볼 수 없을 것이다.

오만 년쯤 지나면
인류의 의식 수준이 오메가 포인트에
들어설 것이라고
역사 속의 예수는 오만 년 후의 미래를
이천 년 전에 살다 간 분이라고 말한
샤르뎅을 이 새벽에 생각합니다.

얼마나 답답한 세상이었으면
그런 생각을 하고 살았을까
구 년 면벽 수행을 한 달마처럼
그의 오만 년이란 면벽을 생각합니다
한 이불을 덮고 자도
백 년 천 년의 과거를 붙잡고 있는 사람도 있고
백 년 천 년의 미래를 살아가는 사람도 있다는 것을.

아이들에게 무한경쟁을 가르치고
경제 논리 하나면 만병통치가 되는 나라에서
문명의 시간과 야만의 시간이 어떻게
다른 것인지를 설명하고 이해시킨다는 것은
또 다른 절망의 벽입니다.
아무런 이유도 없이 사람을 살상하고
사람이 사람을 무서워하는
이 야만의 문명사회는 어떤 시간 속에서

헤매고 있는 것일까요.

이천 년 전
지구라는 고치의 시간과 공간을 뚫고
오메가 포인트의 하늘로 날아간 그분을
이 새벽에 다시 생각합니다.
아무도 그리지 못할 오만 년 후의
미래를 품에 안고
세상을 건너간 샤르뎅을 생각합니다.
아주 오래된 과거를 붙잡고 살아가는
이 서러운 한국 땅을 생각합니다.
　　　　　　　　　　- 떼이야르드 샤르뎅

　영혼 선재에 대한 관점은 구약시대 때부터 신약시대에 이르기까지 많은 성서적 근거와 자료가 있다.
　"여호와께서 그 조화의 시작 곧 태초에 일하시기 전에 나를 가지셨으며
　만세 전부터, 상고부터, 땅이 생기기 전부터 내가 세움을 입었나니
　아직 바다가 생기지 아니하였고 큰 샘들이 있기 전에 내가 이미 났으며
　산이 세우심을 입기 전에, 언덕이 생기기 전에 내가 이미 났으니
　하나님이 아직 땅도, 들도, 세상 진토의 근원도 짓지 아니하셨을 때라
　그가 하늘을 지으시며 궁창으로 해면에 두르실 때에 내가 거기

있었고…"

(잠 8:22-27, 개역한글)

솔로몬의 잠언을 읽다 보면 '아브라함이 있기 전부터 내가 있었다'라고 외친 예수의 말씀이 떠오른다. 아래 말씀(요 8:51-58)을 주의 깊게 읽어 보자.

"내가 진정으로 너희에게 말한다. 내 말대로 사는 사람은 영원히 죽지 않을 것이다." 유대인 지도자들이 말하였다. "이제 우리는 당신이 귀신 들렸다는 것을 똑똑히 알았소. 아브라함도, 능력 있던 예언자들도 모두 죽었는데 당신은 당신 말대로 사는 사람은 영원히 죽지 않을 것이라고 말하니, 당신이 이미 죽은 우리 조상 아브라함보다 더 위대하단 말이오? 그리고 예언자들도 죽었는데 도대체 당신의 정체가 뭐요?"

예수께서 대답하셨다. "만일 내가 나 자신을 높이고자 한다면 그것은 아무 가치가 없다. 그러나 내 아버지께서, 바로 너희가 주장하는 너희의 하나님께서 나를 높여 주신다. 너희는 내 아버지를 모르고 있지만 나는 알고 있다. 만일 내가 그분을 모른다고 하면 나도 너희같이 거짓말쟁이가 될 것이다. 그러나 나는 진실로 그분을 알고 또 그분의 말씀대로 살고 있다. 너희의 조상 아브라함은 내 날을 보기를 기대하였고, 내가 오는 것을 보고 기뻐하였다."

유대인 지도자들이 대들었다. "당신은 아직 나이 쉰 살도 못 되었는데 아브라함을 보았단 말이오?" 예수께서 말씀하셨다.

"잘 들어 두어라. 아브라함이 태어나기 전에 이미 내가 있었다."

(요 8:58)

"Before Abraham's birth, I AM!"

인간을 육체로만 보는 유대인들과 인간에 내재하고 있는 생명의 영원한 실상을 바라보는 예수의 관점은 이렇게 엇갈리고 있다. 우리는 지상의 생명이 다한 분들에게 '돌아가셨다'라고 말한다. 그렇다면 무엇이 어디로 돌아갔다는 말인가? 몸 옷을 벗고 영혼이 온 곳으로 돌아가셨다는 말 아닌가.

예수께서 베들레헴에 탄생하시기 전에 어디에 계셨는가. 이에 대한 예수의 말씀을 보자.

"하늘에서 내려온 인자밖에는 하늘로 올라간 이가 없다."(요 3:13)

"그러면 인자가 하늘로 올라가는 것을 볼 때는 어떻게 하려느냐? 생명을 주는 것은 영이지 육이 아니다. 내가 너희에게 한 말은 영적인 생명에 관한 것이었다."(요 6:62-63)

세례 요한은 예수보다 6개월 먼저 태어났다. 하지만 요한은 자신보다 영으로는 먼저 계셨다고 예수의 선재(先在)를 말하고 있다.

"내가 전에 '내 뒤에 오는 분이 나보다 앞선 것은 그분이 내가 있기 전부터 계셨기 때문이다'라고 말한 것은 바로 이분을 두고 한 말입니다."(요 1:30)

요한복음은 예수의 생애 마지막 장면을 이렇게 적고 있다.

"예수께서 신 포도주를 받으신 후 가라사대 다 이루었다 하시고 머리를 숙이시고 영혼이 돌아가시니라."(요 19:30, 개역한글)

'다 이루었다.'(테텔레스타이) 예수는 이 세상에 오신 소명을 남김없이 완성하고 성취하셨다. 요한은 '머리를 숙이시고 영혼이 돌아가셨다(떠나가셨다)'라고 기록했다. 치열한 생애를 마감하고 잠이 들듯이 최후를 맞이하셨다. 그리고 마리아를 통해 입었던 육신으로부터 떠나가셨다.

> 이미 물은 흘러 바다로 갔는데
> 그 바다는 어디로 떠났을까
> 칠월의 텃밭에 꼬부라진 오이를
> 바라보다가
> 흘러 흘러서 올라오는
> 흰 구름을 보니
> 어느새 승천한 바다가
> 나를 찾아오고 있다.
>
> - 바다

　인간은 육신으로 태어나서 육신으로 죽는다고 믿는 사람이 있고 하나님께서 보내셔서 내가 왔고 때가 되면 다시 돌아간다는 것을 알고 사는 사람이 있다. 이 사실을 알고 사는 사람이 글자 그대로 천사(天使)이다. 지구는 영원히 사는 곳이 아니라 나그네로서 살다가 아버지께 돌아가는 곳이라고 성서는 말씀하고 있다.

　"사랑하는 형제들이여, **여러분은 하늘에 고향을 둔 이 땅의 나그네들입니다.** 그러니 여러분의 영혼에 싸움을 걸어오는 세상의 악한 쾌락을 멀리하십시오."(벧전 2:11)

영혼선재론은 최후 심판이 오기 전에 지속적으로 구원의 기회

를 주시며 연단하시는 하나님의 은혜를 헛되이 하지 말라는 것이고 심은 대로 거두는 우주적 생명의 법칙을 이해하고 인생의 순간순간을 책임감 있게 살아야 함을 강조한다.

죄와 사망 안에서 벗어나지 않으려고 집착하면서 나의 모든 죄에 대한 책임은 예수께서 다 지고 가신다고 한다면 나의 책임은 없는 것인가? 거룩함을 추구하는 자유의지는 내팽개친 채 차지도 덥지도 않은 신앙생활, 영적인 허위와 독선, 자기만족에 매몰된 자신의 에고를 십자가에 못 박지 않으면서 나의 영혼이 깨어날 수 있을까? 영혼이 깨어날 때 삶이 깨어나고 우주의 장엄한 목적을 깨닫게 된다. 요한은 그 목적을 깨닫고 이렇게 적었다.

"만물이 그로 말미암아 생겨났으니 그로 말미암아 생겨나지 않은 것은 하나도 없었다. 그 안에 생명이 있었고 그 생명은 사람들의 빛이었다. 그 빛이 어둠 가운데 비치니 어둠이 그 빛을 이기지 못하였다."(요 1:3-5, 개역한글)

하늘에서 내려온 자, 예수의 말씀으로 깨어난 자, 곧 육체 의식의 무덤으로부터 부활한 자가 하나님의 자식이요 내려온 자이다. **그것은 어머니의 탯줄로 이어진 내가 하나님의 탯줄로 다시 태어나는 일이다. 지구의 중력과 시간에서 벗어난 존재에게 죽음은 없다.** 바로 이 복음으로 예수의 하나님은 나의 하나님이 되고 우리 모두의 하나님이 되셨다. 복음은 하나님과 예수와 우리가 하나되어 영원히 연합되어 있음을 밝혀주고 있다.

"너희는 하나님으로부터 나와 그리스도 예수 안에 있고 예수는 하나님으로부터 나와 우리에게 지혜와 의와 성화와 구속이 되셨으니 …."(고전 1:30, 개역한글)

"그리스도께서는 하나님께로부터 나오셔서 우리의 지혜가 되셨고, 하나님께서 우리를 받아들이도록 하셨습니다. 그리고 또한 우리를 바르고 거룩하게 하고 또 우리를 자유롭게 살게 해주시려고 친히 그 몸을 내주셨습니다."(고전 1:30, 현대어 성경)

가는 것과 떠나가는 것

예수는 인생을 살아가면서 죽음이 지배하는 삶이 아니라 생명이 약동하는 삶을 사는 것이 하나님의 뜻이라고 말씀하였다. 세상에는 죽음이 지배하는 사람과 생명이 지배하는 사람이 있다. 육체의 생명이 죽게 되면 끝이라고 믿는 사람들은 죽음의 공포에 눌려 살게 된다. 그러나 그리스도인은 자신을 조이면서 살아가지 않고 자신 안의 영원한 생명을 자각하며 살아간다. 이런 사람은 자신이 하나님이 보내신 존재임을 알고 살아가는 사람이다. 그는 이 땅에 집착하지 않는다. 하나님의 나라는 무한하기 때문이다.

예수의 십자가 사건이 있기 전에 제자들은 두려움과 슬픔에 잠겨 있었다. 그러나 예수에게는 죽음의 사건이 아니라 '떠나가는 일'이었다. 예수는 이에 더하여 내가 떠나가는 것이 너희에게 더 유익하다고 말씀했다. 내가 떠나가야 협조자인 성령이 너희에게 오게 된다. 그러니 걱정하지 말라고 말씀하였다(요 16:5-8).

'너희는 나의 육체적 죽음에 대해서 오해하고 있다. 뿐만 아니라

너희들 자신의 죽음에 대해서도 오해하고 있다. 죽음은 나와 아무런 상관없는 언어이다. 나는 오고 갈 뿐 죽는 존재가 아니다.'

인생의 문제는 죽음이냐?, 떠나가는 것이냐? 이 물음에 대한 대답에 있다. 예수는 '너희들의 두려움과 걱정은 나와 죽음에 대한 오해에서 비롯된 것일 뿐이다'라고 말씀하신다.

예를 들어 예배당에 가는 것과 예배당을 향해 떠나가는 것의 차이는 무엇일까? 대부분의 사람은 무의식적으로 떠나는 출발지는 생각하지 않는다. 예배가 무엇인지 아는 사람, 예배를 소중하게 여기는 사람은 예배 시간 전에 이미 집에서 나오기 전부터 예배를 준비한다. 그는 집을 떠나서 예배당에 가는 사람이다. 이런 바탕에서 신령과 진정으로 드려지는 설레임의 예배가 성립될 수 있을 것이다. 이에 대해서 믿음의 조상 아브라함은 모범을 보이고 있다.

'떠나는' 것은 출발하는 시작에 대한 자각이 있을 때 가능하다. '나는 지금부터 떠난다'라는 자각은 떠남의 훈련이다. **가고자 하는 목적지만 생각하면 가는 것이지만 여기를 떠나서 가는 사람은 '여기에서 여기로 떠나는 사람'이다.** 한 발을 떼어도 여기에서 여기로 떠나는 사람이다. 이런 관점에서 인생은 떠나가는 연습이다.

✦ 33장 ✦
로마 황제와 기독교

콘스탄티누스 1세가 313년 밀라노 칙령으로 기독교를 공인하기 전까지 교회는 분열되지 않고 믿음의 열정과 순수성을 유지하였다. 교회가 카타콤에서 핍박과 순교의 피를 뿌릴 때는 이단 논쟁으로 교회가 그리스도인을 죽이는 일은 없었다. 콘스탄티누스 황제는 종교를 통한 로마제국의 단합을 꿈꾸며 갑자기 예수를 신으로 인정하고 기독교를 공인하였다. 그러나 기독교인들은 황제의 뜻대로 따르지 않았다. 황제는 교회를 통제할 수 있는 합법적 권한이 없었기 때문이다.

콘스탄티누스는 이 문제를 해결하기 위하여 325년 5월 20일 현재 튀르키예의 니케아(Nicaea)에 있는 자신의 별궁에 제국의 주교들을 소집하여 1차 니케아 종교회의를 열었다. 이때 참석한 주교는 제국의 주교 6분의 1 정도인 318명으로 추산한다. 황제가 초청했다고 하는 주교는 1천 명 정도였다.[42]

황제의 개막 연설로 시작된 니케아 공의회의 쟁점은 '하나님과 예수를 어떤 관계로 보아야 하는가?'이었다. 예수를 피조물로서의

---

42) E.S 모이어, 인물 중심의 교회사, 곽안전 옮김, 대한기독교서회, 2003, p.120.

인간이라고 주장하는 아리우스파 주교들, 하나님과 동질로 보는 알렉산드리아의 알렉산더와 정통파 주교들, 신성과 인성을 함께 가진 양성론을 주장한 에우세비우스와 오리게네스 주의(중도파) 주교들의 격렬한 논쟁 끝에 아리우스파의 지도자 아리우스를 이단으로 정죄하고 교회에서 추방하였다.

이때 삼위일체를 정통교리로 확정하고 부활절을 춘분 후 만월 다음에 오는 일요일로 제정하였다. 교회가 준수해야 할 신경(信經)과 신자의 행동을 규정하는 기준(카논)들을 확정하였다. 이에 불복하는 주교들은 이단이 되고 추방되었다.

교회의 역사 속에서 일어난 이단 시비는 대부분 삼위일체 교리와 연결되어 있다. 그것은 삼위일체 교리는 어떤 내용의 삼위일체이어야 하는가에 대한 충분한 논의가 없이 성급하게 결정되었고 그 최종 결정권자가 황제였다는 데 있다.

현재 개신교의 입장에서 삼위일체 교리는 어떤 내용인가? 이에 대해 김이곤의 논문을 참고해 보자. "하나님은 한 분이시고 이 하나님 이외에는 어떠한 신도 존재하지 않는다는 구약성서의 유일신론적 신 이해를 기초하지 않는 기독론이나 성령론은 삼신론(三神論)이나 다신론(多神論)적 오류로 떨어지게 되어 있다. 따라서 하나님께서 어떻게 아들도 되시고 또 성령도 되시느냐는 물음에 대한 대답은 반드시 성서의 유일신 신앙의 토대 위에서 대답하지 않으면 안 된다."[43]

"우리는 그리스도의 성령을 하나님의 현재화로 이해하는 문맥

---

43) 김이곤, 야훼의 영 이해와 한국교회의 자기반성, 한신신학연구소, 신학연구 41집, 2000, p.9.

안에서만 '삼위일체' 이론을 적용시킬 수 있을 뿐, 결코 유일신 신앙과 충돌하는 삼신(三神) 개념적 '영'(프뉴마) 개념으로는 이해할 수 없음을 본다. … 요한복음 기자가 '하나님은 영이시다'(요한 4:24)라고 하였을 때는 이 영(프뉴마)을 스토아학파적 영 개념(신의 본성은 영이다)으로 말한 것이 아니라, 즉 물질과 대립되는 개념으로서가 아니라 생명을 주는 창조적 활동력이라는 개념으로서 말하고 있다는 것이 학자들의 일반적인 개념이다."[44]

하나님의 영은 골짜기의 마른 뼈들을 일으켜 세워 큰 군대가 되게 하였다(겔 37장). 이때 하나님은 에스겔에게 마른 뼈들을 향하여가 아니라(겔 37:7-8), 루하(영, 생기)를 향하여 명령하도록 하였다. "그때 주 여호와께서 내게 말씀하셨다. '너 사람아, 생명의 영을 불러오너라! 내 이름으로 생명의 영에게 명령하여 생명의 영이 사방에서 이 전사한 사람들에게로 불어와서 그들을 다시 살려내게 하여라!'"(겔 37:9)

성령은 관념도 교리도 아니다. 그것은 죽어있는 나를 일으켜 세우시는, 하나님의 생명을 부여하는 힘이며 생명 창조의 능력이다. 인간은 매 순간 하나님께서 생기(루하)를 불어 넣어 주어야 살아갈 수 있다. 하나님의 영은 그리스도의 말씀으로 깨어나 그 말씀을 양식으로 삼는 자에게 지금 이 순간 생명을 주는 활동력으로 역사한다. 그 말씀으로 하나님의 나라가 임재하고 확장된다.

예수 안에서 하나님과 내가 하나 되는 삼위일체가 지금 여기에서의 살아있는 삼위일체이다. 그러나 생명력을 잃은 삼위일체 교리

---

44) 위 논문 p.12-13.

는 기득권을 잡기 위한 투쟁의 도구가 되었다. 바로 이것이 교회사의 비극이 되었다. 3이란 나와 너라는 이진법적 차원을 벗어나 하늘과 땅과 인간이 하나라는 삼진법(우리)적 수이다. 3은 모든 것(All)이다. 삼위일체(三位一體)는 만유일체(萬有一體)이다. 살아계신 하나님의 영 안에서 우리는 하나이다.

니케아 종교회의는 로마제국의 일치라는 정치적 목표 아래 황제가 교회 내의 문제는 물론 교리까지 일일이 간섭할 수 있는 명분을 주었고, 카타콤 지하교회에서 목숨 걸고 지켜온 뜨거운 신앙은 참으로 안타깝게도 황제의 권력에 예속되게 되었다. 그 예속의 시스템이 교황을 비롯한 성직자 제도였고, 황제는 자신의 입맛대로 세속과 교회를 통합한 권력을 마음대로 휘두를 수 있게 되었다.

니케아 종교회의는 교회의 심각한 분열을 초래하게 하였다. 황제 휘하에서 화려한 예복으로 치장한 세속적 교회에서 벗어나고자 하는 수도원 운동이 활발해지고 사막과 깊은 산을 찾아 기도하는 사람들이 증가하기 시작하였다. **그것은 그리스도인들이 황제에 예속된 교회로부터 탈출하는 사건이었다. 그들은 초대교회의 원형인 순수한 신앙, 진리 운동, 사랑의 자급자족 공동체를 지향했다.**

튀르키예의 대규모 갑바도기아(Cappadocia) 동굴에서 볼 수 있는 바처럼 이들의 세력이 커지자 과거의 로마 시대처럼 가혹한 핍박이 시작되었다. 황제의 권력을 앞세운 기독교회는 자신들의 제도권과 교리를 인정하지 않는다는 이유로 그리스도인들에게 이단의 굴레를 씌워 처형하고 투옥하기 시작한 것이다.

황제의 권력에 따르지 않는 교회와 지도자들은 영지주의로 내몰리고 그들의 성서는 모두 불태워졌다. 영지주의자라는 이름만 붙이면 이단이 되고 유죄판결을 받았다. 이런 판결을 받는 그리스도인들은 주로 사막과 산중에서 수도 생활하는 사람들이었다. 현대에 들어서 영지주의(그노시스)에 대한 새로운 평가와 재해석이 일어나고 있다.[45]

네스토리우스와 경교

예수의 인성을 인정하지 않는 교회의 입장에 자기 목소리를 낸 콘스탄티노폴리스 총대주교였던 네스토리우스(386?-451?)를 따르는 그리스도인들은 혹독한 피의 숙청을 당하였다.

네스토리우스는 마리아에 대해 하나님(θεος)을 낳은 자(τοκος)가 아니라 '크리스토토코스'(Χριστοτόκος), 곧 그리스도(Χριστος)를 낳은 자(τοκος)라고 주장하였다. 따라서 예수를 낳은 성모 마리아는 '하나님의 어머니'라는 호칭을 사용할 수 없다고 주장하였다. 네스토리우스는 '하나님의 어머니'라는 용어는 하나님보다 우월한 존재로서 마리아를 오해할 수 있어서 '그리스도의 어머니'(Christotokos)라는 칭호를 쓸 것을 제안하였다.

예수의 신인설(神人說), 성모 마리아의 신모설(神母說)을 부정하는 그의 주장은 예수의 신성과 인성을 동시에 주장하는 내용이었다. 오늘날의 기독교회 입장에서는 당연한 주장이지만 네스토리우스는 이 주장으로 431년 에베소 공의회에서 변호인의 변론조차 없

---

45) 송혜경, 영지주의, 한남성서연구소, 2014.

이 일방적으로 이단으로 정죄되고 면직 파문되어 추방되었다. 후대에 네스토리우스파 교회인 아시리아 동방교회의 일부는 1553년에 가톨릭교회로 복귀하였다.[46]

이 사건은 알렉산드리아의 감독 키릴루스가 네스토리우스와의 신학적 서신 논쟁으로 감정이 상한 나머지 로마교구의 지원을 받아 일어난 일이었다. 대부분의 교리 논쟁에는 신앙보다는 인간적 감정과 이해관계가 연관되어 있다. 현대에 와서 네스토리우스는 역사의 발걸음이 앞선 사람이라는 평가를 받고 있다. 마르틴 루터도 네스토리안 주의가 기독교 교리와 큰 차이가 없다고 보았다.

이런 비극이 교회사에 반복될 수밖에 없었던 이유는 콘스탄티누스 황제가 기독교를 인정하면서 예수의 인성을 부정하고 인간이 아니라 신으로 규정했기 때문이다. 잘 알려진 대로 로마와 그리스는 제우스를 비롯한 온갖 신들의 사회였다. 로마 사회에서 황제는 신이었고 신으로 섬기도록 했다. 유대 전쟁의 시발도 황제의 신상을 예루살렘에 세우고 경배하라고 강요한 데서 시작되었다. 황제의 입장에서 보면 예수도 자신과 같은 동급의 신이었을 것이다.

네스토리우스를 따르던 그리스도인들은 박해를 피해 페르시아 영내로 피난했지만, 로마와 적대적이었던 페르시아에 의해 온갖 핍박을 당하게 된다. 이런 정치적, 사회적 환경 때문에 시리아와 페르시아에 근거를 둔 네스토리안은 몽골제국 시대에 동서를 연결하는 주요 교역로였던 실크로드와 초원길을 따라 아시아의 동부와 북부, 그리고 중국으로 이동하며 선교 활동을 하였다.

---

46) 네스토리우스파. 위키백과 참조

당 태종 때인 635년 당나라 장안(長安)에 도착한 네스토리안 선교사들을 통해 전해진 기독교를 경교(景敎, Nestorianism)라 한다. 경교는 중국어로 빛의 신앙이라는 뜻이다. 경교 교회를 페르시아 교회라는 뜻인 파사사(波斯寺)라 했고, 몽골제국의 원나라 때는 복음을 따르는 무리라는 뜻의 '에르게운'(야리가온)이라 불리었다. 635년은 신라의 선덕여왕 2년, 고구려의 영류왕 18년, 백제의 무왕 36년에 해당한다. 당시 당나라와 통일신라의 밀접한 관계를 생각할 때 당나라 조정의 환영을 받으며 불교에 못지않은 지위를 수 세기 동안 누렸던 경교는 우리나라에 영향을 미쳤을 것이다.[47]

경교를 비롯한 네스토리안의 선교 활동에 있어서 특히 주목할 만한 것은 그들의 포용적 태도이다. 네스토리안의 열정과 포용적인 선교 방식에 의해 6세기에서 14세기까지 기독교는 아시아 전역에 퍼져 있었다. 몽골제국 시대에 중앙아시아에서는 경교가 강력한 교세를 확보하고 있었다.

서방교회는 정치권력과 교회가 한 몸과 같은 관계였기 때문에 신학과 교리의 힘을 빌려 정적을 제거하는 방식의 투쟁이 그칠 사이가 없었다. 서방 교회사에 피 냄새가 많이 나는 이유가 여기에 있다. 반면 네스토리안은 교리 논쟁으로 인한 분열 없이 공동체적 삶을 살면서 이방 민족을 향한 선교 활동에 주력했다.

나는 유네스코에 의해 발굴된 키르키즈스탄의 네스토리안 공동체 유적지를 두루 살펴보면서 그들의 수도원적 삶과 상당한 규모의 생활 규모를 짐작할 수 있었다. 그들은 고난의 여정을 전전한

---

47) 한국민족문화대백과사전, 한국기독교사, -한국경교사편-, 오윤태, 혜선문화사, 1973.
김광수, 한국기독교전래사, 기독교문사, 1974.

사람들로서 타민족과 그들의 문화를 존경하며 현지어로 성서를 번역하여 선교 활동을 하였다. 이런 면모는 진정한 화해와 평화의 길을 지향했던 예수의 정신을 잘 나타낸 것이라고 생각된다.

교회의 역사는 서구교회만 존재하는 것이 아니라는 점을 이해했으면 싶다. 경교의 한반도 전래설에 관해서는 여러 자료가 있다. 660년 백제 멸망 당시 일본으로 건너간 피난민 중에 기독교인이 많았다는 일본 측의 기록도 있고,[48] 경주 등에서 발굴된 경교의 유물들도 있다.[49]

동로마 황제 유스티니아누스와 오리게네스

환생이라는 단어가 교회 안에서 결정적으로 금기시하거나 무시하게 된 것은 553년 콘스탄티노플에서 열린 다섯 번째 종교회의에서 많은 논란 끝에, 환생에 대한 믿음을 이단적인 것으로 결정했기 때문이다. 이 회의에서 이미 544년에 동로마 황제 유스티니아누스(482-565)의 칙령으로 발표된 오리게네스와 그의 저서들에 대한 파문을 승인하였다.

비잔틴제국의 수도에서 황제인 유스티니아누스와 공동 황제 역할까지 했던 여걸이자 단성론자였던 그의 부인 테오도라[50]의 주도

---

48) 富山昌德, 日本史 중의 佛教와 景教, 東京大出版會, 1969, p.46-47.
48) 富山昌德, 日本史 중의 佛教와 景教, 東京大出版會, 1969, p.46-47.
49) 최상한, 불국사에서 만난 예수, 돌베개, 2012.
50) 테오도라(500년경-548년 6월 28일)은 천민 출신이었으나 알렉산드리아에서 전도를 받고 신앙인으로 거듭났다. 후에 유스티니아누스 1세의 부인이 되었다. 그녀는 명석함과 뛰어난 정치 감각으로 황제인 남편의 가장 훌륭한 조력자이자 동반자가 되었다. 소녀의 인신매매를 엄단하는 등 각종 여권신장과 가난한 자들의 구제를 위해 헌신했다. 중세 로마제국 역사상 가장 훌륭했던 여성으로 기록되었다.

로 이루어진 종교회의에 참가한 주교들 대부분이 동방교회를 대표하고 있었다. 이때 교황 비질리우스(Vigilius)는 참가를 거부했고 종교회의의 핵심 사안이었던 오리게네스에 대한 파문의 적법성을 승인한 기록도 없다.

동로마 황제가 종교회의를 소집한 이유는 동로마와 서로마 교회를 통일하고 콘스탄티누스의 경우처럼 자신의 제국 안에서 자신이 비정통적이라고 생각하는 신앙과 가르침을 제거하고자 했기 때문이다. 바로 그 중심 공격 대상이 오리게네스 아다만티우스(Origenes Adamantius, 영어로는 Origen, 185?-254?)였다.

그는 알렉산드리아학파를 대표하는 기독교의 교부로서 그리스 문학과 철학, 원어에 대한 학문적인 관찰, 그리고 영적인 해석을 시도한 최초의 성서학자요 신학자였다. 그는 기독교 역사 속에서 성서적 신앙의 중심을 세우는 큰 업적을 남겼다.

오리게네스는 이집트 알렉산드리아에서 185년경에 그리스도교 가정에서 태어나 10대 후반 세베루스 황제의 박해 시기에 아버지 레오니데스가 순교(202년)하였다. 가톨릭은 4월 22일을 레오니데스의 축일로 지키고 있다.

오리게네스는 아버지를 따라서 자신도 순교하려고 했지만 어머니의 만류로 뜻을 이루지 못했다. 이 때문에 그는 순교자적 열정으로 한순간도 긴장의 끈을 놓지 않는 생애를 살았다. 데시안(Decian) 황제 때 가혹한 고문을 당하였고 감옥에서 굶주림에 시달렸다. 그는 세속화되어가는 교회와 권력자들의 질투를 크게 가슴 아파했다. 영양부족과 고문의 후유증으로 255년경 69세의 나이로 엎드려 두 손을 모으고 기도하는 자세로 세상을 떠났다.

오리게네스는 재산이 몰수된 가족의 생계를 위해 18세에 문답 교사가 되어 헬라어 문학과 철학을 가르쳤다. 그는 비범한 언어 실력으로 6개 언어 대역서인 '구약성서 지침서', 요한복음과 성서주석 32권, 교리에 관한 저서 2권, 변증서 8권, 강론집 4권 기타 수많은 글을 저술하였다. 그의 대표 저서 『원리에 대하여(de principiis)』는 오리게네스 당시에 예수의 인성을 무시하고 신성만을 강조하던 마르시온주의자와 가현설주의자에 대항하여 창조주 하나님의 자비와 예수 그리스도의 인성과 신성을 증언하였다.

오리게네스의 주요 내용은 타락한 천사, 그리스도의 본성(양성론), 영혼의 선재(先在)와 성숙, 영혼이 여러 생애를 통해 지상 생활을 경험한다는 가르침이었다. 유스티니아누스 황제의 오리게네스에 대한 공격 배후에는 예수의 인성과 신성에 대한 수 세기에 걸친 논쟁이 배경에 있다. 이 주제는 동방교회와 서방교회가 멀어지게 된 주된 교리상의 이유이기도 하다.

본래 칼세도니아(Chalcedon) 종교회의에서 양쪽 교회는 정통적 교리로서 신의 인간적 본성은 그리스도 안에 공존한다는 안을 채택하였다. 그러나 동방교회가 지지해온 것은 예수의 본성이 인간의 몸을 가지고 있다 하더라도 전적으로 신적인 것이라는 주장이었다(monophysitism, 단성론[51]).

오리게네스를 특별하게 문제 삼은 것은 영혼선재(靈魂先在)에

---

51) 칼케돈공의회(Council of Chalcedon)는 451년 칼케돈(현재의 튀르키예 이스탄불 주)에서 열렸던 기독교의 공의회이다. 당시 공의회에서는 그리스도의 신성과 인성은 분리되지 않는다는 내용의 칼케돈 신조를 통해, 예수 그리스도는 완전한 인간이요, 완전한 하나님이라고 고백하였다. 콥트교회 등 단성설을 따르는 교회나 그리스도의 인성을 강조하는 네스토리우스파 교회는 이단으로 단죄되었다. 이중 그리스도의 신성과 인성은 구분된다고 주장한 네스토리우스파는 핍박에 의해 중앙아시아와 중국으로 활동 무대를 옮겼다.

대한 그의 가르침 때문이었다. 그는 철저하게 성서를 바탕으로 확신 있게 환생을 가르쳤다. 대표작 『제일 원리에 관하여』(On First Principles)에서 현재의 우리는 자기 자신에게 책임이 있으며, 모든 피조물의 현재는 그 자신의 행동과 동기의 결과라고 말했다.[52]

이에 대한 논증으로 야곱과 에서의 예를 들고 있다. 하나님은 야곱과 에서가 태어나기도 전에 "내가 야곱은 내가 사랑하고, 에서는 미워하였다"라고 말씀한다(말 1:2-3, 창 25:21-28, 롬 9:13 참조). 이 본문에 대하여 오리게네스는 하나님이 공정치 못하거나 아니면 자궁에서부터 싸우던 두 형제의 영혼이 그 전의 생에서 어떤 행위들이 있었다는 뜻일 거라고 생각했다.

야곱에게는 전생의 덕으로 그의 형(에서)보다 하나님의 더 많은 사랑을 받을 수 있게 되었다고 본다면, 그들이 태어나기도 전에 '높은 자가 낮은 자를 섬기리라'라고 말씀하시는 하나님에게 어떤 불의도 있을 수 없으며, 태 안에서조차도 야곱이 그의 형을 능가하는 사실에 불공평함이 없음을 발견하게 된다고 성서를 해석하였다. 오리게네스는 영혼의 전생이 왜 환경의 불평등이 발생하는지를 설명해 준다고 보았다.

그는 또 범신론적 신비주의자로 공격을 받았다. 오리게네스는 기독교 역사 속에서 최초로 성서에 근거한 그리스도의 양성론을 주장하고 그리스도의 인성을 부정하는 자들과 싸웠던 인물이다. 그의 사후, 삼백여 년의 세월이 지난 후에 양성론자인 오리게네스를 단성론자 황제가 이단으로 정죄한 것은 또 무엇이란 말인가.

---

52) Origen, On First Principles, G.W. Butterworth 번역, Gloucester, Mass:Peter Smith, 1973, p.47.

오리게네스에 대한 심판은 성서와 신학적 논증에 의한 심판이라기보다는 황제의 권력과 정치에 도전이 되는 세력에 대한 심판이었다. 그들은 오리게네스를 일방적으로 심판을 하고 그의 저서를 불살랐다. 오늘날 성서의 말씀을 읽고 묵상하는 사람들은 예수의 인성이 거부된다면 예수의 말씀이 인간 구원의 복음이 될 수 없다는 것을 잘 알 것이다.

유럽에서 가톨릭교회는 이단에 대한 심판과 처벌을 해왔다. 그 중에서 대중적인 교파 운동이 이단으로 규정되어 처벌된 집단은 프랑스 남부에 근거를 둔 카타리파(알비파)였다. 카타리파는 지역의 귀족과 주교들의 강력한 후원을 받고 있었다. 1204년 교황 인노첸시오 3세는 특사를 파견하여 주교들을 처벌하고 귀족들을 파문하기 시작하였고 급기야 십자군을 출정시켰다.

십자군은 예루살렘 회복을 위한 이슬람과의 전쟁에서만 활약한 것이 아니었다. 교황은 칙서에서 십자군에게 이단의 근원인 랑그도크에 사는 모든 사람을 토벌할 것을 요청하였다. 1209년에서 1245년 마지막 요새 퀘리브가 함락될 때까지 십자군은 1백만 명으로 추정되는 무고한 사람들을 학살하였다. 그리하여 카타리파의 상징인 노랑 십자가는 역사 속에서 사라졌다.

카타리파(알비파)는 금욕과 극단적인 청빈을 추구했다는 평가를 받고 있다. 문제는 그들이 로마교회의 부패 상황을 강력하게 비판했고 전면적으로 부정했다는 데 있었다. 카타리파를 죽이기 위한 화형을 비롯한 사형 집행 방법은 악마와 결탁한 죄인들을 색출한다는 명분으로 유럽을 피로 물들인 마녀사냥으로 확산되었다. 호수에 돌이 떨어지면 파문이 호수 전체에 퍼지게 되는 것처럼 1209년의 십자군 파견으로 빚어진 학살극은 마녀사냥의 전조가 되었다.

교황이 공인한 마녀사냥의 교과서 『마녀의 망치』(Malleus Maleficarum)에 등장하는 마녀 감별법에는 마녀가 '어린아이를 죽여 하늘을 날 수 있게 하는 연고를 제조'한다는 황당한 말도 들어 있다. 1487년 하인리히 크레이머와 자콥 스프렝거라는 도미니코 수도회 성직자 두 명이 쓴 이 악명 높은 책에는 "교회에 가기 싫어하는 여자는 마녀다. 열심히 다니는 사람도 마녀일지 모른다." "여성은 정욕에 취약하여 유혹에 쉽게 넘어간다"라는 내용이 서술되어 있다. 이런 논리에 따르면 여성은 모두 잠재적인 마녀일 수밖에 없다. 어쩌면 그 수도사들은 자신이 여인의 몸에서 태어난 사실조차 부정한 듯 싶다.

무엇보다 마녀사냥이 가장 극심했던 때는 가톨릭교회가 가장 약했을 때였다는 것은 시사하는 바가 크다. 마녀사냥은 십자군 전쟁의 패배로 인한 혼란과 분열, 왕권에 대한 불만과 불신에 휩싸인 유럽 사회의 위기를 모면할 희생양을 만들기 위해 세속권력과 교회가 야합한 결과물이었다.[53] 마녀로 지목되어 온갖 고문과 불길 속에 죽어간 희생자는 50여만 명으로 추산하고 있다. 통일된 사법체계를 세운 프랑스의 태양왕 루이 14세는 1682년에 마녀라는 이름으로 죽이거나 재산을 몰수하는 행위를 금지하는 칙서를 발표하였다. 이로 인해 유럽을 피로 물들인 마녀사냥은 제동이 걸리게 되었다.[54]

2003년 3월 5일, 요한 바오로 2세의 지시에 따라 교황청은 《기억

---

53) 위키백과, 마녀사냥
54) tvN 벌거벗은 세계사, 카톨릭 교회와 마녀사냥

과 화해: 교회와 과거의 잘못》이라는 제목의 문건을 발표해 과거 교회가 신의 뜻이라는 핑계로 인류에게 저지른 각종 잘못을 최초로 공식 인정했다. 이때 마녀사냥에 대한 잘못도 인정하며 가톨릭의 이름으로 사죄했다.

반 교황운동의 정점은 16세기에 일어난 종교개혁이다. 바티칸성당을 짓기 위해 시작된 면죄부 판매는 마틴 루터(1483-1546)의 95개조 반박문으로 표출되게 되었다. 그것은 새로운 교회 운동의 시작이었다. 하지만 종교개혁을 억압하는 로마교회의 교황 세력과 개신교의 종교전쟁은 100년 넘게 이어졌고 8백여만 명이 희생되었다.

교회 권력이 정치권력과 결합하여 막강한 힘을 가지게 될 때 벌어지는 참상은 차고 넘치는 사례들이 있다. 어떤 교회의 지도자가 권력자의 입맛에 맞지 않는 언급을 하게 되면 지역 전체가 학살의 피바다가 되었다. 수를 헤아릴 수 없는 사람들이 온갖 잔인한 방법으로 죽어갔다. 산채로 불구덩이에 던져졌고 큰 나무에 목이 매달렸다. 마녀사냥의 사례에서 보는 바처럼 교회의 역사는 하나님의 일그러진 얼굴이라는 말을 실감하게 한다.

로마의 통일이라는 명분과 황제의 강력한 권력 유지를 위해 앞장섰던 제도권 교회의 탄압 속에서 카타콤의 순수한 신앙 전통을 지키고자 했던 오리게네스와 그를 따르던 그리스도인들의 영적 투쟁 역시 파란만장한 역사 속에서 지워졌고 환생에 대한 교리는 교회사에서 사라지게 되었다. 그와 함께 로마의 칼날을 두려워하지 않고 죽음을 뚫고 갔던 그 뜨거운 신앙도 유무상통의 공동체 정신도 함께 사라져 버렸다. 갈릴리 예수가 떠나간 종교만 남게 된 것이다.

구름 기둥과 불기둥으로 인도하시던 출애굽의 하나님이 돌로 지은 성전에 갇히듯이, 부활의 예수 역시 화려한 예배당 건물 속에 묻히게 되었다. 그리고 남은 것은 교권 투쟁과 정통이라는 이름을 수호한다는 명분으로 벌어진 피의 역사이다. 중세를 암흑의 시대라고 하는 이유가 여기에 있다.

범신론과 범재신론

오리게네스의 생애를 조금이라도 들여다본 사람들은 그를 범신론(汎神論, pantheism)자로 매도하는 것이 얼마나 억지인가를 알게 될 것이다. 오리게네스를 00론자로 규정하는 것이 내키지는 않지만, 굳이 논하자면 그는 범신론자가 아니라 범재신론(汎在神論)자이다.

범신론과 범재신론의 차이를 오해하는 사람들이 많이 있다. 범신론은 인도나 네팔에서 볼 수 있는 것처럼 모든 만물 하나하나 그 자체를 신으로 보는 원시 자연 신앙이다. 이것은 범재신론과 전혀 차원이 다른 개념이다. 범신론은 모든 것이 신이지만 범재신론은 신의 로고스가 모든 창조물 안에 내재해 있다.

범재신론은 초월적인 신을 인정하는 동시에 이 신이 동시에 온 세상 만물에 내재하고 있다고 본다. 하나님이 말씀으로 창조한 이 세계는 만물 속에 하나님의 말씀으로서의 로고스가 내재해 있다.

"세상이 창조된 이래 인간들은 땅과 하늘과 하나님이 만드신 모든 것을 보고 그분이 어떠한 분이며 또 얼마나 위대하고 능력이 영원한 분인가를 알고 있습니다. 그러므로 심판 날에 하나님 앞에

설 때 인간은 변명할 여지가 없는 것입니다."(롬 1:20)

영성의 사람들은 문자적인 말씀만이 아니라 자연과 인간과 자신의 내면에서 하늘의 말씀을 읽고 들었다. 자연과 마음이 없다면 인간에게 하나님이 머물 자리가 없을 것이다. 범신론은 창조주로서의 신을 부인한다. 초월적 유신론은 신의 내재성을 부인한다. 그러나 이 두 가지 속성을 모두 인정하는 개념이 바로 범재신론이다.

오리게네스는 그 누구보다도 성서의 원전을 깊이 연구했다. 10대 때부터 원전 성서를 가르치는 교사였던 그는 성서를 이해하는 데 있어 문자적인 해석만으로는 부족하니까 마음과 영혼으로 읽고 파악하는 노력이 필요하다고 강조했다. 그는 마지막 순간까지 기도의 사람이었다. 당시 황제의 폭압적 권력 앞에 굽히지 않았던 사람들과 수도원들이 오리게네스의 가르침을 따른 이유도 여기에 있었다.[55] 그리고 그가 훗날에 황제로부터 파문당한 이유이기도 하다.

오리게네스의 이론 중 '만물의 복귀'라는 개념은 자비하신 하나님께서 사람뿐만 아니라 사단과 마귀까지 구원할 것이라는 입장이어서 논란이 되었다. 나는 오리게네스의 이 관점은 진정한 귀일(歸一)이며 하나님의 절대적 권능 안에서 이루어질 우주적 오메가 포인트라고 생각한다. 그는 하나님의 절대적 능력과 완전하심을 믿고 있다. 욥기에는 하나님의 어전 회의에 악마도 참석하고 있다. 하나님과 대적하는 세력이 별도로 존재하는 것이 우주의 완성일 수 있을까? 만법귀일(萬法歸一), 우주귀일(宇宙歸一)이어야 하지 않을까?

오리게네스는 예수의 인성과 신성에 대한 정리가 되어 있지 않던

---

55) Rowan A. Geer, trans. Origen, New York: Paulist Press, 1979.

초기 교회 시대에 해박한 지식과 독창적인 논점으로 성서를 파고 들어 교회의 중심과 기초를 바로 세우는 데 공헌하였다. 그의 신학 체계는 일부 논란의 대상이 되기도 하지만 순교적 신앙 일념으로 고난의 길을 달려간 그의 삶은 그 누구도 돌을 함부로 던질 수 없다고 생각한다.

그는 하나님 앞에서 완전연소하는 삶을 살기를 소원했고 그렇게 살았다. 오리게네스의 생애를 들여다볼수록 그는 나에게 부끄러움이다. 우주의 법칙과 성서 말씀의 비밀을 어찌 다 헤아릴 수 있을까. 그러나 나는 소망한다.

"우리 비록 지금은 희미한 거울 속 들여다보듯 희미한 모습만을 비춰 보지만 그날이 오면 얼굴과 얼굴을 맞대고 분명히 볼 것입니다. 나 비록 지금은 알고 있는 것 모두 다 몽롱하고 흐리나 그날이 오면 하나님께서 우리 마음을 꿰뚫어 보시듯 모든 것을 분명히 알 수 있을 것입니다."(고전 13:12)

환생을 넘어서는 복음

예수께서 길을 가시다가 날 때부터 맹인이 된 사람을 만나셨다. 제자들은 **"선생님, 왜 이 사람은 나면서부터 맹인이 되었습니까? 그 자신의 죄 때문입니까? 아니면 그의 부모의 죄 때문입니까?"**(요 9:2) 하고 물었다.

제자들은 나면서부터 맹인이 된 사람이 전생에 죄를 지은 결과 때문일 거라고 확신하고 있다. 제자들의 질문 속에는 전생 곧 환생에 대한 믿음이 당연시 될만큼 당시 사회에 일반화되어 있었다는 것을 나타낸다. 전생에 죄를 짓지 않았다면 어떻게 나면서부터 맹인으로 태어날 수 있을까? 그래서 제자들은 그 원인을 예수에게 묻고 있다. 이 물음은 인과의 법칙을 전제로 하고 있다. 어떤 원인이 있어 결과가 나타난다는 논리이다. 그런데 예수는 인과의 법을 깨뜨리는 답을 주셨다.

"다만 하나님의 능력을 나타내시기 위한 것일 뿐, 어느 누구의 죄도 아니다."(요 9:3)

본인의 죄도 아니고 부모의 죄도 아니라는 이 놀라운 선언은 환생과 인과의 법칙을 둘러싼 모든 논의를 결론짓고 동시에 뛰어넘게 한다. 다만 맹인이 된 것은 하나님의 일, 곧 그분의 영광이 이 순간 그를 통해 드러나도록 하기 위함이다.

그 누구이든 성령의 불꽃을 통하여 하나님의 영광과 능력을 드러낼 수 있다. 바로 그 믿음을 받아들일 때 윤회의 사슬은 끊어지고 내가 나를 넘어설 수 있다. 이것이야말로 참으로 통쾌한 복음의 말씀이다.

그 어떤 것도 하실 수 있는 하나님은 인간에게 재탄생 곧 거듭남의 기회를 날마다 순간마다 주시고 있다. 오늘 하루가 일생이다(一日一生). 재탄생은 흐르는 크로노스 시간에서 위로 솟아오르는 카이로스 시간과의 만남이다. 굼벵이의 땅속 100년 1,000년이라면 100번 환생한다고 한들 무슨 의미가 있겠는가. 내가 전생에 세종대왕이었다고 하더라도 그것이 내가 나로부터 깨어나는 데 있어 무슨 상관인가.

정리하자면 영혼 불멸과 업설(業說 : 카르마)을 토대로 한 윤회와 환생설은 인간 존재의 본질을 이해하고 죽음을 넘어서는 영생의 문제를 해결해 주지는 못한다. 이미 죽음이라고 하는 무덤에 갇혀버린 인간 존재의 현실에서 어떻게 그 무덤을 스스로 깨뜨릴 수 있을까.

이에 대하여 **성서는 밀알의 가르침이 예시한 바처럼, 죽음이 죽어 영원한 생명으로 부활하신 그리스도에게 유일한 길이 있다고 선언한다.** 바로 이것이 복음이다. 이런 관점에서 보면 성경에 윤회와 환생으로 해석되는 본문도 달을 가리키는 손가락처럼 부활의 신앙으로 다가서는 하나의 은유로 이해할 수 있을 것이다. **예수는 구약의 율법을 완전하게 해석하여 복음의 새 하늘과 새 땅을 열었다. 나는 복음의 그물로 이 세상의 어떤 지식과 지혜도 담아내고 재해석할 수 있다고 생각한다.**

봄날의 산천은 살아있는 기적의 한 단면을 실감 나게 보여준다. 생명의 세계는 신비와 기적 그 자체이다. 그런데 만물의 영장인 인간을 둘러싼 신비와 기적은 얼마나 큰 것이겠는가. 인간은 그가 어떤 형편에 처해 있던 하나님을 아빠 아버지라고 부를 수 있는 존엄한 존재라고 예수는 말씀하셨다.

하나님은 그 어떤 법칙도 저주와 심판의 도구가 아니라 구원과 생명의 도구로 사용하신다. 나를 향한 우주의 목적은 나의 나 됨, 곧 그리스도인 됨이다. 존재의 왕이요, 지구의 책임적 존재로서의 제사장이요, 정의를 바로 세우는 예언자로서 기름 부음 받은 그리스도인 됨이다. **살아서 죽고 부활한 그리스도인에게 전생은 없다. 영원한 현재인 지금 여기에서 임마누엘의 그리스도와 함께 있는 자에게 죽음은 없다.**

어느 별에선가 웃었던
너의 노란 웃음이
오늘은 여기에서 꽃으로
피어나고 있구나
눈 뜨고
꽃 피고
열매 맺고
거울 밖의 산천은 모두다
제 할 일 하고 있었구나
꽃샘바람 불어오는
인연의 끝자락에서
너를 기다려온 개구리들이
너의 환생을 기운차게
웃고 있다
덕분에 나도 너처럼
나를 웃는다
숨 가쁜 세상의 바람이
불어오는 고갯마루에서
이 아침을 웃는다.

　　　　　　　　　- 산수유

34장

성전세

마태 17:24-27

　세금고지서를 살펴보면서 살기 좋은 세상이란 세금이 없는 세상
일 것이라고 생각했다. 인간이 꿈꾸는 이상 세계는 요순시절처럼
백성들의 생활은 풍요롭고 여유로워 심지어는 군주의 존재까지도
잊고 '격양가(擊壤歌)'[56]를 부르는 세상일 것이다. 요순시절의 정치
는 '선양'이라는 권력 물림 방식으로 다툼이 없었다. 선양은 당시
가장 높은 덕을 갖춘 사람을 임금으로 추대하는 방식으로 후대의
혈연에 따라 왕위를 물리던 세습과는 차원이 다른 것이었다.

　사마천의 역사서 『사기(史記)』의 기록에 따르면, 요임금은 20살
에 왕위에 올라 덕으로써 나라를 다스렸다. 그때에는 가족들이 화
합하고 관리들이 공명정대하여 모든 제후국이 화목하였다고 한다.
하루는 요임금이 민정을 살피러 나갔다가 뽕잎 따기에만 열중하고
있는 한 처녀의 아름다운 모습에 반하게 되었는데 가까이 가보니
그 처녀의 얼굴에 커다란 혹이 달려있었다. 요임금은 실망하였으
나 그녀와 대화를 나누는 중에 그녀의 현명함에 끌려 왕비로 삼았

---

56)　日出而作 / 해가 뜨면 일하고 日入而息 / 해가 지면 쉬고 鑿井而飮 / 우물 파서 마시고 耕
　　田而食 / 밭을 갈아 먹으니 帝力于我何有哉 / 임금의 덕이 내게 무슨 소용이 있으랴

제3부 환생(還生, Reincarnation)　　289

다. 왕비의 가마가 대궐에 당도하자마자 왕비는 옷소매를 걷어 올리고 수라간으로 들어갔다.

"나는 요임금의 아내다. 내 손으로 진지를 차려드리는 것이 도리라 생각하니 모두 비켜라." 그녀는 정성껏 수라상을 준비한 다음에 사치스러운 수라간 궁녀들의 복장과 경박스러운 행동들을 지적하였다.

"오늘부터 백성들보다 사치하는 자, 농어촌의 선량한 아낙네들보다 호의호식하거나 더 게으른 자는 절대 용서하지 않겠다. 백성들의 어버이이신 임금을 섬기는 자들이 백성들보다 예와 도리가 모자란다면 어떻게 임금께서 올바른 정치를 할 수 있단 말이냐?"

그날부터 나라의 질서와 도덕이 하루가 다르게 바로 서게 되었다고 한다. **요순시절이란 지도자 혼자서만 이루어지는 세상이 아니라는 것을 사마천은 설파해주고 있다. 특히 지도자의 부인 역할이 얼마나 중요한가를 강조하고 있다.** 수상한 세월을 경험하고 있는 대한민국에 요순시절이 오려면 무엇보다 얼이 살아있는 지도자를 바로 세워야 하고 그러한 지도자를 키워낼 수 있는 실력이 국민에게 있어야 할 것이다.

마태복음에 등장하는 두 가지 세금

마태는 세금에 대하여 종교적 세금인 성전세(마 17:24-27)와 황제에게 바치는 주민세(마 22:15-22)에 관한 두 가지 이야기를 전해주고 있다. 성전세는 유대인에게만 해당되는 것이고, 주민세는 그리스도인과 로마제국 곧 황제 권력과의 관계를 전제하고 있다. 유대 관리들은 성전을 운영하기 위해서 두 드라크마(반 세겔)를 징수했다.

관리들이 예수에게 직접 묻지 않고 베드로에게 물은 것을 보면, 성전세는 세리들이 강압적으로 걷던 주민세와는 달리 자발성이 있었던 것으로 보인다. 랍비들은 성전세에 대해 의미 부여하기를 성전과 율법을 존중하고 하나님을 향한 구원의 기대, 곧 죄로 인한 나쁜 결과를 보상하는 효과가 있는 것으로 가르쳤다.

베드로는 예수께 성전세 납부 여부에 대해서 확인도 하지 않고 "내신다"라고 대답했다. 이것은 평소에 예수께서 성전세를 내고 계셨기 때문일 것이다. 예수는 베드로에게 "베드로야, 너는 어떻게 생각하느냐? 세상 임금들은 관세나 인두세를 자기 백성에게서 받느냐, 아니면 정복한 이방인에게서 받느냐?" 하고 먼저 질문하였다.

베드로는 "이방인에게서 받습니다"라고 대답했다. 왕은 자기 자식들에게 세금을 징수하지 않는다는 당연한 사실을 전제하면서 예수는 중요한 말씀을 하셨다. **"그렇다면 (하나님의) 백성은 세금을 내지 않아도 된다."** **그리스도인의 정체성과 교회공동체의 본질은 바로 이 한마디에 있다.**

마태는 하나님의 형상으로서의 인간을 하나님의 자녀라는 말로 대체해서 사용하고 있다. 그리고 그리스도인은 자유혼을 가진 하나님의 아들과 딸이라고 강조하고 있다. 하나님의 자녀는 성전의 주인이신 하나님의 자식들이다. 따라서 성전과 율법으로부터 자유롭고 마땅히 성전세를 낼 의무가 없다. 인간을 노예로 만드는 어떤 의무도 준수할 필요가 없다. 마태가 드러내는 예수의 정신은 인간은 성전과 율법을 위해 존재하는 것이 아니라는 점이다. 하나님의 자녀는 본질상 자유이다.

그대는 자유 그 자체입니다

마태는 18장에서 그리스도인의 공동체 생활과 질서에 관한 내용 전에 성전세와 관련된 말씀을 두고 있다. 그것은 교회가 편협한 규칙이나 규범으로 인간을 노예로 전락시키는 과오를 범해서는 안 된다는 것을 강조하기 위해서이다.

무엇인가를 지키지 않으면 하나님께 가까이 갈 수 없다는 식의 겁주는 율법 준수는 예수의 말씀을 오해하는 결과를 초래하게 한다. 면죄부를 사야만 천국에 가고 지옥 간 조상들의 영혼이 최소한 연옥으로 옮겨질 수 있다는 종교 장사꾼의 논리로 복음이 왜곡된 역사적 사실을 우리는 기억해야 한다.

예수의 복음은 간단명료하다. '**그대는 자유로운 존재이다. 그대는 존귀한 하나님의 자녀이다. 노력하고 대가를 지불해야 하나님의 아들 딸이 되는 것이 아니다. 그대는 처음부터 하나님의 자식이다.**'

하나님의 아들과 딸이라 해도 공동체로 살려면 일정한 질서가 필요하다. 그러나 이 질서는 인간을 강제하는 율법이 되어서는 안 된다. 이념의 세계에는 인간을 노예로 만들고 강제하는 원칙들이 만들어지곤 한다. 그러나 교회 안에서의 모든 규칙은 인간의 존엄과 자유에 근거를 두어야 한다.

인간이 자유롭고 품위를 유지하려면 거리에서 신호등을 지켜야 하듯 일정 부분 규칙을 준수할 줄 알아야 한다. 내가 자유롭다고 비키니 입고 거리를 활보한다면 그것은 자신의 품위를 스스로 포기하는 일이다. 바로 이에 대한 지혜를 예수께서는 베드로에게 물고기를 잡아 오라는 요구로써 보여주었다.

가장 먼저 잡힌 물고기 입에는 한 세겔이 있었다. 베드로와 예수는 그 돈으로 성전세를 바칠 수 있었다. "그러나 그들의 비위를 건드리고 싶지 않으니"(27)라는 말씀은 자유인은 때와 장소와 위치에 따라 융통성 있게 규칙을 지킴으로써 불필요한 시비에 휘말리지 않고 자유를 확보할 수 있어야 함을 보여준다. 기왕이면 타인에게 상처를 주지 않고 걸림이 되지 않도록 하는 지혜가 필요하다. 그러나 이런 행동은 규칙을 지키지 않으면 벌을 받는 것에 대한 두려움에서 나오는 행동이 아니라 오직 자발적인 자유에 근거를 두어야 한다.

규칙의 준수 문제는 '내야 한다', '안 된다'라고 하는 이원적 사고로 규율될 문제가 아니라 성숙하고 주체적인 선택의 문제이다. 이원적인 분별에서 떠날 때 할 수도 있고 안 할 수도 있는 선택의 결정권을 자유롭게 행사할 수 있다.

우리는 '하늘에 계신 우리 아버지'라고 주님의 기도를 통해 고백한다. 그렇다면 우리는 구원받지 못할까 봐 두려워할 이유가 없다. 하나님은 언제나 우리와 함께 계신다.

35장

하나님을 구하는 사람들

마태 18:1-29

마태복음 17장에서 그리스도인의 정체성과 공동체의 규칙은 자유에 바탕을 두고 있음을 확인했다. 그리스도의 복음은 인간에 대한 모든 차별과 억압의 역사를 청산하는 데 있다. 그러기 위해 그리스도인은 진실로 자유롭고 인간의 존엄을 잃지 않는 바탕에서 공동체의 규칙에 자발적인 헌신을 할 수 있어야 한다.

18장은 교회공동체의 구성원들이 어떤 원칙을 가지고 움직여야 하는지에 대한 가르침이다. 지상의 교회는 영적으로 성숙한 사람들만 모인 곳이 아니어서 긴장과 갈등이 늘 공존하고 있다.

누가 더 큰 자인가?

미성숙한 집단일수록 시끄러워지는 문제는 누가 더 큰 자인가? 하는 도토리 키재기 싸움 때문일 것이다. 세속적인 가치관을 그대로 가지고 교회에 들어온 사람들은 이러한 욕망의 게임이 당연할 것이다. 하지만 이런 사람들이 교회의 주도권을 가지게 되면 세상에서 멸시받는 작은 사람들은 설 자리가 없게 된다. 세상에서 변두리 인생들이 교회에 와서까지 변두리로 밀리게 된다면 분명 그 교회는 예수 공동체의 정체성을 잃어버린 교회라고 볼 수 있다.

마태는 세상에서 아무리 힘 있는 사람이라 할지라도 자신을 낮추어 어린아이와 같이 되고자 하는 사람들이 모이는 곳이 교회임을 먼저 밝히고 있다. 자신을 낮추는 그리스도인의 다음 과제는 잃은 양을 찾고자 하는 연민의 마음이라고 마태는 전해 준다. 세상이라고 하는 우물 속에서 나를 건져낸 예수를 제대로 만난 사람들은 과거의 나와 같은 사람들을 향한 연민을 가질 수밖에 없을 것이다.

예수는 하나님 나라에 인도하기 위해 나를 업고 에고의 강을 건너간 분이다. 그렇지만 나는 언제까지 예수의 등에 업혀 있을 것인가? 강을 건넜으면 스스로 제 발로 걸어가야 하지 않을까? 이제는 후배들에게도 기회를 주어야 하지 않을까? 교회가 익숙한 사람들끼리 모이는 친목 단체처럼 되었기 때문에 오늘날 교회는 지탄받고 있다. 그것은 이 세상에 대한 연민과 자비심을 잃은 교회의 실상이다.

그다음 주제는 믿음의 형제가 나에게 잘못했을 때 어떻게 해야 하는지 말씀하고 있다. "어떤 형제가 너에게 잘못한 일이 있거든 단둘이 만나서 그의 잘못을 타일러 주어라. 그가 말을 들으면 너는 형제 하나를 얻는 셈이다."(15)

인간관계에는 늘 상처를 주고받는 일이 발생하기 마련이다. 그때 상대가 나에게 준 상처와 고통을 감추지 말고 솔직하게 말하는 것이 중요하다. 또 상대가 잘 들을 수 있도록 표현해야 하는데 비폭력적인 일인칭 화법이 도움이 될 수 있다. 만약 상대가 나의 어떤 말도 들으려 하지 않는 경우라면 공동체에 알려 도움을 받을 필요가 있다. 중요한 전제는 그 상대를 공동체에 받아들여야 한다는 것이다. 이 전제와 함께 중요한 말씀이 더해지고 있다.

"나는 분명히 말한다. 너희가 무엇이든지 땅에서 매면 하늘에도 매여 있을 것이며 땅에서 풀면 하늘에도 풀려 있을 것이다."(18)

묶고 푸는 권한은 개인에게 주어진 것이 아니라 교회공동체에 주어진 것이다. 또 그 권한은 기도에 근거를 두고 있을 때 제대로 집행될 수 있다. 둘이나 셋이 모여 주의 이름으로 기도하는 곳에 '나'도 함께 하겠다는 약속이 주어졌다. 교회공동체의 정체성은 함께 합심하여 기도하는 데 있다. 바로 이런 합심의 바탕에서 주님은 자신을 드러내신다. 교회는 간판에 있지 않다. 그리스도 예수를 합심해서 드러내는 공동체가 그리스도의 교회이다.

하나님을 구하는 기도

어린 시절 어머니 따라 새벽 기도회에 가면 어머니와 다른 어머니들이 애절하게 기도하는 소리를 듣곤 했다. 그때는 배고픈 시절이었고 말도 아닌 가부장적 권위와 폭력으로 고통받는 어머니들의 한이 하늘을 찌르던 시절이었다. 한겨울 삐걱거리는 마룻바닥에서 눈물 흘리는 어머니의 기도 소리를 들으면서 '이렇게 구하는 것들이 많으면 하나님이 얼마나 힘드실까?' 하는 생각을 하곤 했다.

내가 무엇인가 달라는 기도를 하지 않는 것은 어쩌면 나만이라도 하나님의 짐을 덜어 드려야 되지 않나 하던 어린 마음이 내 무의식 속에 남아 있기 때문일 것이다. 그렇다면 나는 어떤 기도를 어떻게 해야 할까? 이런 물음이 나에게 찾아왔고 나의 인생은 이 물음과 함께 해 왔다. 그러다가 알게 된 것은 신앙은 그 무엇들을 얻기 위해 하나님을 믿는 것이 아니라 하나님을 얻는 길을 가는 것이라는 사실이었다. 하나님을 얻은 자는 자신은 물론 모든 것을 얻게 된다. **하나님을 얻은 자는 얻을 것이 없는 사람이다.** 순간순간 찾아오는 숨의 기쁨을 우주의 주인에게 바치는 사람이다.

> 기도는 나의 신음
> 침묵 속의 절규
> 내 입술의 모든 말들을
> 불사르는 숯불
> 저기 숲속의 나무들을 향한
> 머리 숙임
> 내가 피워 올린 먹구름을 뚫고
> 마침내 하늘을 오르는
> 영혼의 사닥다리
>   - 기도는

제4부

숨의 나라, 하나님의 나라

인간과 모든 생명체들은
하나님의 숨에 의해서 생명을 유지하고 있다.
그 숨이 들어오는 소리가 하나님의 은혜요 기도요
그분의 이름임을 자각할 때 영적인 존재라 말할 수 있다.

✦ 36장 ✦
바늘키로 빠져나간 낙타

마태 19:16-26

18장에서 등장한 용서의 주제와 크게 다를 바 없는 비유가 부자 청년의 이야기다. 수를 헤아리는 7번 용서와 7번씩 일흔 번의 헤아림이 없는 차원이 비교되었던 것처럼 부자가 하늘나라에 들어가는 것보다는 낙타가 바늘귀로 빠져나가는 것이 더 쉬울 것이라는 비유의 의미가 무엇인가를 성찰하게 한다.

어떤 젊은이가 예수에게 와서 물었다.

"선생님, 제가 무슨 선한 일을 해야 영원한 생명을 얻겠습니까?"

영원한 생명

영원한 생명이란 자신의 기준에 선하다고 생각하는 무엇인가를 해야 하고 무엇인가를 가져야만 얻을 수 있는 세상이 아니다. 질문한 사람에게 있어 선하다고 하는 행동과 그의 소유 의식은 같은 의식 수준상에 있다. 인간은 자신의 의식 수준만큼 바라보고 본 만큼 느끼고, 또 느낀 만큼 표현하면서 살아간다.

젊은이는 나름대로 착하게 살았고 그에 대해 자부심이 있었지만, 행복하지도 자유롭지도 못한 자신 때문에 힘들었던 것 같다. 아파봐야 약을 찾고 의사를 찾는 것처럼 그가 예수를 찾아왔다는 것은 그만한 동기가 있었을 것이다. 그는 영원한 생명이란 '이미 있음' 또는 '존재'의 영역이라는 사실을 모르고 있었다.

그 젊은이는 만나는 것마다 장애물이 되는 애벌레 상태로 있으면서 어떻게 하면 하늘을 날 수 있는 거냐고 묻고 있다. 이 때문에 예수는 "부자가 하나님 나라에 들어가는 것보다는 낙타가 바늘귀로 빠져나가는 것이 더 쉬울 것이다. 그러나 하나님께서는 무슨 일이든 하실 수 있다"라고 말씀하였다.

애벌레가 하늘을 날아가는 것이나 낙타가 바늘귀를 통과하는 것이나 그 내용이 은유하는 바는 다를 바가 없다. 젊은이는 많은 재산을 모았어도 무한한 행복을 추구하는 마음의 갈증을 해결할 수 없었다. 나름대로 선행도 해 보았지만 채워지지 않는 영적 허기 때문에 예수에게 영원한 생명을 물은 것이다. 영원한 생명이란 '무한'으로 풀어도 좋을 것이다. 유한한 세계에서 살아가는 유한한 인간이 무한을 물은 것만 해도 찾아보기 힘든 사람이라고 볼 수 있을 것이다.

예수는 그에게 선한 분도 하나님이고 무한한 분도 오직 하나님이라고, 네 생각 안에서 찾지 말고 하나님에게서 무한을 찾아야 한다고, **너의 생각이 무한히 확장될 때 곧 바늘구멍이 무한히 확장되면 낙타도 통과할 수 있지 않겠느냐고 말씀하였다.** 그것은 무한한 하나님과 관계를 맺을 때 가능하다. 지금 여기에서 누리는 '영원한 생명'은 시간과 공간을 초월하는 그리스도 의식으로의 확장을 통해 가능하다. 시공에 매이는 육체 의식으로는 바늘귀를 통과할 수 없지만 그리스도 의식으로는 당연한 일이다.

유한의 세계에서 무한을 살아가는 사람

인간이 자기 자신에게 갇히게 되면 이기적 욕망이 발동하게 되고 자신의 고유한 개성과 창조성이 좀먹게 되고 물질에 포로가 되고 만다. 인간은 하나님의 형상이라고 하는 생명체로서의 원동력이 있다. 그것은 사랑과 지혜와 힘의 원천이다. 그분은 나의 보호자이며 안내자이다. 인간은 무한을 열어가는 존재이다. 이성, 감성, 의지의 모든 영역 모두에서 우리는 한계 없는 의식으로 자신의 길을 걸어가야 한다. 바로 여기에 인간의 존엄과 위대함이 있다.

예수의 제자가 되기를 원했던 젊은이는 예수와 함께 길을 나서지는 못했다. 원한다고 하면서 정작 오라고 하면 움직이지 못하는 면모를 그는 보여주고 있다. 사람들은 입으로는 원한다고 말하면서 막상 부딪히면 젊은이와 같은 태도를 보인다. 제자가 되는 길은 각자에게 해당되는 장애물이 있다.

위대한 일을 하려는 사람, 위대한 길을 떠나려는 사람은 그 장애물을 극복해야 한다. 예수의 제자가 되는 길은 그렇게 만만한 것이 아니다. 젊은이는 재산을 팔고 나를 따라오라는 예수의 제안에 넘어지고 말았다. 그의 면모에 대하여 성서는 '풀이 죽어'라는 말로 대변하고 있다.

무한을 추구하는 의식은 지고한 의식이다. 그것은 하나님을 깨달아가는 자기완성의 길이다. 이 세상에 인간의 몸을 입은 사람들 가운데 대부분은 무한을 찾아가는 길에 대해 알지도 못한 채 살아가고 있다. 종교의 틀 안에 있는 사람들이라 해서 크게 다를 바는 없다. 다만 좁은 길을 선택한 사람들만이 하늘 아버지의 뜻을 이해하고 무한을 향한 여정을 가게 된다.

햇빛도 한 점에 모으면 불을 일으키듯이 하나님이라는 한 점에 초점을 둔 사람들은 하나님과 하나 되어 모든 굴레를 벗어나게 된다. 그들은 유한한 세계에서 무한을 살아가는 사람이 되었다. 바늘귀를 넉넉하게 통과하는 낙타가 되었다.

나 없는 나의 길

예수는 인간이 유한을 초월하는 길을 낙타와 바늘귀를 통해 말씀하고 있다. '나'는 하나님을 모신 성전이다. 나의 중심, 우주의 중심에 그분이 계신다. 그 중심으로 들어갈 때 나는 나로부터 해방된 '나'가 된다.

예수는 제자가 되기를 원한 젊은이에게 중심으로부터 멀어지게 하는 재산에의 집착에서 돌이킬 것을 말씀했지만 그는 돌이키지 못했다. 위대한 스승의 제자가 될 수 있는 기회가 왔건만 그는 자신에게 주어진 운명의 밥상을 재산 때문에 뒤엎어버린 것이다.

오늘이라는 삶은 너무나 귀하다. 그 삶을 살아가는 우리 또한 존귀하다. 자신을 가장 존귀하게 대하는 지혜가 하나님을 향해가는 길이다. 설탕이 물속에서 녹아버리면 설탕의 형상은 사라진다. 나 없는 나의 길, 여기에서 여기로 가는 길에 우리는 함께 있다.

그대가 하나의 점이 된다면
우주가 외롭지 않을 거야
하나의 점에서

모든 시작이 되었다는 것을
나는 그대에게 말하고 싶어
나와 너가 함께 있는 점
나도 없고 너도 없는
단 하나의 점.
내일 해가 뜬다면
그대가 하나의 점을
소원하기 때문이라고
나는 믿겠어
그대는 나의 기적이야
이 꿈의 세상에서 그대는
나의 기적을 나누는 사랑이지
꿈의 뿌리를 찾아가는 도반이지.

- 그대가 하나의 점이 된다면

37장

천국 - 포도원 주인의 비유

마태 20:1-16

천국에 대한 예수의 비유가 많은 이유는 아무리 설명을 해도 자기 생각으로만 알아듣는 제자들의 잘못된 천국관을 교정하기 위한 노력 때문이다. 이렇게 온갖 비유로 천국을 말씀하시건만 그 오해는 참으로 슬프게도 옛날이나 지금이나 여전히 깊기만 하다. 19장에서 천국은 어린아이와 같은 자들의 것임을 밝혔고(마 19:14), 이어 20장에서도 포도원의 주인과 품꾼의 비유를 통해 다시 강조되고 있다. 이 비유의 중요한 의도와 목적은 비유의 결론인 16절에 있다.

"이와 같이 나중 된 자가 먼저 되고 먼저 된 자가 나중 될 것이다."(마 20:16)

이 말씀은 19장 30절에 이어서 반복되고 있다. 그 이유는 제자들이 첫째가 되고자 서로 다투는 상황이었고 예루살렘 입성을 앞두고 과도하게 흥분 상태에 있었기 때문이다. 제자들은 예수의 하나님 나라에 대해 근본적으로 오해하고 있었다. 예수는 이미 두 차례에 걸쳐 수난을 예고했고 비장한 각오로 예루살렘을 향해 가시건만 제자들은 자신들의 환상에 빠져 있었다. 베드로는 예수께 말하였다.

"우리가 모든 것을 버리고 주님을 좇았으니 우리가 무엇을 얻겠습니까?"(마 19:27)

'우리가 OO을 했으니 OO을 얻겠습니까?'라는 베드로의 확신에 찬 말은 예수의 천국과는 동떨어진 말이다. 베드로의 천국은 인간의 노력에 의한 결과로 보상을 받는 천국이다. 따라서 천국도 이 세상의 현실처럼 성과에 따른 차등이 당연히 있어야만 했다.

천국 - 반전 드라마가 펼쳐지는 곳

제자들은 특별한 선택을 받은 사람이라는 자부심으로 가득차 있었다. 장차 예수가 왕이 되어 다스리는 나라에서 높은 지위를 받을 것이라고 확신했다. 예수는 그들의 왜곡된 천국에 대한 환상을 무너뜨리기 위해 포도원 주인에 대한 비유를 말씀하였다.

천국은 인간의 노력에 의한 보답으로 주어진다는 제자들의 생각과 달리 하나님의 절대적 주권과 은혜에 의해 주어진다. 수고와 헌신의 양에 의해 영향을 받는 것이 아니다. 인간을 서열화하고 우열로 가르마 타는 세상의 법칙이 적용되는 것도 아니다. 오직 은혜로운 평등이 존재하는 곳이다. 천국은 꼴찌가 일등이 되고 일등이라고 믿는 사람들이 꼴찌가 되는 반전 드라마가 펼쳐지는 곳이다.

이 시대의 교인들 역시 제자들처럼 천국에 대해 착각하고 있다. 큰 교회 작은 교회 정통이니 장자 교단이니 하는 말은 복음의 정신에서 나온 말이 아니다. 복음이 주는 구원의 은혜는 시대를 뛰어넘어 어떤 차별도 없다. 모든 품꾼이 똑같은 품삯을 받은 것은 믿는 자들에게 주어지는 하나님의 의로움은 공평하다는 것을 나타낸다.

"이제 더 이상 우리에게는 유대인과 헬라인, 노예와 자유인, 남자와 여자의 구별이 없습니다. 우리는 다 같은 그리스도인이며 그리스도 예수 안에서 하나입니다."(갈 3:28, 골 3:11 참조)

성서에 등장하는 인물 중에 꼴찌로 대표될 만한 인물이 있다면 예수와 함께 십자가에 매달렸던 한 사람이라고 여겨진다. 마태와 마가는 두 사람 모두 예수를 비방했다고 하는데 누가는 그중에 한 사람이 위대한 신앙고백을 했다고 기록했다. 그는 "예수님, 당신의 나라에 들어가실 때 저를 기억하여 주십시오"(눅 23:42)라고 간청하였다. 예수는 그 사람에게 "내가 분명히 약속한다. 너는 오늘 나와 함께 낙원에 있을 것이다"(눅 23:43)라고 말씀했다.

사형당하고 있는 마지막 순간에 마음을 돌이킨 강도가 구원을 얻은 것은 선행이나 업적과는 아무런 관련이 없다는 것을 보여준다. 십자가를 통해 나타난 구원은 값없이 주어지는 은혜임을 증거하고 있다. 그러므로 먼저 구원의 은혜를 받은 사람은 교만과 나태에 빠지지 말고 더욱 많은 사람이 구원의 은총을 누릴 수 있도록 헌신하는 삶을 살아야 한다.

그리스도를 만나지 못했다면 빈둥거리며 소모적인 인생을 살다가 갈 처지였을 자신을 돌아보고 하나님께 감사하며 영광을 돌리는 것이 마땅하다. 그러나 이에 대한 영적 감각이 어두워지면 불평하게 된다.

출애굽기는 노예의 땅을 탈출하기는 했지만 불평하다가 광야에서 죽어간 사람들에 대하여 기록하고 있다. 이집트로 상징하는 세상으로부터 구원받았다고 해도 구원의 은혜를 아무렇지도 않게 헛되이 할 수 있음을 경고하고 있다. 지도자 모세마저도 가나안 땅에 들어서지 못한 이유가 무엇이었던가를 우리는 새겨 볼 필요가 있다.

노예들에게 자유를 말한다는 것은
노예들을 이끌어 자유인의 길을 걷게 한다는 것은
간이 썩고 쓸개가 녹아내린다는 것을
느보산의 구리 뱀은 말해 주고 있다
결국은 자기 자신조차 들어가지 못한
젖과 꿀의 땅을 바라만 보다가
숨을 거둔 모세는
무슨 생각을 하면서 이 산을 올랐을까
자기 자신만의 자유가 아니라
모든 이들의 자유를 꿈꾸는 자의 비극을
나는 느보산의 찬바람 속에서 바라보고 있다
몸을 벗어야 할 자리와
시간을 알았던 모세는
무덤조차 남기지 않았다
철없는 민중들의 통곡 소리 속에
무덤을 만들었을 뿐
이 땅에 무덤을 남기지 않았다
자유를 위한 투쟁의 길,
사십 년을 걸어도 끝나지 않았던
모세의 길은 오늘
나에게 이어지고 있다.

불평으로 날을 새던 인간들을
물어뜯던 불 뱀이
구리 뱀으로 변하여
오늘의 세상을 내려다보고 있다.

- 레바논 느보산에서

인생의 실패 - 불평

불평은 만족함을 알지 못하고 감사를 놓치게 될 때 발생한
다. 다른 사람과 비교하게 되면 자신의 중심과 삶의 목표마저 잃어
버리게 된다. 이때 불평은 고개를 쳐든다. 포도원 주인은 이른 아
침인 6시(유대 시간으로 12시)에 나가 일당을 한 데나리온으로 정
하고 인부를 구했다. 한 데나리온은 무게가 3.8g인 로마의 은화이
다. 이는 신약시대에서 로마 군인이나 노동자의 일당에 해당한다.
그러나 로마 시대에 여관에 머무는 금액이 이십 분의 일 데나리온
이었다고 하는데 노동자에게 한 데나리온은 매우 후한 것이라고
볼 수 있다.

주인은 9시에 또 나가서 인부를 구했다. 여기까지는 통상 있을
수 있는 경우이다. 그런데 주인은 이례적으로 오후 5시쯤에 나가
서 인부를 구했다. 이제 일할 수 있는 시간은 한 시간밖에 없는 상
황이다. 이것은 경제적 타산하고는 아무런 상관이 없는 선택이다.
천국은 세상에서 요구하는 합리적 효율성과도 거리가 멀다.

"왜 당신들은 하루 종일 이렇게 빈둥거리며 서 있기만 하오?" 그
들은 "아무도 일을 시키지 않아서요"라고 대답한다. 주인은 품삯을

가장 늦게 온 일꾼들부터 한 데나리온을 주었다. 일당을 얼마 주겠다고 합의한 적도 없는 일꾼들에게 주인은 한 데나리온을 준 것이다. 이때 과분하게 일당 받은 사람과 그것을 지켜보는 일찍 온 일꾼들은 각자 어떤 생각과 느낌이 있었을까?

이른 시간에 왔던 일꾼들은 한 시간 일한 사람들에게 한 데나리온을 주는 것을 보고 자신들이 받기로 한 일당보다 더 얻게 되리라고 기대했다. 하지만 결과는 한 데나리온이었다. 그들은 한 데나리온도 후하게 받은 것임에도 감사하지 않고 은혜를 입은 사람들을 시기하면서 결국 주인에게 불평하였다. 시기와 질투라는 악마의 눈이 떠질 때 삶은 고통과 투쟁으로 변하게 된다. 내가 일할 수 있는 건강과 일터에 대한 감사가 사라지면 수고의 금전적 대가만 생각하게 된다.

나의 선함에 어찌 눈길이 사나워지는가?

주인은 불평하는 일꾼에게 합의한 내용을 말한다. "자네는 하루 품삯으로 한 데나리온을 받기로 처음부터 정하지 않았는가? 자네 품삯이나 가지고 가게. 이 모든 사람에게 똑같이 준 것은 내 마음에 달린 것일세. 내 돈을 내 마음대로 주는데 무엇이 잘못인가? 내가 친절을 베푼 것이 자네 비위에 거슬린단 말인가?"(마 20:13-15) 예수는 하나님을 믿는다고 하는 사람들이 공동체 안에서 먼저 믿은 행세를 하고 권위를 부리는 것에 대해 하나님의 계산할 수 없는 무한한 선(善)과 상대적인 인간의 선을 비교하여 보여 주고 있다.

하나님의 자비와 정의는 인간의 합리적 계산과는 상관이 없다. 이 비유는 나와 너의 분별과 비교 그리고 시비가 없는 평등한 하나님 나라와 하나님의 절대 주권에 대해 교훈해 주고 있다.

교회 안에는 부모의 신앙을 따라서 어린 시절부터 신앙생활 하는 사람도 있고 장성해서 또는 노년에 또 어떤 사람은 임종 시에 영접하는 사람도 있다. 각자에게는 각자의 부르심이 있다. 부르심의 때는 내가 결정하는 것이 아니다. 내가 얼마나 일해야 하는지 그것은 하나님이 하시는 일이다. 작게는 우리의 가정과 교회, 또는 직장이라고 하는 포도밭에 우리는 파송을 받았다. 우리는 각자의 포도밭에서 삶의 풍요로움을 누려야 하고 자기 자신에 대해 만족하고 감사하는 삶을 살아야 한다.

포도원 주인과 일꾼의 이야기는 먼저 믿은 사람들에게는 게으르게 살아서는 안 된다는 것과 우월감에 빠져 불평해서도 안 된다는 경고이다. 또 뒤늦게 믿은 사람들에게는 위로와 확신을 주는 말씀이다. 짧은 인생의 길에서 각자가 다양하게 살아가는 것 같지만 하나님 안에서 하나 됨의 길을 동행하고 있다. 이 길을 이탈하지 않고 가는 길은 비교하지 않고 감사함으로 불평에 빠지지 않는 지혜에 있다. 그 지혜를 얻은 이는 이미 이 땅에서 천국을 누리는 사람이다.

38장

다시 시작하기에 너무 늦은 시간은 없다

마태 20:1-16

상담을 하다 보면 평생 일하던 직장에서 갑자기 명퇴를 당하여 공황 상태에 빠진 사람들을 만나게 된다. 그들은 자신이 얼마나 성실하게 일했는데 이렇게 되었는지 모르겠다고 한탄하고 깊은 좌절감에 빠져 있다. 자기 자신에 대해서 세상 돌아가는 것에 대해서 모르쇠로 살다가 어느 날 갑자기 얼음물을 뒤집어쓰듯이 당혹스러워하는 모습을 보여 주고 있는 것이다.

나는 대화를 나누면서 지난 몇 달 동안 읽은 책이 무엇이냐? 좋아하는 것과 싫어하는 것이 무엇이냐라고 묻곤 한다. 책을 가까이하지 않는 사람은 자신의 성장을 위한 관심사가 없거나 나아가 인생 계획을 준비하지 않는 특징이 있다. 좋아하는 것에 대해서 명료하지 않고 싫어하는 것에 대해서는 목청을 높이곤 한다. 그런 사람은 자기 자신에 대한 경쟁력이란 내가 싫어하고 피하고자 하는 것들에 대해서 배우고자 하는 데 있다는 사실을 까맣게 잊고 있다.

새는 두 날개로 자신의 하늘을 날아간다. 인간도 긍정과 부정, +와 -의 두 날개를 사용할 때 자신의 하늘을 날아갈 수 있다. 자신이 싫어하는 것에 대하여 배우려 하지 않고 거부하는 사람들은 한쪽 날개로만 하늘을 날려고 하는 것과 같다. 하늘을 날려면 바람과 맞서야 한다. 이것이 인간과 세상을 움직이는 에너지의 법칙이다. 패러글라이딩을 할 때 바람이 뒤에서 불면 날아오를 수 없다. 앞에서 불어오는 바람에 맞서 달려 나갈 때 비상할 수 있다. 인생도 마찬가지이다. 인생의 보물은 내가 싫어하고 두려워하는 것들 속에 감추어져 있다.

> 내 살로 가리어진 골수 속에서
> 어제는 숨어 계시더니
> 오늘 당신은 낡은 고무신으로
> 웃고 계시는군요
> 숨바꼭질의 명수
> 말릴 수 없는 장난꾸러기
> 나는 빛의 바다를 춤추는
> 단 하나의 몸
> 당신을 찾는 재미로
> 오늘 즐겁습니다.
>
> - 기도

지구라고 하는 포도원 주인과 일꾼들

포도원 이야기는 지구에 보냄을 받은 사람들과 하나님과의 관계를 비유하고 있다. 포도원 주인은 일당 주는 일꾼을 얻으려고 이른 아침에 나가서 한 데나리온의 품삯을 정한 다음 포도밭으로 보냈다. 그리고 9시, 12시, 오후 3시, 오후 5시에도 나가서 할 일 없이 빈둥거리는 사람들에게까지 일을 주었다. 총 5회에 걸친 인부 구하기는 상식과는 거리가 먼 상황이다. 이른 아침에 온 사람은 10시간 일하고 오후 5시에 온 사람은 한 시간 일하기 때문이다. 그럼에도 불구하고 포도원 주인은 똑같은 임금을 지불하였다. 여기에서 주목할 만한 사람은 1시간 일한 사람이다.

"그날 저녁 다섯 시쯤 다시 마을에 나갔다가 몇 사람이 더 서 있는 것을 본 주인은 '왜 자네들은 하루 종일 일하지 않는가?' 하고 물었다. '아무도 우리에게 일거리를 주는 사람이 없습니다' 하고 그들이 대답하자 '그러면 내 포도원으로 가서 다른 사람들을 도와주게' 하고 말하였다."(마 20:6-7)

나는 시간대별로 나누어진 인부 그룹을 이른 아침에 부름을 받은 사람은 20대, 9시는 30대, 12시는 40대, 오후 3시는 50대, 오후 5시 그룹은 60대로 해석할 수 있겠다고 생각했다. 신학교에 가보면 고등학교 졸업하고 막 바로 입학한 사람도 있고 인생 돌고 돌다가 백발 성성해서 소명을 깨닫고 온 사람들도 있다.

5시의 사람들

오후 5시 그룹은 온종일 하는 일 없이 빈둥거린 사람들이다. 그들은 허송세월 보내면서 나이만 먹었지 자신의 인생을 놓쳐버린 사람들이다. 물론 그들도 할 말은 있었다. 아무도 나에게 일을 주지 않았다. 하지만 누군가 일자리를 주지 않으면 그냥 놀고 있어야만 하는지를 묻지 않을 수 없다. 그들은 일자리를 찾고자 하는 적극적인 노력이 없었다. 이런 사람이 자기 계발을 하는 것은 꿈도 꿀 수 없을 것이다.

그들은 멍하니 서서 누군가가 자신을 찾아와서 일자리를 주기를 기다렸다. 자신이 원하는 바를 움켜잡고자 하는 열정의 에너지를 사용하지 않았다. 삶을 이끌어가는 것은 의도를 세우는 것에서 출발한다. 인간의 재능과 자원은 뜻을 세워야 힘을 쓸 수 있다. 이것이 인생의 기본 메시지이다.

현실에 뿌리가 없는 영성은 공허하다. 열정이 없으면 사랑도 인생도 성립될 수 없다. 진리를 구하고 뜻을 펼치고 사업을 하고 사랑을 하는 데에도 열정이 기본적으로 있어야 한다. 예수의 컬러, 기독교의 컬러는 열정의 컬러 빨강이다. '나는 이 세상에 불 지르러 왔다'라고 하신 예수의 가슴은 선홍빛 빨강이다. 예수는 불의 가슴과 히말라야 설산의 지성이 함께 한 분이었다.

빨강이 순수한 흰색을 만날 때 사랑의 핑크가 나타난다. 태양 같은 남성 에너지가 달빛 같은 수용적 여성 에너지로 바뀐다. 여기에 우리 인생이 있고 그리스도인으로서의 정체성이 있다.

나는 이 세상에
불을 지르러 왔다고
예수는 말했다.
그 세상은 나의 가슴
나의 발과 손이었다.
하늘의 불은

땅의 불이 되고
나의 불이 되었다.
세상은 불꽃놀이 판
햇빛이 나무가 되고
풀잎이 되듯
나도 너도 불을 받아
불이 되어 가는 길
인생길

- 빨강(Red), 『심봉사 예수』 중에서

그리스도인의 정체성

5시의 사람들은 자신의 인생에 대한 주도권을 방임한 사람들을 은유적으로 나타내고 있다. 내가 나답게 살아야 할 텐데 누군가가 인정해 주고 불러 주어야만 자신의 인생이 있다고 생각하는 사람들은 자신에 대해 게으를 수밖에 없다. 그런데 그렇게 살아온 사람들에게도 복음의 기쁜 소식이 주어졌다. 포도원 주인이 한 시간 남았어도 그들을 불러 주고 품삯을 이른 아침에 와서 온종일 일한 사람과 똑같이 한 데나리온을 준 것이다. 이게 무슨 말인가?

이 세상으로 비유되는 포도원에서 일하는 데는 늦은 나이가 없다는 복음의 기쁜 소식을 말씀하신 것이다. '너의 인생을 다시 세우고 시작하는 데 있어 너는 아직 늦지 않았어'라고 하시는 말씀이다. 5시의 부름에 응답했다고 하더라도 자기 변혁과 초월의 시간(카이로스)을 붙잡았다면 그는 소명을 다한 사람이다.

예수는 새로운 시작(아르케)을 주신다. 그분을 만난 사람들은 삶의 이전과 이후가 달라졌다. 세계 역사마저 기원전과 기원후로 나누어졌다. BC와 AD는 무엇을 말하고 있는가? 예수는 복음을 인류에게 주셨고 그 복음은 그럭저럭 인생을 살던 사람들을 일으켜 세워서 생사를 두려워하지 않는 사람들로 새롭게 거듭나게 하셨다.

우리는 그 어떤 것에도 두려워하거나 우울해야 할 이유가 없다. 우리는 때가 되어 무조건 지구를 떠나야 할 사람들이다. 따라서 이 땅에 머무는 동안 우리는 빛이 나게 살아야 하고 위축되지 않고 살아가야 할 이유가 분명하다.

오늘 우리도 나이 탓 환경 탓하면서 미루어 온 일들을 새롭게 구상하고 시작해 보자. 하나님은 새로운 용기로 시작하고자 하는 '나'를 기뻐하시고 응원해 주시고 감히 생각지도 않은 큰 상으로 베풀어 주신다. 끝을 보자, 늦은 건 없다.

39장

그때는, 알지 못했다

마태 20:20-28

유대인들은 심판의 하나님, 율법을 지키지 않으면 죽음과 파멸을 가져올 수 있는 하나님을 믿었다. 그 율법은 하나님의 아들마저 율법의 이름으로 죽였다. 율법의 안경을 쓰고 진실한 사람을 죽이는 율법은 율법을 집행하는 사람들마저 망하게 했다.

내가 만난 대부분의 사람은 자유와 행복을 두려워하고 있었다. 그들은 변화를 두려워하는 사람들이었다. 예수가 왜 당신에게 그리스도인가? 이 물음에 자기 고백의 대답을 하는 사람들은 희귀했다.

교회는 다녀도 사람들은 예수를 탐구하지 않는다. 교회를 오래 다녀도 유년 주일학교 시절의 신앙 수준에서 크게 벗어나지 못하고 있다. 나의 어린 날을 생각하면 초등학교 3학년 때의 충격적 경험이 떠오르곤 한다.

하와 할머니를 유혹한 뱀 때문에
인간이 에덴동산에서 추방당했다는
전도사님의 설교에 감동을 받고
우리는 형들의 뒤를 따라나섰다.
뱀을 잡아 죽이자고

이 세상을 서럽게 만든 원수

뱀들을 잡아 죽이자고

우리는 논두렁과 야산을 찾아 헤맸다.

어느 날 전쟁 포로를 잡듯이

제법 큰 뱀 한 마리를 잡아

전신주 옆에 매달아 화형식을 거행했다.

아담은 하와에게

하와는 뱀에게

그러나 말 못하는 뱀은 그 누구에게도

책임을 전가하지 못했다.

불길 속에서 뱀은 무어라고 항변하며

죽어갔을까.

뱀마저도 연민의 눈으로 바라보라는

가르침은 어디로 간 것일까.

원망과 탓의 비빔밥을 먹어대며 살아가는

인간 세상에서

뱀을 향한 돌팔매질부터 배운

어린 날의 예배당

내 유년의 가르침은 그래서 슬프다.

- 내 유년의 가르침은

두 아들을 좌 우편에 앉게 해 주십시오

공간을 가진 사람이 힘 있는 사람이라면 때를 아는 사람은 지혜로운 사람이다. 본문은 제자들마저 알아보지 못하는 고독한 예수의 모습과 때를 분간하지 못했던 제자들의 현주소가 대비되고 있다. 수난에 대한 세 번째 예고를 하던 '그때에'도 제자들은 딴 꿈에 빠져 있었다. 예수의 죽음을 향해가는 길에서 스승을 더욱 처절한 고독으로 몰아넣는 행태를 자신들이 하고 있음을 '그때' 제자들은 알지 못했다.

"그때 세베대의 두 아들, 야고보와 요한의 어머니가 아들들과 함께 예수께 와서 절을 하며 청을 드렸다."(마 20:20)

마태는 '그때'라는 시간적 배경을 강조하고 있다. 그것은 예수를 둘러싼 제자들의 영적 상태가 얼마나 최악이었는지를 강조하고자 함이다. 엎드려 절을 하는 야고보와 요한의 어머니에게 예수는 '무엇을 원하느냐?'고 물었다. 그 여인은 이렇게 대답하였다.

"이번에 주님의 나라가 서면 두 아들을 좌 우편에 앉게 해 주십시오."(마 20:21)

그 부인이 누구인가? 그녀는 야고보와 요한의 어머니이고 예수의 어머니 마리아와 친자매인 살로메였다(막 15:40, 요 19:25). 예수에게 살로메는 이모이고 야고보와 요한은 이종사촌이다. 이러한 배경을 염두에 두고 이모가 찾아와 엎드려 절하는 본문의 상황을 이해할 필요가 있다.

주님의 나라?

살로메가 생각한 주님의 나라는 지극히 현실적이고 물질적인 왕국이었다. 지상의 메시아 왕국에 대한 기대감 때문에 예수가 왕이 되면 차지할 권력 서열의 맨 앞자리에 두 아들이 자리하기를 바랐다. 다른 제자들도 예외는 아니었지만, 야고보와 요한은 어머니까지 동원하여 야심을 이루고자 했다. 그러나 예수는 두 번째 수난 예고 후에 벌어진 제자들의 다툼 때와 같이 겸손히 자신을 낮추어 섬기는 자가 하나님 나라에서 큰 사람이라고 교훈하였다.

예수는 진달래꽃처럼 아름다움을 나타내려고 피지 않고 지기 위해서 죽기 위해서 피는 꽃과 같았다. 살로메의 사건은 살로메 한 사람에 그치지 않고 살로메의 두 아들과 다른 제자들, 그리고 오늘날에 이르는 그리스도인들에 이르기까지 예수가 얼마나 오해될 수 있는가를 교훈해 주고 있다.

제자들은 예수의 수난 예고가 반복되고 있음에도 불구하고 귀를 기울이지 않았다. 그것은 예수를 따르는 그들의 동기 자체가 욕심으로 가득 차 있었기 때문이다. 그들이 예수를 따르는 목적은 예수를 통해서 자신들이 얻고자 하는 바를 성취하기 위함이었다. 그러므로 예수의 수난 예고가 현실이 되었을 때 그들이 도망가고 부인한 것은 지극히 당연한 일이었다.

살로메는 골고다의 사형장까지 따라갔었다. **그는 예수의 처형장에서 좌우에 매달린 사형수들을 보면서 어떤 생각을 했을까? 자신이 원했던 예수의 좌우에 아들들이 없었던 것을 천만다행으로 여겼을까?** 훗날에 살로메는 예수의 좌우편에 앉는다는 것이 무엇인지를 깨닫고 십자가의 증인이 되었고, 예수를 따른다는 것이 무엇인지를 증거하는 사람이 되었다. 그의 두 아들 역시 고난과 순교의 잔을 마시는 진정한 제자로 거듭나서 영광스러운 이름을 역사에 남기고 있다.

자신의 이기적 욕망을 투사시키는 대상으로 삼고 있는 사람들에게 있어 **예수는 기득권의 수호신으로 지상의 축복을 내려주시는 신으로 섬겨지고 있다. 하지만 예수는 지금도 고독한 절규를 하고 있다.**

"인자도 섬김을 받으러 온 것이 아니라 섬기러 왔고 많은 사람의 죄값을 치르기 위하여 목숨을 내주려고 온 것이다."(마 20:28)

백성을 강제로 지배하는 나라

예수의 하나님 나라와 제자들의 하나님 나라는 하늘과 땅처럼 다르다. 예수의 하나님 나라는 하늘의 뜻이 이 땅에 이루어진 나라라면 제자들의 하나님 나라는 자신의 이기적인 뜻이 이 땅에서 성취된 나라이다. 예수는 제자들에게 이렇게 말씀했다.

"이방인의 왕들은 백성을 강제로 지배하고 권력을 가진 사람들은 백성을 내리누른다. 그러나 너희들은 그렇게 해서는 안 된다."(마 20:25-26)

이 세상의 시스템은 오랜 세월 동안 권력자들의 착취시스템으로 유지되어왔다. 시대가 바뀌어졌다고 하지만 여전히 착취의 시스템은 온갖 형태로 존속되고 있다. 착취는 경제 분야만이 아니라 광범위한 분야에서 이루어지고 있다. 집값 폭등의 배후, 엄청난 무기수입, 목숨을 잃는 노동자 등이 있다. 물질적 착취는 쉽게 알아차릴 수 있지만 도그마(dogma)[57]를 주입하는 착취는 알아차리기 어렵다. 특히 이단 종파나 사이비 종교에 빠진 사람들에게서 볼 수

---

57)   dogma - 이성적 해석과 비판이 허용되지 않는 독단적 신념과 학설 또는 종교적 교리

있듯이 도그마에 의한 착취 구조는 매우 간교하다.

인도의 계급구조는 피착취자의 마음에 열등감을 주입하여 지배 구조를 영속화하려는 의도에 뿌리를 두고 있다. 얼마 전에 국민을 개돼지로 표현한 공무원의 발언이 문제 된 적이 있었다. 인간을 억압하고 비인간화하려는 악마적 착취자들은 경제, 사회, 심리, 종교적인 분야에까지 덫을 놓고 있다는 사실을 주목할 필요가 있다. 덫을 볼 수 있는 눈을 뜨는 것이 현실에서 깨어나는 것이다.

성적순으로 인간의 인격까지 재단해 버리는 교육 시스템은 아이들이 공부 외에는 무능력한 상태에 빠져들게 한다. 자립 능력이 마비되어 자유의 기회가 찾아와도 붙잡지 못한다. 새끼 때부터 새장 안에서 크게 되면 날개의 힘을 잃은 새가 된다. 마찬가지로 억압과 공포심의 조장 속에 성장하게 되면 인간의 마음과 행동 역시 자유롭지 못하게 된다.

누군가의 눈높이에 맞추려고 할 때 움츠러들고 알 속의 새가 되고 만다. 자기 자신에게 궁금증을 가지고 무한한 자기 자신에게 놀라는 기대감을 놓치지 않고 살아갈 때 삶이 삶다워질 수 있다. 인간은 각자가 자기 개성의 꽃을 피워야 하고 영혼의 열매를 맺어야 한다. 무감각한 삶에서 깨어나 자신의 개성에 눈을 뜨고 자신의 재능과 소질을 한계 없이 발휘할 줄 알아야 한다.

교회는 예배당 밖의 세상을 향하여 수고의 땀을 흘려야 한다. 모든 인간은 하늘 아버지의 한 자녀라는 평등의 입장에서 기꺼이 섬기는 자리로 내려서야 한다. 세상을 섬기는 교회가 그리스도 예수의 교회이다. 그리스도인은 이 세상에 악의 세력들이 설치한 온갖 착취의 덫이 작동되지 않는 새 세상을 만들어가야 할 책임이 있다.

✦ 40장 ✦

위를 보는 눈을 뜨게 해 주십시오

마태 20:29-34, 마가 10:46-52, 누가 18:35-43

새해 아침, 초등학교를 졸업한 손자 녀석이 "복 많이 받으시라"라는 덕담을 하였다. 나는 덕담 삼아서 산수와 수학의 차이가 무엇이냐고 물었다. 손자는 나에게 산수는 수학 속에 포함되는 개념이 아니냐는 대답을 했다. 나는 "산수란 답이 하나인 차원이고 수학은 수학적 등식으로 답을 찾는 방식이다. 1+1은 2라는 단 하나의 답만 답으로 아는 차원이 산수라면 1+1=100-98 … 곧 무한대한 답의 세계를 열어가는 것이 수학을 이해하는 데 중요한 개념이다"라고 설명했다. 중학교에 입학한다는 것은 초등학교 때보다 생각의 발상을 폭넓고 새롭게 해야 한다. 그러니 "하나의 답만 답일 수 있다는 생각에서 벗어나 자유로운 상상력의 눈을 뜨는 것이 필요한 것이다"라는 요지의 대화를 했다.

눈먼 자는 구걸하며 인생을 산다

공관복음서에는 모두 맹인을 고치신 예수 이야기가 등장한다. 맹인은 이 세상과 인간을 향한 예수의 관점을 이해하는 중요한 주제이다. 마태복음(20:30)에는 두 사람의 맹인이 눈 뜨게 되는 이야기가 등장하고, 마가복음에는 벳새다의 맹인(막 8:22-26), 여리고의 맹인 바디메오(막 10:46)가 등장한다. 누가복음에도 익명의 맹인이 등장하고 있다(눅 18:35-43).

복음서 기자들은 맹인이 눈 뜬 사건을 가장 핵심적인 구원사건으로 강조하고 있다. 예수는 인간의 몸과 영혼을 함께 고치는 분이며 나아가 인간을 참된 존재로 회복하고 새로운 삶을 시작하게 하는 분이다. **삶의 시작은 눈을 뜨는 데 있다.**

복음서는 예수께 고침을 받고 눈을 뜬 맹인들은 믿음에 들어섰지만, 제자들은 부활 사건 때까지 믿음의 눈을 뜨지 못한 맹인 상태에 있었음을 증언하고 있다. 복음서 기자들이 맹인 사건을 중요하게 다루는 이유도 여기에 있을 것이다. **구원의 핵심은 그리스도의 수난과 부활의 신비를 깨닫는 눈이 열리는 데 있다. 그 눈이 열려야 하나님과 인간과 이 세계를 둘러싼 신비를 깨닫게 된다.**

맹인은 사지는 멀쩡해도 거지로 살아간다. 그는 길을 가는 사람이 아니라 가만히 앉아 구걸하며 살아간다. 맹인은 구걸하는 자리에서 점으로 머물고 있을 뿐 선으로 이어지고 입체로 열린 다차원의 세상을 살아갈 수 없다. 맹인은 좁은 사고와 활동에 갇혀 있는 인간의 상징이다. 한 번도 자기 공간 밖으로 나가 본 적이 없는 사람들은 맹인과 같다. 자기 자신도 세상도 자연에 대해서도 무지한 것이야말로 앞을 보지 못하는 맹인이다.

인생은 육체적으로나 영적으로 눈이 멀게 되면 자기 안에 갇힌 인생을 살아갈 수밖에 없다. 자기 존재의 무지와 이기심에 영혼의 눈이 멀면 삶을 거지로 살아가게 된다. 눈먼 사람은 인생을 두려움에 싸여 살아간다. 삶의 모든 영역에서 부족함과 갈급함에 시달린다. 누군가에게 인정받아야 하고 남들보다 비교 우위에 서야만 안심할 수 있다. 즉 내가 나로 바로 서지 못한 인생이다.

그들은 어둠을 빛으로 착각하면서 살아간다. 맹인의 인생을 살아가는 사람들은 인간과 세상에 대해 공격적이고 또한 방어적인 행태를 보인다. 그것이 그렇게 보이는 사람은 그렇게 보고 그렇게 행동하게 되어 있다. 삶은 그렇게 흘러가고 있다. 그런데 그런 인생에 반전을 일으킨 사람이 복음서에 등장하는 맹인들이다.

인생의 반전 드라마

어느 날 맹인 두 사람이 길가에 앉아있다가 사람들이 소란스럽게 지나가는 소리를 듣고 "무슨 일이야?" 하고 물었다. 이 물음은 인간의 도약과 변화를 촉발하는 데 있어 물음이 얼마나 중요한 것인가를 알려주고 있다.

나는 늙은이를 '늘 그런 이'의 줄인 말로, 젊은이는 '저(나)를 묻는 이'의 줄인 말이라고 풀이하곤 한다. 인간의 성숙과 발전의 동기는 호기심과 물음에서 시작된다. 자기 존재에 대한 물음이 사라진 사람은 영적 성장이 멈추게 된다.

맹인은 자신에게 찾아온 기회를 적극적으로 사용했다. 여기에서 더 나아가 예수의 자비를 큰 소리로 외쳐 구했다.

"저에게 자비를 베풀어 주십시오."

나에게 자비가 필요하다면 자비를 간구할 줄 알아야 한다. 하나님이 내 마음 아시는데 하면서 입을 닫지 말라고 성서는 말씀하고 있다. 입술로 시인하고 고백하라고 말씀한다(롬 10:9-15). 바로 여기에 신앙의 신비가 있다는 것이다. 이러한 원리는 인간관계에도 적용된다. 상대가 알아서 잘해 주겠지 하다가 상처받는 경우가 인간관계 속에서 얼마나 많이 발생하는가. 내 감정과 그에 따르는 요구가 있다면 상대에게 진술하게 직접 말하는 것이 중요하다.

맹인의 부르짖음에는 삶의 중요한 지혜가 담겨있다. 맹인이 예수를 향하여 자비를 외칠 때 그의 주변 사람들은 입을 막으려 했다. 신앙생활에는 비난의 방해자가 있을 수 있다. 하지만 맹인이 주변 사람들의 말리는 소리에 주저앉았다면 자신의 운명을 바꿀 수 없었을 것이다. 그래서 참을 찾아가는 길에는 주변 사람들로부터 귀를 막을 수 있는 용기가 필요하다.

맹인의 길을 막은 사람들은 앞서가던 사람들이었다. 요즘으로 보면 먼저 믿는 사람들이다. 그들은 맹인을 꾸짖으며 입을 막으려 했다. 그러나 맹인은 막무가내로 더 크게 외쳤다. 나에게 단 한 번 존재하는 선택의 기회가 왔을 때 이런저런 체면을 생각하고 우물쭈물하다가 기회를 놓친다면 얼마나 비참한 결과를 가져올 것인가. 맹인이 그때 좌절했다면 죽을 때까지 거지로 살다가 인생을 마감했을 것이다.

"나에게 바라는 것이 무엇이냐?"

예수는 맹인을 불러 바라는 것이 무엇이냐고 물으셨다. 그는 돈을 달라고 하지 않았다. 대부분 걸인은 푼돈을 달라고 말했을 것이다. 그러나 그는 곧바로 "주님, 볼 수 있게 해 주십시오"라고 간명하게 대답했다. 이 말 한마디가 그의 인생이고 영혼이 되었다.

예수는 눈 뜨기를 원하는 맹인의 눈을 고쳐 주셨다. 바로 여기에 인생의 반전이 있다. 예수를 만난다는 것은 눈을 뜨는 인생으로 살아가게 된다는 의미이다.

맹인은 예수에게 인생을 반전시키는 결정적인 대답을 했다. **무엇을 원하느냐? 내가 어떻게 해 주기를 원하느냐? 예수의 물음 앞에서 나는 어떤 대답을 할 것인가를 생각해보자. 인생의 변화와 성취는 의도를 세우는 데서 출발한다. 그리고 소리를 내어 알리는 데 있다.**

나는 예수가 주시고자 하는 삶의 반전과 도약을 구하고 있는 것인가?

내가 지금 원하고 있는 것은 무엇인가?

삶은 눈을 뜬 자에게만 존재한다

인생을 어떻게 사느냐 하는 것은 각자의 문제이지만 모든 이를 관통하는 한 가지 주제는 삶이란 눈을 뜬 자에게만 존재한다는 사실이다. 눈을 뜬다는 것은 깨어나는 것이요 진실의 세계에 들어서는 것이다.

사람들은 맹인처럼 깜깜하게 보거나 움직이는 나무 정도로 사람을 보면서 살아가고 있다. 심지어는 가족 간에도 교우 간에도 이런 일은 비일비재한 형편이다. 똑똑히 바라본다는 것은 만남을 불러일으키는 바라봄이다. 내가 수련의 과정에서 '바라봄'과 '되어봄'의 수련을 매우 중요하게 다루는 이유도 여기에 있다.

눈에 보이는 대상을 있는 그대로 보기까지는 노력이 필요하다.

어느 분야에서든지 전문가로서의 눈을 뜨기 위해서는 앞이 보이지 않는 칠흑 같은 어둠의 단계에서부터 출발한다는 점을 이해해야만 한다. 신앙의 단계 역시 예외일 수 없다.

바라보는 것은 시력만이 아니라 속도와 비례한다. 달려가는 속도가 빨라질수록 놓치는 것이 많을 수밖에 없다. 인간의 시력은 깜깜한 밤의 시력도 있고, 별빛의 시력, 달의 시력, 햇빛의 시력도 있다. 그렇다면 나는 어떤 시력을 가진 사람으로서 살아가고 있을까? **맹인 치유 사건은 시력 중에 최고의 시력은 영혼의 시력이고, 그것은 예수를 그리스도로 알아보는 눈을 뜨는 것임을 증언해 주고 있다.**

이런 관점에서 마태복음은 예수 당시에 예수를 알아본 사람이 없었다는 사실을 강조하고 있다. 예수의 고독이 얼마나 처절했었는가를 마태는 중점적으로 기록하고 있다. 사람들은 처음부터 예수의 존재를 알아보고자 하는 마음이 없었다. 자신의 필요를 채우고자 하는 욕심을 투사할 뿐이었다.

그들은 지금 여기를 읽을 수 있는 눈이 멀어 있었다. 무엇이 진실이고 사실인지 알아보고자 하는 사람들이 아니라 맹목적인 추종자들이었다. 그들은 자신 앞에 있는 예수가 누구인지 알려고 하지도 않았고 알 수 있는 눈조차 멀어 있었다. 바로 이 문제는 이천 년 전이나 지금이나 똑같이 반복되고 있다.

바로 이 문제에 대한 돌파구를 마태와 마가는 복음서에 감추어 두었다. 먼저 마가복음을 살펴보자. 예수 당시에 눈 떴다고 하는 사람들은 모두 예수를 알아보지 못했지만 맹인 바디메오가 예수를 알아보았다. 예루살렘으로 입성하실 때 바디메오는 큰 소리로 외쳐 예수에게 자비를 베풀어 달라고 소리를 질렀다. 그는 일생일대의 기회를 붙잡기 위해서 절박하게 예수를 불렀다. 예수는 그를 불러 "내가 무엇을 해 주기를 바라느냐?" 하고 물었다. 그러자 그는 이렇게 대답했다.

"소경이 가로되 선생님이여 보기(아나블레포)를 원하나이다."(막 10:51, 개역한글)

바디메오의 사건은 다른 맹인이 눈 뜬 사건과 그 상황이 다르다. 예수의 예루살렘 입성 직전의 사건이었고 예수를 둘러싼 사람들이 대권 주자를 모시고 가는 듯한 열띤 분위기에서 일어난 일이었다. 바디메오가 예수에게 요청한 눈뜸은 '아나블레포'(anablepso, 위를 보다, 치켜 보다)에서 그 숨은 의미가 드러난다.[58]

사물만 바라보는 눈이 아니라 하늘을 바라보고 발견하는 눈 뜸이다. 바디메오는 그 자리에서 보게 되었고 예수를 따라나섰다. 나는 십자가 위의 예수께서 유일하게 예수를 '지금 여기'에서 읽어내었던 바디메오에게 이심전심의 눈빛으로 복음의 비밀을 전수하셨으리라고 생각한다.

마태 역시 맹인이 눈 뜬 사건에서 마가와 동일한 관점을 더 깊고 다양하게 제시하고 있다. 두 맹인은 예수에게 "선생님, 눈을 뜨게 해 주십시오"(마태 20:33) 하고 간청했다. 여기에서 맹인이 사용한 단어는 동사 '아노이고'(ἀνοίγω)이다. 그 뜻은 '열다, 장애물을 제거하다'이다.

예수는 그들을 측은히 여겨 그들의 눈에 손을 대셨다. 그러자 즉시 그들은 눈을 뜨게(아나블레포, ἀναβλέπω, 위로 보다, 처다보

---

58) '보기를 원하다'의 헬라어 아나볼레오(ἀναβλέψω)의 접두사 ἀνα는 '위를 향하여, 위로, 다시'의 뜻을 가지고 있다.

다) 되어 예수를 따라갔다(34). 맹인들은 일반적인 의미의 눈뜨기를(아노이고신) 원하고 있으나 예수가 뜨게 한 맹인의 눈은 '위를 바라보는 눈'이다.[59]

마태복음은 '아노이고'의 열다(open)를 다양하게 사용하고 있다(개역한글).

마 3:16 예수께서 세례를 받으시고 곧 물에서 올라오실 새 하늘이 열리고

마 5:2 입을 열어 가르쳐 가라사대

마 25:11 그 후에 남은 처녀들이 와서 이르되 주여, 주여, 우리에게 열어주소서

마 27:52 무덤들이 열리며 자던 성도의 몸이 많이 일어나되

그리스도의 깨어 있는 제자가 되고 그리스도 의식으로 성장해 가는 사람은 지금 여기를 읽을 수 있는 방법과 실력을 체득해 가는 사람이다. 내가 육체적으로 숨이 떠난 뒤에 천국에 갈 거라는 막연한 신앙이 아니라 지금 여기에 계신 하나님과 동행하는 사람이다. 이에 대한 상징이 시간과 공간이 교차하는 십자가이다.

지금(시간)

여기
(공간)

59) 바이블렉스 9.0 사전 참조

심봉사 예수

판소리 다섯 마당[60] 가운데 심청가가 있다. 전남 곡성의 궁벽한 산골 출신인 효녀 심청이는 아버지의 눈을 뜨게 하려고 공양미 삼백 석에 제물로 팔려가 인당수 바다에 던져지게 된다. 청이의 효심에 감동한 옥황상제의 도움으로 황후가 되고 마침내 아버지의 눈을 뜨게 한다는 내용이다.

왕비가 된 심청이의 잔치판에서 심봉사는 눈을 뜨게 된다. 그때 함께 있던 봉사들, 잔치판에 왔다 간 봉사들, 오고 있던 봉사들까지 눈을 뜨게 되어 조선의 봉사들이 모두 눈을 뜨게 되고, 눈먼 짐승들까지도 모두 눈을 떠서 광명천지 새 세상이 되었다. 나는 이 대목에서 인류의 심봉사로 오신 예수를 생각한다.

심청가는 딸자식 하나 잘 둔 덕분에 잘 먹고 잘살게 되었다는 내용이 아니다. 한 사람이 눈을 뜨면 온 세상이 빛의 세상이 된다는 복음의 소식을 담고 있다. 나는 조선왕조 시대에 이런 내용의 가사를 적은 동리 신재효(申在孝, 1812-1884) 선생에게 감탄을 금할 수가 없다. 그 대목의 판소리 대본을 보자.

내 딸이면 어디 보자 어디 내 딸 좀 보자 아이고 답답하여라 이놈의 눈이 있어야 내 딸을 보지 심봉사 감은 눈을 끔적끔적 하더니 두 눈을 번쩍 떴구나

〈아니리〉

---

60) 판소리 열두 마당 중에 현재 불리는 춘향가, 흥보가, 심청가, 적벽가, 수궁가를 판소리 다섯 마당이라 한다.

이렇듯 천지 조화로 심봉사가 눈을 뜨고 나니 만좌 맹인이 모다 개평으로 눈을 뜨는디

〈자진모리〉

만자 맹인이 눈을 뜬다 전라도 순창 담양 새갈무 띠는 소리라 그저 짝짝 허드니 모다 눈을 떠 버리난디 석 달 안에 큰 잔치에 먼저 와서 참예하고 내려간 봉사들은 저의 집에서 눈을 뜨고 미처 당도 못한 맹인 중로에서 눈을 뜨고 천하 맹인이 눈을 뜨는디 가다 뜨고 오다 뜨고 앉아 뜨고 서서 뜨고 어쩐가 보느라고 뜨고 천하 맹인이 눈을 뜨고 지어 비금주수[61]라도 한 날 한 시에 눈을 떠서 광명천지가 되었구나

예수는 인류의 눈을 뜨게 하고자 하는 염원을 품고 눈물겨운 세상을 눈물겹게 살다 가셨다. 오늘 우리가 그리스도인으로 산다는 것은 예수의 복음으로 눈을 떠 인류를 광명 세상으로 인도하는 사명에 동참하는 것이다,

그리스도란 기름 부음을 받은 사람이라는 뜻이다. 그 대상은 왕과 제사장과 선지자였다. 왕(王)은 하늘과 땅과 이 세상의 중심을 잡아주는 존재이다. 제사장은 이 세상의 죄악과 고통에 대한 책임 의식을 가진 중보자이다. 그리고 선지자는 사회적 정의에 대하여 목소리를 내는 외치는 자의 소리이다. 눈을 뜬 자가 그리스도인이다. 여기에 어떤 말을 더할 수 있을까.

눈을 떠야 과거라는 기억과 미래라는 환상 사이를 날이 선 영혼

---

61) 비금주수 (飛禽走獸), 날짐승과 길짐승을 아울러 온갖 생물을 이르는 말

의 칼로 자를 수 있다. 예수는 하나님 나라가 '가까이 왔다, 지금 오고 있다'라고 하셨다. '하나님 나라가 이미 왔다'라는 말은 '지금'을 의미한다. 그 나라는 이 땅에 왔다. 바로 이 땅이 여기이다. 하나님 나라(통치, 다스림)는 언제 어디에서나 이 땅 위에 펼쳐지고 있다. 내가 지금 바라보고 만지는 모든 대상 속에 그의 나라가 있다. **하늘 아버지의 새 세상은 잔치 세상이다. 햇빛의 잔치, 달빛의 잔치, 별빛의 잔치, 바람과 함께 춤추는 나무들의 잔치가 벌어지고 있다.** 예수께서 복음의 첫 시작을 가나의 혼인 잔치로 하셨던 이유도 여기에 있다고 생각한다. 눈이 개안(開眼)하는 것, 바로 여기에 광명 세상이 있다.

41장

강도들의 소굴 예루살렘

마태 21:1-22

　마하트마 간디가 가장 사랑한 인물은 그리스도 예수였다. 그는 그리스도의 진리가 주는 빛을 사랑했고 기독교인이 되고자 했으나, 기독교인이 되지 않은 이유는 주변의 기독교인들의 살아가는 모습이 '예수의 진리에 대한 증거일 수 있을까?' 하는 의문 때문이었다. 그는 기독교 신자들이 예수를 닮고자 하는 데 초점이 있는 것이 아니라 '나는 교회에 출석하고 있는 사람이야'라는 생각 그 이상으로 나아가고 있지 않음을 발견하였다. 즉 하나님을 '나'라고 하는 존재의 가장 위 자리에 모시는 내적인 혁명이 전혀 없는 기독교인들의 현실을 보게 된 것이다.

　간디의 기독교인 친구들은 "네가 예수를 믿기만 한다면 구원을 얻게 될 것이다"라고 말했다. 그러나 간디는 그들에게 "단순히 기독교인이 된다고 천국에 가거나 구원을 얻을 수 있다고 도저히 믿을 수 없다. 이것이 모든 기독교도가 인정하는 그리스도의 진실이라면 나는 받아들일 수 없다"라고 말했다.[62]

---

62)　　Louis Fischer, ed. The Essential Gandhi, His Life, Work, and Ideas. New York : Vintage Books, 1983, p.41-.

예루살렘 종교의 진실

예수의 눈에 비친 세상은 하나님의 이름을 빙자하여 오히려 더 무거운 저주의 멍에를 어깨 위에 지도록 하는 율법 종교와 식민 지배의 정치 구조였다. 예루살렘 종교는 인간의 영혼을 깨어나게 하고 성장하게 하는 종교가 아니라 율법의 사슬로 인간을 동여매는 종교였다. 한 국가와 민족의 장래를 망치는 종교였다.

예수는 이런 세상을 향하여 "나는 이 세상에 불을 지르러 왔다"(눅 13:49)라고 외쳤고 성전에 가서 장사꾼들의 상을 뒤집었다. 예수는 헤롯왕에게 협박을 받았을 때 이렇게 말했다.

"가서 그 여우에게 말하라, 오늘과 내일은 내가 귀신들을 쫓아내고 병 고치는 기적을 베풀 것이며 사흘째 되는 날 나의 일을 완전히 이룰 것이라고. 그러나 오늘과 내일과 모레는 나는 내 일을 해야 하겠다. 하나님의 예언자가 예루살렘 아닌 다른 곳에서 죽는 법은 없다."(눅 13:32-33)

예수는 목숨을 걸고 성전에서 장사꾼들을 쫓아내었고 환전상의 탁자를 둘러 엎었다. 예수는 당시의 현실을 눈 뜨고 바라볼 수가 없었다. 예수는 회칠한 무덤과 같은 당시의 종교행태를 도저히 용납할 수 없었다.

예수의 예루살렘 입성과 성전 정화 사건은 하나님이 머무는 성전이라는 포장지 속의 추악한 진실을 폭로해 주고 있다. 또한 오늘의 교회 현실이라고 해서 예외가 될 수 없음을 말씀해 주고 있다.

그렇다면 우리는 무엇을 보고 있는가? 성전 정화는 예수 시대에 일어난 예수의 사건에 그치는 것인가?

예루살렘 성전 세력들은 하나님을 돌로 지은 성전 안에 모셔 놓고 성전세를 내고 입장하도록 했다. 하나님이 주체적으로 구름 기둥과 불기둥으로 이스라엘을 이끄시던 출애굽의 전통은 사라지고 제사의 대상으로 하나님은 박제화되었다. 그러나 예수의 하나님은 나와 함께 우리와 함께 어디에나 계시는 임마누엘의 아버지 하나님이었다.

21장은 엘리야와 우상 종교의 사제들이 생사를 걸고 대결했던 것처럼 예수의 살아계신 하나님과 종교와 정치의 야합을 위하여 이용당하는 가짜 하나님과의 처절한 싸움 현장을 보여주고 있다.

마태복음서는 나를 움직이는 입력된 무의식적 프로그램에서 깨어나서 진정한 영성, 곧 자신의 삶을 영적으로 성장시킬 수 있는 지혜를 배워야 한다고 말씀한다. 그리고 그 지혜를 열망하는 그리스도인들이 한마음으로 모이라고 말씀하고 있다. 높은 영적 의식으로 구성된 그리스도의 사람들이 삶 속에서 사랑의 에너지를 내뿜을 때 어둠의 세계는 밝아지게 된다. 바로 이 일을 위하여 그리스도인은 부름을 받은 것이다

주의 깊게 둘러보신 후

마태복음서는 중간 과정이 생략되고 입성 후에 곧바로 성전 정화 사건이 등장하지만, 마가복음서를 보면 사람들의 환영을 받으며 예루살렘에 입성하신 예수는 제자들과 밤이 되어 베다니로

빠져나갈 때까지 모든 것을 '주의 깊게' 둘러보았다. 거사를 위하여 치밀한 준비를 하신 것이다. 당시의 이스라엘 사람들이 세계의 중심으로 믿었던 예루살렘 성전의 판을 어떻게 뒤집을까 하는 목적의 주의 깊은 관찰이 있었던 것이다.

"그날 예수께서는 예루살렘에 이르러 성전으로 들어가셨다. 거기서 모든 것을 주의 깊게 둘러보신 후, 날이 이미 저물어 열두 제자와 같이 베다니로 나가셨다."(막 11:11)

이튿날 재입성할 때 무화과나무 저주 사건이 발생하게 된다. 그것은 앞으로 성전 안에서 일어날 일의 상징적 사건이다. 열매 맺지 못하는 무화과나무가 저주를 받듯이 하나님의 뜻을 외면한 채 삶과 분리된 성전종교는 심판을 받게 된다. 무화과나무는 당시의 유대 지도자들과 민족으로서의 이스라엘을 상징하고 있다. 그러나 광의적인 면에서는 오늘의 한국교회와 그리스도인들도 예외가 아닐 것이다. 새 시대를 방해하는 열매 없는 무화과는 버림받게 된다는 것을 이스라엘 역사가 아프게 보여주고 있다.

열매 없는 무화과 종교

예수의 눈에 비친 예루살렘 성전은 마치 굶주린 배를 채워줄 열매가 하나도 없이 잎만 무성한 무화과나무 같았다. 맹인이 맹인을 인도하는 눈먼 세상이었다. 당시의 성전은 유대 사회를 거룩과 세속으로 나누어 구별하고, 그에 따라서 사회적 신분을 수직적으로 결정하는 지렛대 역할을 해왔다. 민중은 성 밖의 세상으로 밀려났고, 성전은 출생에 의해서 계승된 특권층과 그들과 결탁한 세력들이 주도하는 곳이었다. 이들은 성전의 이권을 통하여 막대한 부를 축적하고 있었다. 이들은 종교 장사꾼이지 하나님 나라를 원하는 사람들이 아니었다.

무화과나무에 대한 철저한 저주와 그 결과를 볼 때 예수의 성전 정화 사건은 성전의 시스템 그 자체의 거부였음을 알게 한다. 예수는 하나님을 자신들의 특권을 유지하기 위한 수단으로 이용하면서 사회적 소외와 분리를 합법화하는 예루살렘 집권 세력의 뿌리인 성전을 거부한 것이다. 예수의 성전 정화 사건의 내용을 보면 성전의 제물과 관련된 상업적 기능, 환전과 연관된 경제적 기능뿐만 아니라 제사의 종교적 행위까지 중지시켰다.

환전과 장사, 종교적 제사 행위가 모두 불의한 인간들에 의해 이루어졌다고 한다면 예수가 외친 '강도의 소굴'이라는 말은 대제사장들과 강도를 동일시한 표현이다. 예수는 성전 회복을 위해서 성전을 오염시키는 사악한 종교 특권층을 몰아내고 하나님의 주권을 회복시킬 것을 천명하였다.

내 집은 만민이 기도하는 집

예수께서 오늘 한국 땅에 오신다면 오늘의 교회 현실을 어떻게 보실까? 광화문의 태극기 부대, 구원파, 신천지 집단만 문제일까? 예수만 믿으면, 우리 교회에만 출석하면 모든 문제가 해결되고 죽은 뒤에 천국에 가게 될 거라는 구호에 잘하고 있다고 칭찬하실까?

간디는 자신 안에 있는 그리스도의 샘물에서 길어 올린 사랑의 힘으로 무저항 비폭력 운동을 전개했고 인도를 해방시켰다. 그는 세계인들의 가슴을 뜨겁게 했다. 우리가 그를 존경하는 것은 그가 완전한 인간이기 때문이 아니다. 다만 그가 진리를 실천하려고 노력했기 때문이다. 간디는 예수에게 배운 악에 대한 비폭력적 저항의 길에 자신의 생명을 바쳤다. 우리는 바로 이 점을 배워야 한다.

배움의 문을 활짝 열지 않으면 희망이 없다. 그러나 진리의 배움이 아무리 좋은 것이라 해도 실천이 없다면 그것은 공허하다. 우리는 야생초에게도 배워야 하고 나비와 개미의 목소리에도 귀를 기울여야 한다. 배우려 하지 않는 교만한 사람들은 예수의 말씀에 귀를 기울이지 않는다. 그들은 자신이 원하는 일은 좋은 일이고 그렇지 않으면 나쁜 일로 여기기 때문에 삶으로부터 배움이 없다. 각자의 삶은 하나님이 주시는 교과서와 같다.

복음서는 예수의 백성들이 예수를 영접하지 않았다고 지적하고 있다.[63] 오히려 예수를 핍박하고 죽였다고 고발하고 있다. 기존의 익숙한 관념과 전통적 교리와 제도 속에 젖어 있어 예수의 새로운 음성에 귀를 막은 채 대들었던 인간들의 무지를 복음서는 적나라하게 보여주고 있지 않은가.

예수는 이사야 56:7을 인용하여 성전의 정체성이 무엇인지 선언하였다. 성전은 하나님의 집이지 장사꾼들의 집일 수 없다. 그리고 소수 기득권 집단의 집이 아니라 만민의 집이다. 만민은 평등의 상징적 언어이다. 누구에게나 개방된 성전일 때 돈 없는 자, 억울한 자들이 하나님께 호소할 수 있다. 이런 관점에서 오늘의 교회 현실

---

63) 요한 1:10-11

을 바라보자. 교회 역시 이웃을 품지 못하면 하나님의 교회로서의 본질과 정체성을 잃어버리게 될 것이다.

힘 있는 소수가 자신들의 기득권을 지키기 위해 필사적으로 예수를 죽인 이유를 우리는 오늘의 역사 속에서 읽어내야 한다. 예수는 사람들이 의심의 여지 없이 당연하다고 여겨온 그 시대 어둠의 바탕을 근본적으로 허물어뜨리고 거부함으로써 처형당하게 된다. 하지만 예수는 그들의 위협을 겁내지 않았다. 오히려 기득권 세력이 예수를 두려워했다. 고난과 죽음조차도 스스로 선택할 수 있는 힘, 바로 그것이 믿음이라는 것을 예수는 우리에게 보여주었다.

예수는 무화과나무 사건을 통하여 제자들이 자신에게 입력된 생각을 믿는 믿음이 아니라 하나님이 주시는 '하나님의 믿음'을 가질 것을 촉구하였다. 그 믿음을 가진다면 산을 땅에서 들어 바다로 옮길 수 있다고 말씀하였다. 그것은 진리의 인도함을 받아 생사를 초월할 수 있는 믿음이다. 하나님의 믿음을 가진 자는 의존적이고 수직적 관계가 아닌 수평적 관계로서의 믿음, 곧 예수 그리스도의 믿음을 가진 그리스도인이다.

42장

숨의 나라, 하나님의 나라

마태 21:23-27

옛날부터 사회조직의 상층부에는 세상을 지배하는 정치와 종교 권력이 함께 자리 잡고 있었다. 지금도 음으로 양으로 그 틀은 여전히 존재하고 있다. 이 때문에 기존의 사회적 틀 속에서 주어진 권위와 그 틀을 깨고자 하는 개혁의 사람들과의 충돌이 발생하게 된다.

본문은 요즘 말로 하면 신학교 졸업장도, 변변한 자격증도 없는 예수가 왜 하나님의 말씀을 성전에서 가르치는가? 도대체 무슨 권한으로 이런 일을 하고 있는가? 하고 대제사장들과 원로들이 따져 물었다는 내용이다. 종교는 기본적으로 진리에 대한 탐구와 믿음의 헌신을 하고자 하는 사람들에 의해 유지되어야 한다. 하지만 옛날이나 지금이나 자격증이 위력을 발휘하고 있다.

진정한 권위란 무엇인가?

진정한 영적 권위를 가진 사람들은 하나님의 말씀을 듣고 읽어낸 사람이었다. 문자의 경전만이 아니라 자신의 내면에서 들려지는 세미한 음성을 듣고 우주 만물 속의 로고스를 읽어낸 것이다.

모세는 시내산에서 하나님의 말씀을 받았다. 하나님의 말씀은 모세에게 임했고, 모세는 이스라엘을 인도하는 권위 있는 지도자가 되었다. 그가 받은 십계명의 말씀은 "나는 너의 하나님 여호와이다. 내가 너를 애굽 땅에서 이끌어 내었다. 노예였던 너를 내가 해방시켰다. 너는 나 외에 다른 신들을 모시지 말아라"(출 20:2-3)로 시작하고 있다.

이 말씀의 핵심은 능력을 구하고자 하는 자는 모든 권능의 근원인 하나님께 구해야지 인간 욕심을 투사하여 빚어낸 우상에게 구해서는 안 된다는 뜻이다. **우상은 헛된 욕망의 그림자이기 때문에 사람이 형상을 빚어 그것을 신으로 섬기는 것은 자신을 그림자로 만드는 일이다. 즉 내가 나를 무가치하게 만드는 일이 우상숭배이다.**

인간은 무엇을 누구에게 구하느냐가 그 사람이다. 지금 자신의 의식보다 더 지고한 의식을 갖고자 한다면 이 주제를 잘 생각해보아야 한다. 나는 무엇을 누구에게 구하고 있는가? 가장 높은 차원의 의식이 있다면 신성(神性) 의식일 것이다. 하나님은 영이시기 때문에 영으로써 하나님을 만나야 한다. 이에 대해 예수는 사마리아 여인을 통해서 귀중한 말씀을 주셨다.

"하나님은 영이시다. 그러니 우리는 반드시 영과 진리로 예배를 드려야 한다."(요 4:24) 그렇다면 인간에게 있어 영적이란 것은 무엇일까?

아하! 내가 이걸 몰랐구나

성서의 인간관은 창세기의 다음 두 구절에 바탕을 두고 있다.

"하나님이 말씀하셨다. '자 이제는 우리의 모습을 닮은 사람을 만들자.…' 그리고 나서 하나님이 당신의 모습을 따라 당신을 닮은 사람을 창조하시되 남자와 여자로 창조하시고…"(창 1:26-27)

"여호와 하나님이 땅의 흙으로 사람을 빚으시고 그 코에 생기를 불어넣으셨다. 그러자 사람이 살아 움직이기 시작하였다."(창 2:7)

인간은 하나님의 모습대로 창조되었다. 인간의 DNA는 신성하게 창조되었고 그 덕분에 인간은 하나님의 사랑을 깨닫고 하나님을 모실 수 있는 존재가 되었다. 이런 전제가 있어서 인간의 존엄성과 신비는 무한하다. 흙으로 빚어진 아담은 하나님의 숨결이 그 콧속으로 들어가면서 살아있는 영적인 존재가 되었다.

인간은 신성한 생기인 숨에 의해서 순간마다 살아가는 존재이다. 이 말은 생명의 주권이 인간에게 있는 것이 아니라 하나님께 있다는 의미이다. 지금 이 순간 하나님의 형상으로서의 자기 존재와 은혜로 주시는 숨에 대한 자각이 있을 때 인간은 영적인 존재이다.

숨을 잊을 때 인간은 자신을 잃어버리고 생명 감각이 마비된다. 그것은 영적 자살과 같다. 그렇게 되면 지금 여기의 현실을 사는 것이 아니라 환상으로 살게 된다. 언젠가는 행복해질 거라는, 자신이 상상하는 목표가 이루어지기만 하면 행복해질 거라는 신기루를 붙잡는 인생을 살아가게 된다.

아담은 하나님의 숨을 쉬는 존재였다. 우리 또한 지금 이 순간 주시는 그분의 숨결 덕분에 살아있다. **인간과 생명체들은 하나님의 숨에 의해서 생명을 유지하고 있다. 그 숨이 들어오는 소리가 하나님의 은혜요 기도요 그분의 이름임을 자각할 때 영적인 존재**

라 말할 수 있다. 내 생명의 주권이 온전히 하나님께 있음을 자각할 때 그는 하나님의 형상으로서의 존재이다.

동물들에게도 똑같이 '생명의 숨'을 주셨다

사람들은 하나님이 사람만 사람의 모양으로 빚어 만들어 코에 생명의 숨을 넣어주신 것으로 오해하고 있다. 하나님은 인간의 코에 불어 넣은 '숨 쉬는 생명'(네페쉬 카야, 창 2:7)을 동물들에게도 똑같이 '생명의 숨'(네페쉬 카야)을 주셨다. 그리고 모든 생명체들은 인간과 더불어 사는 동반자(에쩨르)로 지어졌다.

태초의 숨은 전 우주적으로 연결되어 그때부터 지금 이 순간에도 모두에게서 나와 모두에게로 들어가고 있다. 우주는 모두가 연결되어 피우는 한 송이 꽃이다(世界一花).

하나님은 인간의 창조 과정과 마찬가지로 **"들짐승과 공중의 새를 하나하나 진흙으로 빚어 만드셨다."(창 2:19) 나는 창세기 2장 19절의 의미가 외면당하고 있는 오늘의 현실이 안타깝다.**

모든 생명체들이 동반자가 된 세상을 낙원이라는 뜻의 '에덴'이라 한다. 에덴은 모든 숨 쉬는 것들의 보금자리이다. 그 옛날의 에덴이 어디 있었느냐를 고고학적으로 찾는 것은 경전을 읽는 태도가 아닐 것이다. **하나님은 모든 생명이 하나의 숨을 쉬는 공간으로서 지구를 에덴으로 창조하셨고 관리자로서 인간을 세웠다.**

성서적 영성은 지금 이 순간 하나님과 하나 됨이다. 하나님은 살아있는 자의 하나님이고 눈을 뜬 자의 하나님이다. 도를 닦아서 도달하는 피안의 하나님이 아니라 지금 이미 나와 함께 하시는 임마누엘의 하나님이다. 내가 찾고 있고 이루고자 하는 모든 것은 이미 나에게 은혜로 주어져 있다. 다만 잠을 자고 있고 눈을 뜨지 못하고 있을 뿐.

형 에서를 피해 하란으로 도망가던 동생 야곱은 꿈에서 깨어나 이렇게 외쳤다.

"여호와께서 바로 이곳에 계시는구나. 그분이 바로 여기 계신데도 내가 그걸 몰랐구나. 이 얼마나 두려운 곳인가! 바로 여기가 하나님의 집 아닌가? 이곳이 바로 하늘이 열리는 문이로구나."(창 28:16-17)

인생을 살아가면서 어떤 변곡점에 도달하는 신호는 야곱처럼 '아하'하는 경험이 찾아올 때이다. 나의 공간과 시간, 그동안 만나왔던 사람에 대한 새로운 이해와 깨달음의 체험에서 우리는 그런 순간을 맞이하게 된다.

하나님의 이름

하나님이라는 말은 한국 사람만 사용하는 이름이다. 하나님은 한국에서만 사용될 뿐이다. 하나님은 이름과 상관없이 계신다. 왜냐하면 인간이 이름 지을 수 없는 분이기 때문이다. 이런 관점에서 하나님이라는 이름이 곧 하나님이라고 착각해서는 안 될 것이다. 돌멩이도 나라마다 부르는 이름이 다르다. 사람이 무어라 불러도 돌멩이는 돌멩이일 뿐이다. 히브리어 성서에 하나님의 이름으로 기록된 4자의 자음(YHWH)은 입소리로 낼 수 없다. 따라서 야훼라는 신명조차 모음을 기반으로 전제하고 추측하는 소리일 뿐이다.

공동번역 성서에서 히브리어 원전에 가까이 번역한다고 해서 '야 훼'라는 신명을 사용했지만, 이것조차도 추론일 뿐 논리적으로 맞지 않는 번역이다. 왜냐하면 YHWH(요드, 헤, 와우, 헤)는 자음으로만 되어 있어서 입소리로는 발음할 수 없다. 예를 들어 ㄱㄴㄷㄹ을 어떻게 한 단어로 발음할 수 있겠는가. 이스라엘 사람들은 발음 자체가 되지 않는 이름을 부를 수도 없었고 하나님의 이름을 함부로 부르지 말라는 율법 때문에도 하나님의 이름을 부르지 않았다.

"너는 네 하나님의 이름인 여호와를 함부로 부르지 말아라. 나여호와는 내 이름을 함부로 부르는 자들을 그냥 놔두지 않을 것이다."(출 20:7)

이런 연유로 그들은 '엘로힘'이나 '아도나이'라는 이름으로 대신했다. 지금도 유대인들은 하나님의 거룩하신 이름 네 글자(YHWH)를 직접 발음하여 읽지 않는다. (사실은 발음할 수도 없지만) 우리가 '여호와'라고 부르는 하나님의 고유 이름인 YHWH가 구약전서에 6,823회나 등장하고 있다. 히브리어『마소라 본문』안에 하나님의 이름 네 글자를 읽을 때에는 '아도나이'(주, 6,518회), 혹은 '엘로힘'(하나님, 305회)으로 읽으라고 마소라 학자들은 모음 기호를 붙여 놓았다.

마소라 학자들이 '아도나이'의 모음을 붙여 놓은 것은 그 이름을 '여호와'라고 읽으라는 것이 아니라 '아도나이'로 대신해서 읽으라는 표시이고, '엘로힘'(하나님)의 모음을 붙여 놓은 것 역시 그 이름을 대체해서 읽으라는 표시였다. 우리나라 성서공회와 세계 각국의 주요 성서 번역본은 이 견해를 따르면서 아도나이와 엘로힘을 자기 나라의 언어로 번역하였다.

하나님의 이름이 무엇이냐고 물었던 모세에게 주어진 말씀은 '나는 스스로 있는 자다'였다(출 3:13-14). 자신의 욕망을 거세당한 채 주인 없이 스스로 존재할 수 없는 노예들은 '나'가 없는 주인의 종속물일 뿐이다. '스스로 있는 자'로서의 하나님은 노예들에게 모세를 보냈다. 모세에게 주어진 신명의 뜻은 모세의 소명과 인간이 어떤 존재이어야 하는가를 함축하고 있다.

YHWH - 코로 숨 쉬는 소리

오랜 세월 동안 알 수 없었던 발음 불가의 신명에 대해 새로운 해석이 등장했는데 그것은 입소리가 아니라 코로 숨 쉬는 소리라는 견해이다.[64] 미국의 생태학자이자 철학자 데이비드 아브람(David Abram, 1957-)은 유대인의 신명 YHWH은 들숨과 날숨의 소리값을 시늉 낸 것이라고 주장한다. 지구에는 인간의 영역보다 더 많은 생명계가 있다(the more-than-human world). 그는 인간보다 더 많은 세계를 '호흡의 연방'(The commonwealth of breath)이라고 부르고 있다.[65]

인간은 태어나는 순간부터 죽는 순간까지 신의 이름을 부르는 존재라는 이 관점의 해석은 창세기가 말씀하는 인간 존재에 대한

---

64) YHWH - David Abram on the Hebrew Name of God
   https://www.youtube.com/watch?v=SzHqeE07oUo
65) Serenella Iovino와 Serpil Oppermann(Indiana University Press, 2014.)이 편집한 Material Ecocriticism에 대한 Abram의 후기

두 가지 관점을 한 화살로 꿰뚫고 있다고 생각한다. 하나님은 모든 아담의 코에 숨을 불어 넣어주신다. 인간뿐만 아니라 일체 생명에게 숨을 주시고 있다. 만물은 하나님의 숨 안에 있다. 하나님이 주시는 숨의 나라에서 살아가는 한 가족이요 백성이다. 이런 관점에서 보아야 지구환경 문제에 대처할 수 있는 그리스도인으로서의 시야가 열리게 될 것이다.

다석 유영모는 그의 일기인 〈다석일지〉에 1950년대 초부터 우주를 '한숨 덩어리' 인간은 '작은 한숨'이라 적고 있다. 그리스도인은 유한한 숨만 쉬지 않고 참 숨이요 영생의 숨인 말씀으로서의 '말숨'을 쉬어야 한다고 가르쳤고, 그리스도와 성령을 '숨님'이라고 표현했다.

목숨에서 말숨 쉬는 것이 거듭남이요 구원이다. 이 땅에서 그리스도인은 하늘 아버지께서 주시는 참 숨을 쉬는 사람이다. 여기에 그리스도인으로서의 정체성이 있다. 지금 들이쉬는 숨이 육체적인 목숨에 그치는 것이 아니라 하나님의 이름이요 영원불멸의 숨이라는 가르침은 얼마나 귀한 것인가.

어찌 하루에 일곱 번만 기도할 수 있는가?

숨의 수비학적 숫자는 7이다. 우리말 일곱은 '고운 것(곱다)을 일으켜 세우다'라는 뜻이 있다. 하늘의 수 3과 땅의 수 4를 더한 완전의 수이다. 창조의 과정은 6일째 완성되었고 7일째 되는 날은 안식일이 되었다. 안식일(安息日)은 숨을 편안하게 하는 날이다. 지금 이 순간 최초의 인간 아담의 코에 불어 넣으신 하나님의 숨이 나에게 들어오고 있다. 숨을 코로 들이쉴 때 그 소리가 하나님의 이름이다. 인간은 숨 쉴 때마다 하나님의 이름을 부르고 있다. 숨은 천지 만물의 기도이다.

7일은 하나님의 안식일이자 사람을 위한 안식일이다. 이날은 이기적 자아와 육체를 위해 시간을 사용하는 날이 아니라 영혼의 갈무리를 위해 사용하는 날이다. 안식일은 나의 가장 아름답고 고운 것, 영혼을 일으켜 세우는 날이다.

에니어그램을 연구하기 위해 이스탄불의 수피 총지도자이자 알레비파 수장인 알리 리자 올루를 찾아가서 만난 적이 있다. 그는 나의 기억 속에 개화된 인간의 영혼을 가진 사람으로 남아 있다. 그는 이슬람 신비주의로 알려진 수피의 영성에 관해 이렇게 말했다.

"모든 인간은 하나의 시조 아담에서부터 나왔기 때문에 한 형제이다. 자신이 인간이라는 것을 인정하고 알기 때문에 모든 사람과의 사귐이 존재할 수 있다. 사람은 신의 사랑의 대상이다. 그러므로 사람을 사랑하지 않는 사람, 사람을 무시하고 학대하는 사람은 신을 모르는 사람이다. 사랑하는 사람은 신의 눈동자를 본 사람이다. 우리는 사랑보다도 위에 있는 어떤 율법도 거부한다. 우리는 남녀를 차별하지 않는다. (남녀가 동석하지 않는 보통 이슬람의 모스크와는 큰 차이가 있다) 여자는 존귀한 존재이다. 모든 인간은 여인에게서 나왔다. 모든 게시와 영감은 여성으로부터 나오고 인간의 인간 됨은 어머니로부터 시작된다."

수피는 천년 기독교 나라였던 동로마 제국의 토양에서 꽃을 피웠다. 어쩌면 온갖 박해를 받으면서도 이슬람 안에서 예수의 정신을 가장 가까이 전승하고 있다고 생각한다. 나는 그에게 "정통 이슬람들은 하루에 다섯 번 기도를 드린다는데 왜 당신들은 기도하지 않는가?"라고 물었다. 그는 "어찌 하루에 다섯 번만 기도할 수 있단 말인가? 우리는 숨 쉴 때마다 기도하기를 원하는 사람들이다."

나는 또 그에게 이슬람 신도의 다섯 가지 의무[66] 중에 사우디아라비아의 메카 성지순례가 있는데 그것을 거부하는 이유가 무엇인지 질문했다. "메카에 가면 마귀의 돌기둥에 돌을 던지며 저주한다. 그러나 우리는 내 안의 악마에게 어떤 돌을 던질 것인가를 생각하는 사람들이다 …."

나는 그때 인간 의식과 신앙에는 수준과 차원이 다양하다는 것을 실감했다. 기도는 바쁜 일과 속에서 일하느라 잊었던 숨을 찾는 일이고 신의 형상으로서의 존엄한 자기 자신을 챙기는 일이다. 숨결로 오시는 하나님을 맞이할 때 우리는 고요해지고 더 높은 의식의 상승이 일어나게 된다. 나는 서양에서 출발한 기독교가 동양을 지나 지구적 기독교로 가는 길이 숨의 기도에 있다고 생각한다.

우주는 아주 작은 것들도 모두 포함하는 말이다. 인간을 소우주라고 한다. 각자마다 자신의 우주가 있다. 나의 우주뿐만 아니라 너의 우주도 존중되어야 우리의 우주가 온전해진다. 한 사람 한 사람이 우주이고 모든 생명체가 하나의 우주이기도 하다. 지구에는 많은 생명체가 있다. 그런데 많은 생명체가 멸종되고 있다. 한 생명의 멸종은 그만큼 우주의 상실이다. 꿀벌이 멸종되면 인류도 끝이 난다. 나무가 사라지면 인류는 숨을 쉴 수 없게 된다.

---

66) 신조암송, 하루 5회 기도, 구제, 라마단 금식, 성지 순례

사랑으로 공존하고자 하는 시대정신이 깨어나야 지구에 희망이 있다. 내가 만든 생각, 감정의 그물에 스스로 걸려들어 고집으로 살아가는 삶을 버리고 더 큰 생각으로 깨어나 이웃도 돌아보는 공생(共生)의 삶을 살아가야 한다.

인간의 구원이 만물의 구원이고 우주의 구원이다. 숨의 기도가 만민의 기도이고 만물의 기도이다. 그리스도인은 하나의 숨, 하나님의 숨을 만물과 함께 쉰다. 하나님의 숨이 임하는 곳이 하나님의 나라이다. 거룩한 숨을 통해 에고의 작은 그릇을 깨고 나가는 사람들이 하나님의 숨을 모시는 그리스도인이다. 부디 입술의 하나님에서 코로 모시는 하나님으로 신앙의 패러다임이 바뀌기를 기원드린다.

아담의 콧구멍에 들어갔던 숨을
저기 분홍빛 진달래가
숨 쉬고 있네
비바람에 흔들리는 매화도
소나무도
열심히 머리 내미는 머위 순도
하나의 숨 속에 머물고 있네
여기 사월의 봄날
모두 天上天下唯我獨尊이네
- 숨

43장

바로 이 일이 시급하다

마태 21:28-46

이스라엘 민중들 앞에서 공개적으로 유대 지도자들의 위선과 불의를 폭로하는 비유가 연속적으로 등장하고 있다. 앞 단락(마 21:23-27)에서 등장했던 권위 논쟁, 28-32절의 두 아들의 비유, 33-46절의 악한 농부의 비유, 모두 사악한 유대 지도자들의 가면이 무엇인지를 폭로해 주고 있다.

'아버지'로 비유된 하나님은 두 아들을 포도밭(세상)으로 보냈다. 맏아들로 비유된 유대 지도자들은 처음에는 순종하는 듯했으나 온갖 종교적 특권과 기득권의 단물만 빨고 있을 뿐 하나님의 뜻에 순종하지 않았다. 둘째 아들로 비유되는 세리와 창녀들은 세례 요한의 세례를 받으며 예수의 말씀에 순종하였다.

예수는 세리와 창녀들이 유대 지도자들보다 먼저 천국에 들어갈 것이라고 선언하고 있다(31). 지도자들은 자신들을 세리와 창녀만도 못한 존재로 말씀하는 예수에게 큰 충격과 분노를 금치 못하였다.

너희는 어떻게 생각하느냐?

예수는 이 비유의 서두에서 '너희는 어떻게 생각하느냐?'라고 묻고 있다. 이렇게 질문하신 의도를 오늘의 현실에 적용하여 생각해보자. 예수는 입으로만 주여, 주여, 한다고 천국 가는 것이 아니라고 말씀하였다. 자신의 삶 속에서 하늘의 뜻을 실천하는 자가 하나님 나라의 백성이 된다고 분명하게 말씀하셨다(마 7:21-23, 약 2:14-26).

"나더러 '주여, 주여' 하는 자마다 천국에 다 들어갈 것이 아니요, 다만 내 아버지의 뜻대로 행하는 자라야 들어가리라."(마 7:21, 개역한글)

예수 믿으면 천국 간다고 하는 말은 예수의 가르침을 왜곡하는 말로 둔갑하였다. 이 본문에서는 '다만 내 아버지의 뜻대로 행하는 자라야'라는 전제가 핵심이다. 하나님의 뜻에 가장 잘 순종하는 것처럼 말한다 해도 정작 아무것도 실천하지 않는 자들은 버림받게 될 것이다. 한 번도 걸인이나 어려운 사람에게 자선한 적이 없다면 자기 자신의 삶에 대해 다시 생각해보아야 한다. 마태복음 25장에 등장하는 최후 심판의 기준은 일상의 삶 속에서 소리 없이 사람을 살리는 일에 헌신했던 사람들과 자기를 드러내기 위해 과시했던 사람들로 나누어지고 있지 않은가.

오늘의 교회가 힘을 잃어버리고 있는 것은 교회가 자기들의 의에 갇히고 교회 밖의 현실에 대해 외면하기 때문일 것이다. 그러면서 자신들이 천국 갈 것이라고 하는 생각은 착각일 뿐이라고 하는 것을 오늘의 본문은 말씀해 주고 있다. 어리석고 탐욕스러운 지도자들에 의해 눈이 먼 민중들에게 예수는 그 실상을 보여주면서 묻고 있다. 과연 너희 생각은 어떠하냐고.

하나님이 세상을 사랑하셔서 예수를 보내 주셨던 것처럼 우리 또한 이 세상을 사랑하시는 하나님께서 보낸 사람들이다. 이런 관점에서 교회는 자신의 책임으로부터 도피하는 자들의 도피성이 되어서는 안 된다는 예수의 가르침에 귀를 기울여야 한다.

악한 농부의 비유

두 아들의 비유는 유대 교권주의자들의 불순종을 지적했다면 악한 농부의 비유는 불순종을 넘어 적극적으로 하나님을 대적한 종교지도자들의 악행을 고발하고 있다. 그들은 하나님의 선지자들을 박해하고 죽였을 뿐만 아니라 포도원 주인의 아들로 비유된 예수까지 죽였다. 그 결과 하나님 나라의 축복은 이방인들에게로 옮겨졌다. 이 본문은 이사야 5장의 '포도밭의 노래'를 배경으로 하고 있다.

살아있는 나무에게 가뭄의 비는 단비이지만 죽은 나무에게는 더욱 빨리 썩게 하는 요인이 된다. 마찬가지로 영혼이 강퍅한 자에게 복음은 미련한 것처럼 보이고 그 결과는 심판이 되지만 받아들이는 자에게는 구원이 되고 능력이 된다.

생명을 거부한 자들은 그 거부 자체가 심판이다. 그 심판은 '돌 위에 떨어지는 자'와 '돌에 의해 맞을 자'가 있다. 전자는 예수를 정치적 메시아로 오해하여 잔뜩 기대했다가 실망하여 떠난 자들이다. 후자는 적극적으로 예수를 대적한 자들이다. 또 전자가 당시의 일반적인 유대인들과 불신자들이라면 후자는 예수를 대적하는 당시의 유대 지도자들이라고 볼 수 있다.

영적 목표를 가진다는 것

예수가 폭로하는 유대 지도자들의 행태는 모든 사악한 것들의 뿌리인 에고의 부정적 다양성을 보여주고 있다. 악마의 근거지와 같은 에고의 힘은 영혼으로 깨어나지 못하는 현실을 만들어낸다. 시기와 질투, 비판과 모욕, 증오와 폭력, 기만과 도둑질, 냉혹한 심판 등은 인간이 에고의 욕망에 놀아날 때 발생하는 것들이다. 에고가 인생의 판을 지배할 때 저급한 의식 에너지는 부정한 독기를 내뿜게 되고, 인간의 무한 가능성을 조이는 감옥과 사슬이 된다.

지구학교에서 우리가 배우는 학습의 목적은 에고의 속박에서 벗어나 영적 성장을 이루어내는 일이다. 에고의 들포도가 아닌 향기로운 포도가 되는 일이다. 인간이 누릴 수 있는 진정한 행복은 밥그릇 크기에 있지 않고 영적으로 고양되는 데서 도달하게 된다. 그 길에서 우리는 하늘 아버지의 자식으로서 풍요로움을 누릴 수 있다.

예수의 가르침의 핵심은 거듭나지 않으면, 즉 에고의 이기심에서 깨어나지 않으면 하나님 나라를 알 길이 없다는 것이다. 즉 하늘 마음(天性)의 깨어남이다. **예수는 하늘의 도리로 나의 사람다움을 바르게 하라고 말씀하고 있다.** 지구에서 사는 동안 영원의 하늘을 날아갈 수 있는 거룩한 날개를 준비해야 한다고 당부하고 있다.

바로 이 일이 시급하다

자기 자신의 생명을 사랑하는 것은 이웃 사랑의 전제이다. 말로만 이웃 사랑에 머물고있는 오늘의 현실은 생명 감각이 마비된 증거일 것이다. 인간이 저지르는 죄악은 자신과 모든 생명체의 생명을 함부로 하는 데 있다. 이제 이웃의 개념을 인간에게만 한정시킬 수 없는 급박한 시점에 와 있다. 지구환경의 파괴는 인간 안에 가려진 영과 신성에 대한 무지에 바탕을 두고 있다.

16세기 독일에서 구두 수선공으로 살아가면서도 위대한 영혼의 사람이었던 야곱 뵈메(Jacob Boehme, 1575-1624)의 『고백록』에는 다음과 같은 글이 있다.[67]

"만물의 하나님은 바로 그 단 하나의 몸이시다. 그러나 죄야말로 그대가 그를 온전하게 보지 못하고 알지 못하는 이유이다. 죄와 함께 죄로 인해 그대는 이 커다란 신성의 몸속에서도 썩어질 육신 안에 갇혀 있는 것이다. 뼛속의 골수가 살로부터 가리워져 있듯이 하나님의 힘과 덕은 그대로부터 감추어져 있다. 그러나 그대가 영 안에서 육신의 죽음을 돌파하면 그때 그대는 숨겨진 하나님을 보게 된다.

왜냐하면 썩어질 육신은 생명의 흐름에 속한 것이 아니라서 빛의 생명을 자신에 고유한 것으로 받을 수도 간직할 수도 없기 때문이다. 그러나 하나님 가운데 있는 빛의 생명은 육신 가운데 일

---

67) The confessions of Jacob Boehme, W. Scott Palmer 편집, Harper & Brother, 1954. p.80-81.

어나 스스로를 향하여 발생하며 그로부터 빛을 알고 이해하는 또 다른 천상의 몸 살아있는 몸이 생겨난다."

인간은 이 지구에 있는 동안 자신의 육신에서 빛(천상)의 몸이 태어나야 한다. 야곱 뵈메는 내 안에 계신 하나님을 가리고 있는 것이 죄라고 말한다. 죄로 인해 인간은 저질화된 에너지적 존재가 되고, 그의 마음은 바위처럼 딱딱하게 굳어지게 되었다. 이렇게 되면 어떤 악한 일을 행하기 전에 그에게서 발산되는 에너지는 이미 이 세상에 가장 큰 해악을 끼치게 된다.

진리는 가슴이 살아있는 자에게 문을 연다. 그러나 죄는 내가 나답지 못한 상태를 가져온다. 빛의 질료를 자기 파괴의 에너지로 오용되게 한다. 황금빛 지혜가 미래에 대한 불안과 두려움으로 바뀔 때 내 생각과 감정의 파동은 어둠에 파묻히게 된다. 그때 나는 물질의 덩어리일 뿐이다.

지금 나는 어떤 파동의 에너지를 내고 있을까? 어둠의 주파수가 빛의 파동으로 바뀌지 않는 한 희망은 없다. 내 빛의 주파수를 찾게 될 때 내 안에 숨어 계신 하나님이 드러난다. 바로 이 일이 시급하다.

44장

자비의 옷을 입고 살아가라

마태 22:1-14

마태복음 22장을 읽다가 한국에서 최초로 사회장을 치렀던 월남 이상재 선생이 떠올랐다. 지금의 YMCA인 황성(서울) 기독교 청년회에서 주관하는 수많은 강연회에서 사회를 보았던 월남 선생은 그에 따른 일화가 많이 있다. 그 시절은 일본 경찰의 사찰이 심했던 시대였기 때문에 선생이 사회를 보고자 단상에 올라서니 일본 형사들이 많이 섞여 있었다.

이상재 선생은 먼 산을 물끄러미 바라보시다가 "때아닌 개나리꽃이 이리도 많이 피었을까?" 하고 말씀하니 청중들은 그 말뜻을 알아듣고 폭소를 터뜨렸다. 형사는 '개'로, 순사는 '나리'로 부르던 그 시절에 '개나리꽃'으로 비유한 선생의 기지에 청중들이 배를 잡고 웃어대자 무안한 형사들은 자리를 떠났다고 한다.

늑대들에게 둘러싸인 것 같은 엄혹한 시절을 감내해야 했다는 점에서 예수와 이상재의 공통점이 있다. 귀 있는 자들은 촌철살인의 비유를 알아들었고 어둠 속에서 빛을 보았다. 예수께서 비유가 아니면 말씀을 아니 하셨다고 할 만큼 비유는 예수의 가르침에 있어 중요한 소통의 방식이었다.

언어 사건

언어학자들은 비유를 '언어 사건'(Language event)이라고 말한다. 1920년대에 철학 학회지에 등장하는 이 말을 신학계에서 최초로 사용한 사람이 에른스트 푹스(Ernst Fuchs)[68]이다. 그는 역사적 예수를 탐구하면서 예수의 말씀과 행동은 각 사람에게 언어 사건을 구성하고 새로운 자기 이해(self understanding)를 낳는다고 보았다.

성서에 기록된 예수의 말씀은 단순한 정보가 아니라 인격체로서 예수의 영과 소통하는 것을 의미한다. 그때 말씀은 문자를 초월해서 언어 사건으로 나에게 다가오게 된다. 살아있는 믿음은 언어로 다가온 말씀이 나에게 육화(肉化)되고 기화(氣化)되는 데 있다.

비유를 들었을 때 '이게 무슨 뜻이지?' 하고 생각하게 되고 이어서 그 의미를 깨닫고 '아하' 하는 순간, 의식의 전환이 일어나게 된다. 비유는 인간 의식의 변화를 촉구하고 삶에 대한 시각을 바뀌게 한다. 비유의 말씀을 읽는 태도는 그 비유로 하여금 나 자신에게 눈이 떠지는 언어 사건이 되게 하는 데 있다.

하나님의 혼인 잔치에 초대받은 '나'

왕자의 혼인 잔치를 베푸는 왕은 세상 사람들과 혼인 잔치를 하도록 예수를 지구에 보내신 하나님이다. 잔치에 초청하기 위

---

68) 독일신학자(1903.6.11.-1983.1.15.), 신해석파, 언어 사건을 학문적으로 정립했다.

해 왕이 보낸 종들은 시대마다 그 역할을 감당했던 선지자들이다. 하나님의 초청은 잔치에 앞서서 오랫동안 역사 속에서 이루어져 왔다. 이제 잔치의 때가 왔다. 왕은 자신의 종들을 다시 보내 혼인 잔치가 이제 시작되고 준비된 잔치 음식이 있으니 잔치판에 오라고 초청했다. 그러나 그들은 오지 않았다.

불응한 이유는 다른 일들(사업, 돈, 성공 등)이 우선했기 때문이다. 잔치를 거부한 사람들은 초청에 응하지도 않았을 뿐 아니라 왕의 종들까지 죽였다. 이 표현은 안일한 삶에 매몰된 사람들을 각성시키고자 했던 예언자들이 많은 핍박을 받아온 이스라엘 역사를 상기시킨다. 거절에 대한 벌로 왕은 군대를 보내어 징벌했다. 이런 표현은 예루살렘 멸망 사건을 예수를 거절한 하나님의 징벌로 보는 마태의 관점이 반영된 것으로 보인다.

이제 왕은 또다시 종들을 보내어 모든 곳에 가서 모든 사람을 초청하라고 했다. 여기에서 모든 사람은 선한 자, 악한 자를 불문한다. 하나님 나라에 들어갈 수 있는 자격조건은 없다. **지구촌의 모든 사람은 하나님의 잔치에 초대받았다. 어떤 제한 조건 없이 초청받았다. 예수의 십자가 옆에 있던 한 강도는 십자가에 매달린 채로 초청에 응하여 낙원에 입성할 수 있었다. 바로 이것이 복음이다.**

교회는 하나님의 초청에 응답한 사람들이 모여드는 곳이다. 그러나 착한 사람들만 모여드는 곳이 아니다. 교회는 양들만 모이는 곳이 아니다. 선인과 악인이 공존하면서 식탁을 함께 하는 곳이다. 바로 이 점을 우리는 기억해야 한다.

"이와 같이 부르심을 받은 사람은 많지만 택함을 받은 사람은 적다."(14)

혼례복

왕은 잔치에 참여한 사람들을 둘러보다가 혼례복을 입지 않은 사람을 보게 되었다. 이스라엘에서의 큰 잔치는 잔치 때 입을 예복까지 초대받은 사람에게 주었다고 한다. 이에 대한 전통적 해석에는 다양한 의미(믿음, 사랑, 선행 등)를 부여하고 있다. 나는 옷에 대한 해석으로는 김흥호 선생의 가르침을 마음의 중심에 두고 있다.

옷의 의미는 옷이라는 글자 속에 들어있다. 한글에서 ㅇ= 하늘, ㅣ= 인간, ㅡ = 땅이다. 합하면 '오'이다. 그 밑에 받침으로 ㅅ이 있다. 이 ㅅ이 존재의 밑받침으로서 나에게 그리스도라면 나는 그리스도의 옷을 입고 사는 사람이다. 그 받침이 돈이라면 그는 돈의 옷을 입고 살아가는 돈의 사람이다.[69]

옷

- 김흥호 선생님을 추모하며

등이 아파 깨어나는 새벽
옷 입은 사람이 되라는
선생님의 말씀이 떠오릅니다.
내가 요즈음 근심의 옷을 입고 있는 탓일까
아니면 어떤 옷을 걸치고 있는 거지?
하늘 ㅇ

---

[69] 김흥호(1919-2012.12.5), 이화여대 기독교학과 교수, 교목실장, 감리교 신학대학 종교철학 교수 역임. 다석 유영모에게 공부했고 기독교를 동양적으로 체득하고 그 깨달은 바를 전해온 한국 정신계의 선지식(善知識)으로 알려져 있다.

사람 ㅣ
땅 ㅡ
그 아래 버티고 있는 ㅅ.

나의 뿌리
나의 받침이 되고 있는 힘이
요즈음 무엇인가를 다시 생각합니다.
나의 옷
내 옷 속의 나를 생각하다 보니
가슴이 미어집니다.
몸이 없으면 옷조차 없겠지요
낡아질 옷 자랑에 취해 사는 세상
벌거벗어도
몸이 없어도
아무렇지도 않은 사람들
이 새벽 내가 입어야 할 흰옷을 챙겨봅니다
사람 되는 운동 열심히 하라시던
선생님을 생각합니다.

　잔치에 초대받은 사람의 기본 예의는 자신을 과시하는 화려한 옷보다는 정갈한 옷이어야 할 것이다. 하나님의 잔치에 응답한 사람들은 자기 존재와 삶의 옷을 깨끗하게 하고자 하는 노력이 있어야 한다. 무엇보다 나의 뿌리를 어디에 두고 살아가고 있는가에 대한 성찰이 있어야 한다.

이 비유는 신랑인 로고스와 신부인 영혼의 영적 혼인을 통해 얻은 공동체로 풀이할 수 있다. 나의 영혼은 로고스와 만남으로써 불멸성을 얻는다. 인간은 누구나 지구에 보내어진 그 이유 하나만으로 하나님의 잔치에 초대받은 것이다.

인간은 진리와 하나 되어 가는 자기화의 여정이 있어야 한다. 바로 여기에 모든 인간의 목표가 있다. 내 영혼은 끊임없이 하나님의 초대를 받아들여야 한다고 신호를 보낸다. 나의 속사람은 지금 이런 식으로 살아서는 안 된다고 말하고 있다. 그러나 이 말들은 내가 지금 바쁘잖아, 할 일이 얼마나 많은데… 하면서 눌러 버린다.

사람들은 자신의 내면에서 들려오는 소리를 죽이고 있다. 많은 활동으로, 돈 버는 일에 바빠서 등등의 이유로 자신의 영혼이 말하는 소리를 외면하고 있다. 왕의 종들을 죽이는 것은 생존의 욕구에 사로잡힌 나의 에고이다. 지금도 하나님은 끊임없이 종들을 보내고 계신다. 이 초청에 응답할 기회는 살아있는 동안이며 지금 이 순간이다. 나의 내면에는 많은 영역이 있다. 내가 찾아 써야 할 재능과 재원들이 버려져 있다. 의식과 무의식의 영역은 나의 응답을 기다리고 있다.

우리는 각자의 아픔과 상처와 한이 있다. 바로 그것들이 나의 약점이고 악한 것이라 해도 사랑의 예복으로 잘 싸서 하나님의 잔치인 예배에 가지고 가야 할 예물이다. 왜냐하면 그것들이 나와 하나님 사이에서 하나 되지 못하게 하는 요인이 되기 때문이다. 약점 많은 내 삶의 조건들을 하나님께 내어드려야 하나님과 하나 될 수 있다. 그런데 그 조건들을 예배를 통하여 내려놓지 못하고 다시 가지고 돌아간다면 삶의 잔치는 일어나지 않게 된다.

　마태는 하나님의 은총을 강조한다. 내 인생에 눈물과 통곡과 불안이 있을 때 그것을 하나님께 바치지 않고 계속해서 싸 들고 다니는 사람은 하나님의 초대를 거부하는 사람이다. 인생은 선과 악, 빛과 어둠이 공존하고 있다. 빛은 어둠에서 나온 것이기 때문에 모든 빛깔에는 그림자가 들어있다. 데카그램 도형의 좌우 날개는 빛과 어둠이 공존하는 인간의 숙명을 잘 보여주고 있다. 하지만 하나님은 나의 그림자 속에 은혜의 보물들을 숨겨 놓으셨다. 삶은 보물찾기이다.

　본문의 비유는 나의 그림자에 대해서 있는 그대로 인정하고 그 위에 하나님이 우리를 감싸시는 옷, 곧 자비의 옷을 입으라고 말씀한다. 인생의 성공은 하나님의 은혜의 옷을 입고 사는 데 있다. 그는 하나님의 잔치판인 지구별에서 자신의 삶을 아름답게 가꾸며 살아간다.

45장

부활 - 영원한 현재의 세계

마태 22:23-33

십자가와 부활은 복음의 핵심이다. 그러나 아쉽게도 하나님을 믿고 성서를 진리로 믿는다고 하면서도 복음의 핵심은 오늘의 현실에서 비켜 있는 것 같다. 십자가와 부활의 이해와 태도가 막연하고 애매한 믿음 생활은 그리스도의 복음을 왜곡하고 거부하는 것이 될 수 있다. 그 왜곡과 거부는 영적으로 죽은 자의 삶으로 이어지게 된다.

22장에는 예수를 공격하려는 유대 지도층의 시도가 연속되고 있다. 앞서 15-22절에서 바리새인들과 헤롯 당원들의 시도가 무산되었고, 이번에는 사두개인들이 등장하고 있다. 사두개파 사람들은 모세 오경만 인정하고 영적인 존재나 부활을 믿지 않았다. 그들은 이성을 앞세우는 현실주의자들이었다.

부활을 믿지 않는 자들이 예수께 부활에 관한 질문을 들고 왔다는 것이 역설적이다. 그들은 유대 사회의 전통으로써 모세 오경에 언급된(신 25:5-10) 대를 이은 결혼제도를 근거로 예수께서 가르치는 부활 교리가 논리적 모순이 있다고 주장하였다.

몇 번째 남편의 아내인가?

"만일 두 형제가 한집에 살다가 형이 아들을 낳지 못하고 죽었을 때 그의 아내는 집에서 나가 다른 사람과 재혼해서는 안 된다. 죽은 그의 동생이 형수를 아내로 맞아 살아야 한다. 이것이 동생의 의무이다. 그래서 그가 낳은 첫아들은 죽은 형의 아들로 삼아 형의 이름이 이스라엘에서 끊어지지 않게 해야 한다."(신 25:5-6)

사두개인들은 칠 형제를 모두 자기 남편으로 삼은 여인은 부활 때에 누구의 아내가 되겠느냐고 물었다. 예수를 음해하고자 하는 사두개인들의 질문에 대해 예수는 부활 후에는 결혼제도가 존재하지 않는다고 대답하였다. 그리고 이런 유치한 질문을 하는 것은 '너희가 성서도 모르고 하나님의 권능도 모르기 때문에 그런 잘못된 생각을 하는 것'이라고 질책하였다. 민중들 앞에서 우문현답(愚問賢答)이 무엇인지를 보여주는 현장이 펼쳐진 것이다.

사두개인들은 부활이 없음을 증명하기 위해 7형제를 예로 들고 있다. 이것은 그들의 불순한 의도를 대변하고 있다. 있을 수 없는 예를 들어 부활의 가르침을 우습게 경멸하고 있다. 이런 의도는 진리를 경멸하는 악의적 태도이다.

칠 형제와 연이어 살았던 여인이 죽었다면 부활 때에 그 여인은 누구의 아내가 될 것인가? 이런 질문을 하는 그들의 사고 영역은 유대 사회의 비좁은 인식의 반영일 뿐이다. 즉 그들의 수준에서 억지 주장을 하는 것이다. 죽음 이후는 지구 공간과 차원이 다른 영역이기 때문에 몇 번째 부인이 되는가 하는 것은 전혀 문제가 되지 않는다고 예수는 말씀하고 있다.

부활의 세계는 시집가고 장가가는 세계가 아니다. 결혼제도는 인류의 종족 번식을 위하여 허락한 창조의 법칙이었다. 그러나 부활 때에는 죽음의 지배를 벗어난 차원이고 종족 번식이 필요하지 않기 때문에 결혼제도는 존재하지 않는다. 부활의 세계는 우리가 현재 살아가고 있는 세상의 법칙이 중력처럼 적용되지 않는다. 그 때에는 새로운 법칙이 적용되게 될 뿐이다. 사두개인들은 내세와 현실이 같다고 혼동하고 있다.

나도 이런 혼동을 아버지의 임종 때 경험한 적이 있다. 마지막 숨을 내쉰 아버지에게 '아버지 먼저 가세요, 저도 곧 뒤따라갑니다' 했더니 '너나 나나 같이 왔다가 같이 가는 거야'라는 음성이 있었다. 아버지는 시간의 세상에서 벗어나셨는데 그 순간 나는 지구 시간의 차원에서 말하고 있었던 것이다. 구르는 돌멩이도 수억 년 세월이 들어있는데 인생 몇 십 년 가지고 먼저 가세요라고 하는 말이 얼마나 가당치 않은 것인가.

> 오늘 아버님을 산에다 모시고
> 불재로 돌아왔지요
> 임종하는 아버지의 영혼에게
> 먼저 가시면 저도
> 뒤따라갈 거라고 말씀드렸더니
> 너나 나나 함께 왔다가
> 동시에 가는 거라고 가르쳐 주셨지요
> 몸뚱이의 시간으로는 그럴 수도 있겠지만

여기의 시간으로는 그런 것이 아니라고

하늘의 시간

돌의 시간으로 한번 생각해 보라고

오늘 불재의 하늘은 참으로 무상하고

그 아래 가장 좋은 들꽃들만

바람에 흔들리고 있네요.

- 아버님을 보내드리고

아브라함과 이삭과 야곱의 하나님

호렙산 떨기나무의 불꽃 속에서 하나님은 모세에게 "나는 아브라함의 하나님이요, 이삭의 하나님이요, 야곱의 하나님이다"(출 3:6)라고 자신을 계시하셨다. 모세가 이 말씀을 들었을 때 이스라엘의 조상들은 이 세상 사람이 아니었다. 그러나 그들은 하나님의 세계에서는 여전히 살아있는 사람으로 말씀하고 있다. 출 3:6의 시제는 현재형이다. 그러면서 하나님은 산자의 하나님이라고 하는 말씀이 주어지고 있다. **하나님의 세계 부활의 세계는 영원한 현재의 세계이다.**

"나는 아브라함의 하나님이요, 이삭의 하나님이요, 야곱의 하나님이다라고 말씀하시지 않았느냐? 이 말씀은 하나님이 죽은 자들의 하나님이 아니라 살아있는 자들의 하나님이라는 뜻이다."(마 22:32)

하나님의 사람들에게 죽음은 존재하지 않는다. 사람의 눈과 생각으로는 현세의 육체적 죽음이 있지만, 그리스도인에게는 영원한 현재가 이어지고 있다. 우리의 삶이 현세에서 그친다면 하나님도 현세의 하나님일 뿐 영원한 하나님일 수 없다. **그렇다면 우리에게 중요한 것은 무엇인가? 그것은 지금 내가 하나님 앞에서 살아있는 자인가? 하는 것이다. 지금 내가 '영원한 현재'에 있는가 여부이다.**

"나는 아브라함의 하나님이요, 이삭의 하나님이요, 야곱의 하나님이다"라는 마태복음 22:32절은 8:22절의 "죽은 자들의 장례는 죽은 자들에게 맡겨 두고 너는 나를 따르라" 하신 말씀과 이어지고 있다.

죽은 자는 지금 자신 안에 하나님의 다스림과 통치가 없는 사람이다. 그는 하나님의 형상으로서의 '나'이다. 하나님은 죽은 자의 하나님일 수 없다. 영혼이 살아있는 인간의 하나님이 살아계신 하나님이다.

하나님은 임마누엘의 주님으로 나와 함께 계신다. 내가 어떤 처소에 있든 부활의 삶으로 나를 인도하신다. 그러나 '나'를 잃어버린 사람들은 자신 안의 영성과 신성의 길을 스스로 가로막고 있다. 그들은 거룩한 불꽃의 숨결이 가슴에서 사라진 사람들이다. 돌처럼 가슴이 굳어버린 사람에게 하나님은 존재하지 않는다. 그리스도인으로 산다는 것은 인간적인 인간, 사람의 자식으로 사는 것이다.

예배는 내가 살아있는 존재인가를 확인하는 시간이다. 나의 머리에는 지혜가 자리하고 있는가? 나의 가슴 속 지성소에는 하나님의 숨결이 머물고 있는가? 나는 내 힘의 뿌리(밑힘)를 하나님께 두고 있는가? 이런 물음 앞에 나를 세우는 시간이다.

46장

인간은 무엇으로 사는가?

마태 22:36-40

인간은 몸과 혼과 영의 모임(몸)이다. 영이 없으면 인간은 물질의 덩어리일 뿐이다. 몸에 영이 머물 때 혼으로서의 정신작용이 있다. 따라서 인간의 밥은 몸의 밥, 정신의 밥, 영혼의 밥이 있다. 이 세 가지 밥을 잘 먹는 데에 인간 존재와 풍요한 삶을 누릴 수 있는 핵심이 있다.

최후의 만찬에서 예수는 떡을 들어 "이것을 받아먹어라, 이것은 내 몸이다"라고 말씀했다. 그리스도의 몸은 그리스도의 사람들이 이 땅에서 먹어야 할 하늘의 양식을 상징한다. 그 양식이 우리가 찾아야 할 참(眞)이고 목적이다. 인생의 비극은 밥상의 밥만 밥이라고 생각하면서 사는 데 있다. 그 밥그릇이 큰 것을 행복이라고 착각하는 데 있다. 모든 식물은 햇빛을 받아 성장한다. 태양은 식물의 근원이다. 기억하자, 그리스도인의 양식은 하나님에게서 오는 진리의 빛이다. 진리의 빛을 양식으로 삼는 자가 하나님과 이웃을 온전하게 사랑하라는 계명을 지킬 수 있다.

"온갖 좋은 것과 완전한 것은 빛을 창조하신 하나님께로부터 옵니다. 하나님께서는 변함이나 그림자 같은 것이 전혀 없이 영원히

밝은 빛으로 비춰 주십니다."(약 1:17)

> 나의 전생은 숯이었습니다
> 잎사키 무성한 나무였습니다
> 숯 이전에는
> 나무 이전에는 햇빛이었습니다
> 나는 내 가슴 속에 빛을
> 담고 있는 햇빛입니다.
> - 금강석,『나의 하느님이 물에 젖고 있다』중에서

우리는 무엇으로 사는가?

창세기 3:21절에 이런 말씀이 있다. "여호와 하나님이 아담과 그의 아내에게 짐승 가죽으로 옷을 해 입히셨다. 그래서 아담과 하와는 가죽옷을 입었다."

나는 하나님이 입혀 주셨다는 가죽옷이 우리가 입고 있는 육체의 비유적 표현일 수 있다고 생각한다. 에덴동산 이후 인간은 육체를 '나'로 알게 되었고 성격이라는 가면(persona)을 자신의 진실(reality)이라고 착각하게 되었다. 이 착각은 인간을 둘러싼 모든 혼란의 뿌리이다. 옷을 나로 아는 착각은 자신을 진정으로 사랑하고 존중하는 감각의 마비를 초래하게 하였다.

인간의 일차적 과제는 나의 무엇이 내가 아니라 내가 '나'(I AM)로서의 신성한 존재임을 자각하는 데 있다. 신의 형상으로서의 '나'로 깨어날 때 나를 존중하고 사랑할 수 있다. 이 감각이 없으면 인간은 자신을 함부로 대하고 무시하게 된다. 즉 자기를 사랑하여야 할 에너지가 자기 증오의 에너지로 바뀌게 된다.

네 몸과 같이

예수의 가르침은 "하나님을 사랑하고 네 이웃을 **네 몸과 같이** 사랑하라"(마 22:36-40)라는 말씀에 집약된다. 이 말씀은 너희는 자기 자신을 알고 자신을 사랑할 수 있을 때 이웃을 사랑할 수 있다는 의미를 전제하고 있다. 나를 사랑할 수 있을 때 이웃을 사랑할 수 있고 그때 하나님을 사랑할 수 있다. 만약 자신에 대해 무지하고 자신을 사랑할 줄 모른다면 그는 자신뿐만 아니라 이웃도 하나님도 미워하고 무시하게 된다.

내가 만나고 있는 사람이 어떤 사람인가를 알려면 그가 타인을 어떻게 대하고 있는가를 살펴보면 곧바로 알 수 있다. 특히 사회적 약자인 사람을 함부로 대하고 무시하는 사람은 자신과 하나님을 함부로 대하는 사람이다. 그런 사람과 멍에를 함께 지면 인생이 멍들게 될 것이다.

성서가 말씀하는 '나'의 핵심은 영원한 생명으로서의 영혼에 있고, 내 안의 참 나로 깨어난 그리스도이다. 그리스도인은 순수한 이성을 지향하고 행동의 동기를 가슴에서 찾는 사람이어야 한다. 순수한 이성은 그 어떤 종교적 벽도 넘어설 수 있는 지혜로 안내한다. 그리스도인은 그리스도의 빛과 사랑을 추구한다. 밥그릇만 크면 성공했다고 하는 세상에서 그리스도인은 남보다 많이 갖기 위해 사는 것이 아니라 많이 나누기 위한 삶을 선택한다.

우리는 이 길을 한 걸음씩 가고 있다. 인생은 한 번에 가는 것이 아니라 한 걸음씩 가게 된다. 바로 여기에 우리의 노력이 있어야 하고 하나님의 도우심이 있어야 한다. 하나님의 사람들은 더 많이 주기 위해 노력했고 지성의 지평을 넓히기 위해 열심히 공부했고 하나님의 사랑이 자신의 영혼 속에 충만하기 위해 기도했다.

임마누엘의 주님과 함께

나의 한 걸음 한 걸음마다 하나님은 함께 하신다. 이것이 임마누엘의 신앙이다. 하나님과 함께해 온 나의 걸음은 지구뿐만 아니라 영원토록 이어질 것이다. 여기에서 우리가 기억해야 할 중심 주제는 내가 존귀한 것은 내 안에 계신 하나님이 존귀하기 때문이라는 사실이다.

나는 아무런 가치가 없는 인간이라고 말하는 사람은 자신 안의 하나님을 모독하고 있다. 그는 자신에 대해 게으르고 비겁하다. 자기에게 주어진 인생의 밭을 가꾸지 않고 농사가 잘된 타인의 밭을 부러워하거나 시기한다. 더욱 불행한 것은 그가 감사의 감각이 죽어있다는 것이다.

자신의 존재가치를 부정하면 자신의 영혼을 죽이게 된다. 바로 이것이 영혼의 자살이다. 자살은 육체의 자살만이 있는 것이 아니다. 인간의 비참함은 자신의 존귀함을 모르는 무지에 있다. 인간의 존귀함은 신분과 경제력의 상승에 있는 것이 아니다. 사람들이 자신에게 굽실대는 것에 취해 약자를 무시하는 사람들은 자기 애착에 빠져 있다. 자기 애착의 다른 얼굴은 자기 증오이다.

그동안 인간을 연구해오면서 발견한 것은 속으로는 자신을 증오하고 파괴하는 에너지가 소용돌이치면서 자기 자신을 그 무엇보다 사랑한다고 말하는 사람이 가장 위험한 사람이라는 사실이었다.

　　성령은 나의 영을 불꽃으로 타오르게 하신다. 흙에서 나와 흙으로 돌아가는 존재에서 영원한 생명을 지닌 신성한 존재로 초월하게 하신다. 예수는 말씀한다. 나는 너희가 모든 차원에서 풍성한 삶을 살아가도록 하려고 이 세상에 왔노라고. 그러기 위해서 우리는 세 가지 밥을 골고루 잘 먹어야만 한다. 밥 잘 먹는 인생이 건강하고 행복하다. 우리도 예수께서 가르치신 삶을 풍요하게 살아갈 수 있는 영혼의 법칙을 깨닫고 인생을 축복하고 감사하며 살아가자.

제5부

부활 - 죽음이 죽은 사건

내 등불의 기름은
내 삶으로 채워야 한다.
그 기름은 곧 일상적인 삶의 현장에서
예수의 말씀을 실천하는 것이다.

47장

너 자신을 노예로 만들지 말라

마태 23장

서구 역사에서 마태 23장은 유럽에서 기독교인들이 유대인을 미워하고 박해하는 성서적 근거와 명분으로 사용되기도 했다. 유대교와 바리새인들에 대한 치열한 비판의 배경에는 유대인의 회당에서 배척당하는 아픔을 마태 공동체가 겪었다는 사실을 먼저 염두에 둘 필요가 있다. 그러나 본문을 이해하기 위해서는 예수께서 유대교의 전통을 존중했을 뿐만 아니라 바리새인들과도 관계를 잘 유지하고자 노력했다는 사실이다. 마태 역시 이 관점에 서 있다.

가장 좋은 것이 부패하면

본문은 "그때 예수께서 군중과 제자들에게 말씀하셨다"로 시작하고 있다. 이 본문은 바리새인들에게 직접 공격하신 말씀이 아니라 제자들에게 주신 말씀이다. 마태가 23장을 제시하는 이유는 바리새인들을 비난하고 공격하는 데 목적이 있다기보다는 교회도 힘을 가진 위치에 서게 되면 바리새인과 같은 전철을 밟을 수 있음을 경계하고자 함이라고 보아야 할 것이다.

실제로 유럽에서 유대인들은 기독교인들로부터 혹독한 멸시와 탄압을 받았다. 유대인들은 조선 시대 백정들처럼 별도의 빈민 구역에서 살아야 했다. 이런 관점에서 바리새인과 율법학자는 과거 유대 종교에만 있었던 것으로 착각해서는 안 될 것이다. 진리는 시간과 공간을 초월한다. 예수의 말씀이 진리라면 그가 누구이건 모두 똑같이 적용되는 진리이어야 할 것이다. 23장은 오늘의 교회 안에 있는 바리새인과 율법학자를 향해 주시는 말씀이다.

가장 좋은 것이 부패하면 가장 나쁜 것이 된다. 어떤 종교이든 이 명제를 비켜 가기 어려울 것이다. 진리로 포장된 종교적 언어의 가면 뒤에 숨어서 자신이 지고 가야 할 짐을 타인에게 대신 지게 하는 종교 장사꾼들은 어느 시대에나 있었다. 우매한 민중을 대상으로 시대 발전과 인간 영혼의 깨어남을 가로막는 근본주의라는 폭력이 자행되었고 유사 종교적 행태가 교회 안에도 횡행했다.

예수는 율법 학자와 바리새인들의 권위를 인정했다. 문제는 분명 그들이 입으로 하는 말은 옳지만, 그들에게는 진리에 대한 깊은 통찰과 실천이 없었다는 데 있다. 그들이 나쁜 것은 인간에 대한 사랑이 식어 있었고 당시 사회에서 민중 위에 군림하는 특권계층이었다는 점이다.

23장의 제목을 '위선자에 대한 책망'이라고 했는데, 이 제목은 구체적으로 말하자면 '종교적 위선자들에게 속는 사람이 되지 말라'고 새겨야 할 것이다.

사람 위에 사람 없다

삶을 나누는 소통이 있고 진리 안에서 함께 성장해 가는 연대 속에서 건강한 공동체가 세워질 수 있다. 그러나 하나님의 자비와 형제 우애의 사랑이 식으면 소통과 연대는 사라지고 인간을 억압하고 죄책감에 시달리게 하는 종교만 남게 된다.

타인의 시선을 끌고 인정받기 위해서 신앙생활을 하게 되면 삶은 가라앉게 된다. 이런 사람들 가운데 교회 안에서 자신이 다른 사람들보다 지적, 영적으로 우월하다고 자만에 빠지는 경우가 많다. 이는 크게 경계할 일이다. 종교적 자아도취나 자신의 만족을 위해 교회를 이용하는 것 역시 우리는 경계해야 한다. 예수는 랍비나 스승이라는 말로 대우받기를 바라지 말라고 경고하고 있다.

"길에 나서면 거드름을 피우고 인사를 받기 좋아하며 사람들이 '랍비'라거나 '스승'이라고 불러주기를 바란다. 그러나 너희는 그렇게 불러주기를 바라지 말라. 하나님만이 너희의 랍비이시고 너희는 모두가 형제이기 때문이다."(마 23:7-8)

이런 말씀이 있는 것을 보면 초대교회 안에서도 '나의 주인, 어르신'이라는 뜻의 랍비 칭호를 받는 사람이 있었던 것으로 추측된다. 교회 안에도 성서를 해석하는 율법학자들이 있었다. 마태는 교회 안의 율법학자들이 명예를 얻으려고 하는 행태를 강력하게 비판하고 있다.

그리스도인- 하나님의 아들 딸

　마태 공동체에는 육신의 아버지는 아니지만 존경하는 스승이라는 의미에서 '아버지'라고 불리는 사람이 있었던 것 같다. 마태는 이 점에 대해서도 준엄하게 지적하고 있다.

　"또 이 세상에 있는 어느 누구를 보고도 '아버지'라고 부르지 말라. 그렇게 불러야 할 분은 오직 하늘에 계신 하나님 한 분뿐이시다."(마 23:9)

　마태는 교회 안에서 자기 자신을 인간의 아들과 딸이 아니라, 하나님의 아들과 딸이라는 명확한 자기 존재에 대한 이해를 정립해야 한다고 말하고 있다. 자신을 인간의 자식으로만 한정 짓지 말라는 통찰을 우리는 본문에서 분명하게 읽어내야 한다.

　교회는 오직 한 분 스승이신 그리스도 예수 안에서 평등하다. 교회는 기본적으로 한 분 하나님 아버지 안에서 형제와 자매가 있을 뿐이다. 예수는 모든 인간에게 자유를 주고자 피를 흘렸건만 전통과 제도 속에서 예수의 자유혼이 갇혀 있는 것이 안타깝다. 제도와 전통을 부정할 수는 없지만 제도가 예수의 말씀보다 우위에 있는 것은 우리 모두 배격해야 할 것이다.

　8-10절의 말씀은 어떤 경우에도 자신을 인간의 노예로 만들어서는 안 된다는 경고이다. 인간을 사유화하고 군림하면서 자신을 신격화하는 자는 적그리스도이다. 우리는 무엇이 핵심이고 중요한가를 생각하고 분별할 줄 아는 그리스도인이 되어야 한다.

　'나'는 하나님의 자식으로서 그 어떤 것도 나를 노예로 만들게 해서는 안 된다는 마태복음 23장의 정신이 이 시대를 살아가는 그리스도인의 정신으로 이어지기를 소망한다. 개인이나 신앙공동체는 '정의, 자비, 믿음'의 토대 위에 있어야 함을 강조한 아래 말씀을 묵상해 보자.

　"화가 있어라. 너희 바리새파 사람들과 율법학자들아, 이 위선자들아! 너희는 박하와 회향과 근채의 십일조는 율법에 따라 바치면서 정의와 자비와 믿음과 같은 아주 중요한 율법의 근본은 무시하고 있다."(마 23:23)

48장
성전 파괴와 재난에 대한 예언

마태 24장

마태복음 24장은 성전 파괴에 대한 예언이 등장하고 있다. 결코 무너지지 않을 것이라고 유대인들이 확신했던 예루살렘이 돌 위에 돌 하나 남지 않고 무너질 것이라는 재난의 경고이다. 예수의 예언은 40년 후인 AD 70년에 이루어졌다.

재난의 시대

예루살렘의 멸망은 로마에 의한 멸망이 아니라 종교적 열광주의자들에 의한 자멸이었다. 이성도 전략도 지혜로운 지도자도 없는 열심당원들의 선동에 의해서 이스라엘은 종말을 맞았다. 그들은 유월절 절기를 지키러 온 동족들을 인질 삼았고 배수진을 친답시고 식량을 불태워 사람들이 제대로 싸워보기도 전에 굶어 죽었다. 그뿐만 아니라 자신들의 의견과 다르다는 이유로 타 조직의 지도자들을 모조리 암살했다. 공포 분위기를 조성하기 위해 죽인 만여 명 동족들의 시체로 성을 둘러 세우기도 했다. 한마디로 미친 전쟁이었다.

시대가 어려워지면 민심이 흉흉해지고 조직화된 과격한 사람들이 주도권을 쥐게 된다. 또 민심을 현혹한 자칭 메시아들이 종교뿐만 아니라 정치 등 여러 분야에서도 나타나게 된다. 그것은 과거의 예루살렘뿐만 아니라 우리나라도 마찬가지 현상이다.

우리에게 와야 구원을 얻는다고 구원팔이를 하는 구원파, 대한민국 교회에 구원받은 사람이 한 사람도 없다고 외치는 신천지, 한국인의 선민사상으로 현혹하는 통일교, 하나님도 내 말 안 들으면 혼낸다고 하는 어이없는 자칭 목사를 포함한 인간들이 있다. 그러나 예수는 허세로 가득한 큰 목소리로 외치는 거짓 예언자들에게 속지 말고 추종하지 말라고 경고하고 있다.

"그때 만일 어떤 사람이 너희에게 '이분이 그리스도다' 또는 '저분이 그리스도다' 하고 말하더라도 그 말을 믿지 말라."(마 24:23)

우리는 하나님 나라가 인간에 의해 독점되거나 왜곡되어서는 안 된다는 말씀에 귀 기울여야 한다. 하나님 나라는 하나님과 예수 그리스도가 계신 곳이다. 그 나라는 내 안에 있다. 성부와 성자가 내 안에 계셔서 나는 지금 여기에 있다. 성부와 성자가 바다라면 나는 한 방울의 바닷물이다. 그 한 방울 속에 하나님의 마음이 임재하고 성령의 불꽃이 타고 있다.

한국 땅에서 행세하는 이른바 교주라는 인간들이 딱한 것은 파도가 자신을 바다라고 주장하는 것과 같은 정신 나간 소리를 하기 때문이다. 그런데 하나님의 자리를 차지한 양 내지르는 온갖 실없는 소리에 꼭두각시처럼 반응하는 사람들은 또 무엇이란 말인가?

그들은 자신들의 생각을 스스로 할 수 있는 힘이 없기 때문에 주입(세뇌)된 생각을 자신들의 생각이라고 착각한다.

하나님의 다스림이 임재하기 때문에 나는 내가 되고 걱정과 염려가 지배하는 세상으로부터 승리할 수 있다. 하지만 **거짓 선지자들은 하나님의 자리를 자신이 독점하여 말로는 하나님을 외치지만 하나님을 부정한다. 그들은 돈과 물질을 숭배하고 착취자가 된다.** 난세일수록 성부와 성자를 자신이 만든 공간과 조직 속에 가두고 장사를 하는 거짓 예언자들을 조심해야 한다.

재난에는 예고가 있다

24장을 읽으면서 떠오르는 생각은 예루살렘의 멸망 사건과 코로나19 사태이다. 코로나 사태는 시점만 다를 뿐 확대된 예루살렘 사건이라고 생각한다. 유대인들은 하나님의 성전이 절대 무너질 수 없을 거라고 확신했다. 기독교인들 역시 주일날 11시 공동예배가 집합 금지될 수 있다는 것은 상상조차 하지 못했다. 전혀 상상조차 할 수 없었던 당연한 일상이 붕괴되는 경험을 코로나를 통해서 하게 된 것이다.

코로나가 창궐하는 현실 속에서 속출한 것은 한국교회 안에 내재해 있던 맹목적인 광신주의의 실체였다. 그들은 행정명령과 지도를 거부하는 것이 제대로 된 믿음인 것처럼 선동하기도 하고 집회를 강행하여 코로나를 전국적으로 확산하는 데 앞장서기도 했다.

어느 행사장에서 강사로 나선 사람은 유명 신학교 이력을 쓰고 목사로 소개되었다. 알고 보니 그는 통일교 목사였다. 나는 그에게 통일교가 기독교인가? 당신은 크리스찬인가? 물었다. 그는 우물쭈물하면서 대답하지 못했다. 통일교는 정책적으로 기존의 신학교마다 자기들의 인력을 파송하여 그 이력을 위장술로 이용하고 있다. 예수도 성경도 없이 기독교를 사칭하는 집단은 통일교 하나만이 아닐 것이다.

코로나 상황에서 10만의 신천지 신도들이 대구의 대운동장에 모여 일사불란하게 줄 맞추어 무릎을 꿇고 앉아있는 광경을 TV에서 보았다. 김일성 광장에서나 볼 수 있었던 그 광경이 남한 땅에서 펼쳐지는 것을 보면서 참으로 놀라웠다. 운동장에 가득 찬 그들의 폐쇄적이고 강박적인 에너지는 예루살렘을 멸망으로 몰아넣은 열심당원들의 의식과 유사하다고 생각했다. 그들을 향하여 교주가 명령을 내렸을 때 한 개인의 생각과 주장은 발붙일 수 없을 것이다. 하나만 아는 사람은 매우 위험하다. 그것은 자신만이 아니라 타인들까지 불행하게 만들기 때문이다. 종교적 강박 관념이 주입되면 그 관념으로부터 탈출하는 것이 얼마나 어려운 것인가를 우리는 확인하고 있다.

나는 이만희 교주가 궁금하여 이력을 찾아보았는데 가장 인상적인 내용은 그가 태어나면서부터 한센병 환자였다는 것이었다. 그가 왜 박태선의 전도관, 유재열의 장막성전, 통일교 등 한국의 말썽 많은 집단들을 전전했었는가를 짐작할 수 있었다. 근년에서야 한센병이지 과거에는 문둥이라는 이름으로 가장 천대 받는 사람들이었다. 그를 받아 줄 수 있는 곳, 치료의 도움을 받을 수 있는 곳은 그런 곳밖에 없었을 것이다. 이런 관점에서 예수는 나병환자를 품에 안았건만 여전히 그들을 품지 못해온 교회 현실이 가슴 시리다.

어떤 일이 일어날 때는 조짐이 있기 마련이다. 난파당할 배는 쥐들이 먼저 알고 도망간다고 한다. 비가 오기 전에 개미들이 분주해지는 것을 볼 수 있다. 예루살렘 폭동이 일어나기 전에 어떤 일이 있을 것이며 그에 대한 대책이 무엇인지를 15절 이하에서 예언하고 있다. 예루살렘에 로마 황제를 숭배하는 신상이 세워지게 되면 곧바로 피난을 떠나라는 말씀이 등장하고 있다.

"그러므로 예언자 다니엘이 말한 대로 흉측한 물건이 거룩한 곳에 선 것을 보거든(읽는 자들은 이 말이 무슨 뜻인지 새겨들어라.) 유대에 있는 사람들은 산으로 도망하라."(마태 24:15-16, 다니엘 9:26-27, 11:31, 12:11 참조)

자신의 생명을 지키기 위해서 긴박하게 예루살렘을 떠나 산으로 도망가라는 말씀의 의미를 우리는 이 시대에 어떻게 받아들여야 할까? 과연 우리는 이 위기의 시대에 자신의 생명을 어떻게 지켜야 하는가?

재난의 징조

영적 혼란은 그 시대의 총체적 반영이다. 인간 의식의 혼란은 자연환경의 파괴로 이어진다. 그것은 이기적 탐욕의 결과이다. 히말라야를 최근에 다녀온 산악인과 얘기를 나누었는데 히말라야를 20여 년 동안 등반한 중에 이번처럼 충격을 받은 적이 없었다고 말했다. 기억 속에 있는 설산이 사라져 버린 모습을 바라보면서 몇 번이고 울었다는 말에 가슴이 뭉클하면서 시렸다.

예루살렘의 멸망은 지역적 사건이었지만 지금은 지구적 차원의 재난을 생각하게 하는 시점이다. 겨울이면 눈이 많이 와서 자동차를 경각산 중턱에 세워두고 걸어오곤 했는데 이제 수년 전부터 그런 일이 사라졌다. 봄이 오고 여름이 오던 순서도 사라졌다. 뻐꾸기 울고 나서 엉겅퀴 피면 검은등뻐꾸기가 울었는데 이제 그 순서도 없어졌다. 올해는 봄꽃과 여름꽃이 동시에 피는 모습을 보여주었다. 자연은 우리의 미래에 대한 재난을 예언하고 있다.

시대가 어려울수록 우리는 믿음의 중심을 바로 세워야 한다. 세상이 혼란할수록 우리는 깨어 있는 지혜의 힘을 간구해야 한다. 전쟁과 지진과 환경파괴로 인한 재난의 시대에 고통당하는 인류를 위해 기도해야 한다.

49장

열 처녀 - '나'는 지금 어떤 상태에 있는가?

마태 25:1-13

열 처녀의 비유는 어리석은 다섯 처녀와 지혜로운 다섯 처녀를 대비해서 보여주고 있다. 이 비유는 지혜로운 삶이란 둔감하게 살지 않고 자기 자신에 대해 깨어 있는 삶을 의미한다. 이런 관점에서 두 그룹의 처녀는 이 세상을 살아가는 사람들은 두 종류의 존재 상태로 살아가고 있다는 것을 보여준다. 둔감한 사람들과 깨어 있는 사람들이다. 둔감한 사람들은 자신의 고통을 스스로 만들어가는 혼돈의 에너지를 가지고 있다. 그러나 깨어 있는 사람들은 자신의 삶의 정원에 아름다운 꽃을 피워낸다.

'나'는 지금 어떤 상태에 있는가?

예수는 열 처녀의 비유를 통하여 한번 주어진 인생의 기회를 어떤 방식의 삶을 선택해야 할 것인지에 대한 교훈을 주고 있다. 동시에 '나는 지금 어떤 상태에 있는가'를 살펴보라고 묻고 있다. 먼저 인생이란 '나는 지금부터 착하게 살 거야', '나는 오늘부터 용기 있는 사람이 될 거야', '나는 지혜로운 다섯 처녀처럼 살 거야'

라고 결심한다고 해서 모든 문제가 곧바로 해결되는 것이 아니라는 점을 이해할 필요가 있다. 삶은 기획과 준비와 결단, 그다음에 행동의 단계가 반복적으로 이어져야 하기 때문이다.

인간에게 있어 성격의 뿌리 무의식의 뿌리는 매우 깊어서 내 의지와 노력만으로 되는 것이 아니다. 그것은 노력할 필요가 없는 노력의 차원이라고 해야 할 거듭남의 도약이 있어야 한다.

열 처녀는 모두 삶의 혼인 잔치에 초대받았다. 하지만 어리석은 처녀들은 등만 가지고 있었을 뿐, 기름을 준비하지 않았다. 기름 없는 등이란 내용 없는 껍데기이지 실제로는 무용지물이다. 옛날 유대에서 혼인 잔치는 밤에 했는데 신랑이 매우 늦게 오는 경우가 많았다고 한다. 그것은 신부 몸값을 두고 흥정에 난항을 겪는 경우가 많았기 때문이다.

문제는 신랑을 맞이하기 위해 필요한 기름을 준비하지 않고 아예 기름이 있는지조차 모른 채 무감각하게 시간을 보낸 어리석은 신부가 있었다는 점이다. 그들은 신랑이 도착한 뒤에야 허둥대며 지혜로운 처녀들에게 기름을 나누어달라고 했지만 일언지하에 거절당하고 말았다.

어리석은 사람 - 게으른 사람 - 후회하는 사람

어리석은 처녀들은 자신을 돌보지 않는 사람들, 자신을 사랑한다는 것이 무엇인지 모르는 사람들, 자신의 존귀함에 대한 자각이 없는 사람들, 타인에게 기대어 의존하려 하는 사람들, 자신의 문제를 누군가가 해결해 주리라 막연한 기대 속에 살아가는 사람들의 표상이다.

그들은 자신의 등을 확인해야 했고 자기 발로 마을에 가서 기름을 사야만 했다. 하지만 그들은 준비해야 할 때 준비하지 않은 게으른 사람들이었다. 뒤늦게 깨닫고 기름을 준비하려고 했을 때는 이미 문은 닫혔고 신랑은 '나는 그대들을 모른다'라고 말했다(12).

뒤늦은 후회는 과거에 대한 후회이다. 그것은 과거에 살고 있는 다시 말하면 지금을 진정으로 살지 못하고 있는 삶에 대한 증거이다. 진정한 삶이란 지금 여기에 머무는 삶이다. 인간의 기억은 끊임없이 우리를 과거로 이끌고 간다. 인간의 무거운 짐은 나이를 먹을수록 무거워지는 과거의 짐이다. 그러나 과거가 축적되지 않은 아이들은 자유롭다. 그러기 때문에 아이들에게는 열린 미래가 있다.

나이 든 사람에게 미래가 없는 것은 그들이 과거의 보따리만 잔뜩 움켜잡고 있기 때문이다. 나이의 함정에 빠진 사람의 불행은 그에게 현재가 없으면 동시에 미래도 없다는 사실에 있다. 영혼이 깨어난다는 것은 과거의 기억으로부터 자유롭게 된다는 것이다. 그때 우리는 과거의 무거운 짐을 내려놓게 된다. 과거의 기억과 미래의 환상 사이에서 우리는 수없이 길을 잃고 있다. 그래서 예수는 우리에게 경고하고 있다.

"그러므로 항상 깨어 준비하고 있어라. 그날과 그 시간을 너희는 모르지 않느냐?"(13)

깨어 있는 눈을 떠서 자신의 삶을 참되게 살아갈 때 내 인생의 등에 기름이 채워진다. 그런 사람은 지구를 떠날 때 후회가 없다. 누구든지 되는 대로 막살다가는 인생의 끝자락에서 후회하게 될 것이다.

그때 내 인생의 문은 닫히고 말 것이다. 삶은 끊임없이 기회로 다가오고 있다. 그 기회를 놓치지 않고 나 자신의 삶을 살아내야 한다.

예수는 열 처녀의 비유를 통하여 경고와 희망을 우리에게 제시하고 있다. 지금이라도 눈만 뜨면 삶으로부터 깨어나기만 하면 진짜 삶을 살 수 있다고 말씀한다. **삶을 낭비하지 않는 사람은 삶으로부터 배우는 사람이다. 그 배움으로 지혜를 얻는 사람이다.**

성서가 말씀하는 배움이란 암기가 아니라 통찰이다. 그것은 지금까지 익숙한 시각에서 벗어나는 것이다. 애벌레의 눈과 나비의 눈이 차원이 다르듯이 새로운 눈을 뜨게 되는 것이다. 배운다는 것은 경험하는 것이고 때가 차면 지금까지의 나를 넘어서는 것이다.

황금빛 지혜의 날개

골드 컬러로 상징되는 지혜는 그냥 주어지는 것이 아니다. 거기에는 인생 수업료라고 할 수 있는 피눈물이 있다. 그래서 금빛 지혜를 얻는 것은 고난과 동일한 의미로 사용되기도 한다. 순금은 땅에서 나오지 않고 불 속에서 나온다. 밥을 굶어 본 사람이 밥을 알게 된다. 밥이 하늘이라고 말한 사람은 그만한 인생 수업료를 치렀을 것이다. 여기에 하나님의 사람들이라고 해서 예외가 없다.

"나는 너희를 고난의 풀무 속에 집어넣어서 마치 용광로에서 은을 정화시키듯이 너희를 정화시켰다."(사 48:10)

영혼은 고난의 용광로에서 단련되고 성숙해진다. 돌 박힌 시냇물에서 아름다운 물소리가 들려온다. 황금의 밥그릇 속에 고개 박지 않고 떠날 수 있는 사람이 영혼의 노래를 부를 수 있다. 우리는 몸을 입고 지구에 왔다. 이 지구는 경험을 통하여 황금빛 지혜를 얻기 위한 수련의 도장이다.

> 너에게는 한 가지
> 부족한 것이 있다
> 그것은 태초의 하늘을 수놓았던
> 황금빛 날개를 잊고 사는 것
> 처음부터 너는 충만한 영혼
> 이승에서 꾸는 어떤 꿈보다도
> 가벼웠다
> 사탄은 처음부터 존재하지 않았다
> 기억하라
> 천사의 날개가 무거워질 때
> 사탄이 깨어난다는 것을
> 너의 영혼이 황금빛을 잃을 때
> 너 또한 그리 된다는 것을.
>
> - 금빛(Gold)

처음 인간은 뱀이라고 말해진 유혹자로 인해 금지된 열매를 먹게 되었고, 그 결과 순결한 의식은 깨어지게 되었다. 선악과 이야기는 악을 경험하고 알면 알수록 선과 악이라는 이원론적 분별심은 깊어지고 필연적으로 인간의 신성은 파괴될 수밖에 없다는 것을 말해 준다. 신성의 파괴는 결국 가정의 파괴와 폭력과 살인으로 이어졌다. 천사의 날개가 무거워지면 악마가 되는 것처럼 악을 아는 지식은 인간을 무너지게 한다.

인간의 존귀함과 영혼의 순결함을 추구해야 할 자유의지를 영혼의 빛을 어둡게 하고 죽이는 데 사용하는 것은 자기 파괴일 뿐이다. 그것은 인간의 황금빛 두뇌를 회색빛으로 어두워지고 쪼그라들게 하는 삶으로의 추락이다. 자유의지는 하나님의 선물이다. 우리는 기쁨으로 삶을 노래하고 감사의 춤을 추는 인생을 살아가는 데 자유의지를 사용할 줄 알아야 한다. 맑고 거룩한 향기를 내는 영혼이 되도록 노력해야 한다.

인간의 참 생명은 선악과에 있지 않고 생명나무에 있다. **생명나무는 내 안에 간직한 신성한 빛, 곧 신성한 의식이다. 선악과는 그럴듯하지만 결국 인간을 파괴하는 금단의 지식이다.** 생명나무는 하늘 아버지를 아는 지식, 곧 신성을 찾아가는 지혜이다. 아쉽게도 지구의 현실은 아수라장 같은 혼란을 극명하게 보여주고 있다. 인생의 혼란은 자유의지의 혼란이다. 인과의 사슬도 자유의지의 오용에 근거를 두고 있다. 그렇다면 우리의 의식을 어떻게 생명나무의 길로 고양시킬 수 있을까.

우리는 무지와 어리석음을 통하여 스스로 불러들인 고난을 겪게 되고 뒤늦은 후회를 한다. 하지만 그때 우리는 돌이켜 삶을 배우게 되고 내적 진실에 한 걸음 더 들어서게 된다. 바로 그 걸음이 진정한 삶으로 나를 안내하고 지혜의 기름으로 내 등잔을 가득 채운다.

"예수께서는 하나님의 아들이었지만 고난을 몸소 겪음으로써 하나님께 순종하는 것을 배우셨습니다."(히 5:8)

50장

열 처녀의 신랑은 언제 오는가?

마태 25:1-13

예배당을 출입하는 사람이라면 누구나 알고 있을 열 처녀의 비유는 주님의 재림을 깨어 기다리라는 경고의 말씀으로 이해하고 있다. 인생을 지혜롭게 산다는 것은 신랑을 맞이하기 위해 기름을 준비한 슬기로운 처녀들처럼 살아가는 것이다. 그렇다면 열 처녀가 기다리는 신랑은 우리에게 언제 오는가? 최후 심판이나 죽음의 순간이 와야만 만나지는 신랑 예수인가? 또 준비해야 할 기름이란 무엇일까?

영원한 현재 시점

예수의 비유 말씀을 이해하는 데는 영원한 현재 시점을 먼저 염두에 두어야 한다. 그 열쇠는 '지금 여기'이며 '오늘'이다.[70]

"**오늘날** 우리에게 일용할 양식을 주옵시고…"(마 6:11, 개역한글)
"때가 오면 죽은 자들이 하나님의 아들인 내 음성을 듣게 될 것

---

[70]   개역한글판 성경에는 '오늘'이 374번, '지금'이 133번 등장한다.

인데, **지금**이 바로 그때이므로 듣는 사람들은 살 것이다."(요 5:25, 현대어 성경)

지금 이 순간에 나를 찾아오시는 임마누엘의 주님이 신랑이다. '오늘', '지금' 나를 찾아오시는 주님과 혼인을 하는 것으로 비유되는 '하나 됨'이 이 비유의 핵심이다. 그 '하나 됨' 안에서 우리는 분열된 나의 의식이 하나 되고 신성과 인성이 하나가 될 수 있다. 그때 우리는 우리에게 주어진 삶을 혼인 잔치판으로 만들 수 있다. 신랑과 '하나 됨'의 잔치를 날마다 벌이는 영적 삶이 그리스도인의 목표라는 것을 이 비유는 말씀하고 있다.

결혼 주례를 하면서 나는 신랑에게 이렇게 당부하는 말을 했다. "아내를 이기려고 하는 생각은 꿈에서도 하지 말기를 바랍니다. 아내는 이해와 사랑의 대상이지 이기는 대상이 아닙니다. 아이리딩에서 남자의 눈동자는 24칸인데 여자의 눈동자는 4배수인 96칸으로 구분합니다. 남자가 하나의 생각과 감정이 지나갈 때 여자는 4개씩 지나갑니다. 그래서 남자는 여자를 이기려고 해서는 안 된다는 겁니다. 사랑으로 이겨야지 자존심으로 이기려고 하면 인생 힘들어집니다.

신랑에게 나의 결혼 생활 노하우를 전수합니다. 아내에게 하는 나의 아침 인사는 '오늘 처음 뵙겠습니다'입니다. 오늘 새벽에 나는 나에게, 또 창밖의 나무들에게도 '오늘 처음 뵙겠습니다'하고 인사를 했습니다. 나 자신에게 타이르듯이 몇 번이고 했습니다."

슬기와 어리석음

전기가 없던 시절에는 집집마다 호롱불을 사용했다. 기름이 적셔진 심지로 타기 때문에 계속적으로 기름을 보충해야 한다. 이 비유에 등장하는 어리석은 처녀들도 등불은 밝혔으나 생각보다 신랑이 늦게 왔기 때문에 그들의 등불은 꺼지고 말았다. 막상 신랑이 왔을 때는 불을 밝힐 수 없었다. 그들은 기름을 충분히 준비한 슬기로운 처녀들에게 '우리 등불이 꺼져가니 기름을 좀 나누어다오'라고 부탁했지만 거절당하고 말았다. 인생의 성패는 지혜와 어리석음에서 판가름이 난다는 본문과 유사한 말씀이 마태복음 7:24 이하에 있다.

"지금 내가 한 말을 듣고 그대로 실행하는 사람은 반석 위에 집을 짓는 슬기로운 사람과 같다."(마 7:24)

어리석음이란 미련하고 둔감하다는 뜻이다. 때를 분간하지 못하고 상식 밖의 행동을 아무렇지도 않게 하는 사람을 말한다. 슬기롭다는 그리스어 '프로미노스'(phrominos, φρόνιμοι)는 횡격막, 내면, 의식, 이성을 뜻하는 말(phrenes, phron, φρων)에서 유래했다. 지식은 밖에 있지만 **지혜는 내면에 있다. 깊은 숨을 쉬게 하는 근육인 횡격막에서 지혜의 의미가 나왔다는 것이 의미심장하다.** 결국 지혜는 건강한 이성을 바탕으로 한 내적 통찰력이고 그것은 깊은 숨을 바탕으로 한다는 이치를 담고 있다.

지혜의 기본은 고요함이고 고요함의 기본은 숨이다. 인간의 악은 어리석음에 뿌리를 두고 있다. 슬기롭고 생각이 깊은 사람은 악을 멀리한다. 영성과 신성을 추구하는 사람은 지혜의 길을 가는 사람이다. 지혜는 자신의 내면을 살피는 사람이고 슬기로운 처녀들처럼 상황 파악을 제대로 하는 사람이다. 그러나 어리석은 사람은 생각 없이 살아간다. 중요한 일을 중요하게 생각하지 않는다. 대충 아무렇지 않게 성의 없이 준비하다가 어리석은 처녀들처럼 신랑 없는 신부가 되는 사람이다.

슬기롭게 살아가는 삶은 어떤 것일까? 며칠 전에 찾아오신 분이 '아침에 깨어날 때면 하늘이 나에게 오늘이라는 새로운 도화지를 주셨구나'라고 생각한다고 말했다. 하나님은 날마다 우리에게 공평하게 새로운 도화지를 주신다. 거기에 어떤 그림을 어떻게 그리느냐 하는 것은 각자의 몫이다. 날마다 신랑을 맞이한다는 것은 내가 그릴 수 있는 최상의 그림을 그려가는 삶이다.

나누어 가질 수 없는 기름(인생)

어떤 사람들은 이 비유를 읽다가 지혜로운 처녀들이 기름을 주는 것을 거부한 것에 대해 너무 심한 이기주의가 아니냐고 생각한다. **그것은 기름을 물질로 이해하고 이 이야기가 비유라는 사실을 망각한 오해이다. 여기에서 기름은 각자가 자신의 삶의 과제를 어떻게 성실하게 이루어 왔는가 하는 내용의 총체적 상징이다.**

예를 들어 그 기름이 사랑이라면 자신 안의 사랑을 깨우고 이웃을 향하여 사랑을 실천하였던 삶이다. 지금 이 순간 일어나고 있는 일들을 현명하게 대처해온 삶의 축적을 누구에게도 팔 수 없다. 나의 믿음, 나의 꿈과 사랑을 판매할 수 있겠는가?

지금 이 순간 나에게 찾아오시는 신랑 예수를 만나느냐, 못 만나느냐 하는 것은 각자의 몫이지 어느 누가 대신해줄 수 없다. **내 등불에 기름을 채우는 것은 내 삶으로 채워야 한다. 그 기름은 곧 일상적인 삶의 현장에서 예수의 말씀을 실천하는 것이다. 마태는 그리스도 예수를 믿는 믿음은 사랑의 실천에 있음을 강조하고 있다.** 마태복음서의 믿음은 철저하게 실천에 있다. 믿음은 오직 말씀의 실천으로 나타나야 한다. 이러한 마태의 관점은 25:31 이하의 '최후 심판'에서 불화살처럼 명확하게 제시되고 있다.

지금 이 순간 - 기름을 채울 수 있는 기회

기름을 얼마나 준비했는지는 최후의 심판에서 판가름이 나게 된다. 우리가 살아있다는 것은 기회의 은혜로운 연속이다. 우리는 과거를 내려놓고 지금 이 순간을 기름을 채우는 기회로 지혜롭게 맞이해야 한다. 과거는 기억이고 추억이다. 기억되는 순간 그것은 과거가 된다. 과거는 더 이상 지금 존재할 수 없다. 한번 지나간 것은 다시 되돌릴 수 없다.

과거의 화려한 기억을 끊임없이 되풀이하는 사람은 변화하고 있는 삶을 거부한다. 이에 대한 은유가 결정적인 순간을 놓친 어리석은 처녀들이 심야에 영업도 하지 않는 기름집의 대문을 두드리는 모습이다. 그녀들에게 남은 것은 후회뿐이다. 이 사실에 대해 무지하고 게으르면 우리 역시 인생의 마지막 순간에 빈손만 남게 될 것이라는 경고를 열 처녀의 비유는 전해 주고 있다.

51장

너희가 구하는 것이 무엇이냐?

마태 25:31-46

무엇을 찾느냐는 질문에 조금은 우왕좌왕하는 요한의 두 제자에게, 예수는 '와서 보라'라고 말씀했다. 우리는 예수의 질문에 대한 나 자신의 대답을 준비하고 예수를 찾아가야 한다. 과연 나는 무엇을 찾아 헤매는 사람인가? 왜 예수를 찾아왔는가?

천국과 지옥의 갈림길

마태복음 25장에는 천국에 가는 사람과 지옥에 가는 사람을 판별하는 내용이 등장한다. 지옥에 보내지는 심판을 받은 사람들은 선행을 많이 했지만 천당이라는 결과를 얻기 위해서 살았던 사람들이었다. 예수를 따르는 목적은 죽은 뒤의 천당에 가고자 하는 데 있었던 사람들이다. **천국의 원인이 되는 '지금 여기'를 놓치고 결과만 바라본 사람들이다. 예수는 그들에게 악한 자들이며 받을 상을 이미 세상에서 받은 사람들이라고 일갈하셨다.** 그러나 양의 반열에 속한 사람들에게 이렇게 말씀한다.

"내 아버지께 복 받을 사람들아, 와서 천지창조 때부터 너희를 위하여 준비한 이 나라에 들어가라. 너희는 내가 배고플 때 먹을 것을 주었고, 목말랐을 때 마실 것을 주었으며, 내가 나그네 되었을 때 너희 집으로 따뜻하게 맞아들였다. 또 헐벗었을 때 입을 것을 주었고, 병들었을 때와 감옥에 갇혔을 때 찾아와 주었다. 그때 그 의로운 사람들은 이렇게 대답할 것이다. '주님, 저희가 언제 주님이 배고프신 것을 보고 잡수실 것을 드렸으며, 목마르신 것을 보고 마실 것을 드렸습니까?'"(마 25:34-37)

천국의 사람들은 과거의 선행에 머물지 않고, 미래의 천국이라는 보상을 기대하지도 않고 일상적으로 자연스럽게 선을 행한 사람들이었다. 그들은 원인의 자리에 머무는 사람들이지 천국이라는 결과에 목을 매는 사람들이 아니었다.

어떤 일이 일어날 때는 일어나는 원인이 있다. 그 원인을 알아차리는 사람은 지혜로운 사람이다. 그러나 의식이 혼미한 사람은 심지도 가꾸지도 않고 열매만 구하려고 한다. 이런 사람들의 종교는 지옥이 두려워 천당 가려고 매달리게 한다. 바로 여기에 인간 세상의 온갖 번뇌와 종교 장사꾼들의 술수가 뿌리박고 있음을 눈 밝은 사람은 밝히 통찰한다.

원인을 바라보는 통찰

원인을 통찰하기 위해서 중요한 것은 마음을 바라보고 다스리는 지혜이다. 잠언서 4:23절(개역한글)은 이렇게 말씀하고 있다.

"무릇 지킬만한 것보다 더욱 네 마음을 지키라. 생명의 근원이 이에서 남이니라."

마음을 지킨다는 것은 순간순간 깨어 이 마음과 현상이 무엇으로 부터 비롯되었는지 알아차리는 일이다. 골키퍼가 골문을 지키기 위해서 공이 어디에 있는가를 집중해서 살피는 것과 같다. 이 집중력을 놓치게 되면 공을 놓치게 될 것이다. 마음을 지킨다는 것은 마음이 일어나는 첫 자리, 곧 원인을 바라보는 통찰이다. 이 통찰이 생명의 근원을 놓치게 되는 원인이 무엇인지 알아차리게 하고 모든 속박에서 벗어나게 한다. 그것은 밤에도 자고 낮에도 잠자는 혼미한 상태에서 깨어난 의식이다. 이런 이를 마음을 '다스리는' 사람이라 한다.

예를 들어 설명해보자. 어떤 사람에게 "오늘 기분이 어때요?" 하고 물었더니 "오늘은 우울한 날이에요"라고 대답했다. "왜 우울한 날입니까?" "비가 오잖아요." "비가 오면 우울한 날이라는 신념을 가지고 계시군요. 지금 비구름 위에 태양이 떠 있다는 것을 아시나요? …"

지금 내 기분이 우울하다는 것은 우울이라는 구름이 내 마음의 하늘에 지나가고 있을 뿐이라는 것을 알게 된다면 내 기분도 내가 선택할 수도 있고, 나의 신념에서 비롯된 착각에서 알아차릴 수 있다. 우울한 기분이 일어나는 원인을 알게 되면 마음을 바꿀 수 있다. 바로 이런 지혜가 열릴 때 생명의 근원을 얻었다고 말한다.

먹구름을 하늘이라고 혼동하면서 비가 오니까 나는 우울한 사람이라고 우울의 감정을 자기 자신과 동일시하는 사람들은 그냥 잠자는 사람이거나 아니면 기계적 반응을 하는 사람이다. 이러한 반응에서 벗어나기 시작할 때 '지금 여기' 공부가 시작된다.

그리워는 해도
염려하지는 않겠소
손 시린 세상의 능선길을 걸어가는
그대의 뒷모습에서
흐르는 외로움이 발자국마다
고여 있다 해도
나는 그대를 염려하지 않겠소.
여기에서 보면
그대의 먹구름 위에는
늘 환히 비추는 햇살이
빛나고 있소
여기에서 보면
그대의 가슴 속에서 퍼덕이는
날갯짓 소리가 들려오고 있소.
여기에서 보면
그대의 하늘은 눈물겹게 푸르기만 하오.

여기에서 보면 —
- 그대에게

나를 알아가는 길

예수 시대나 지금이나 나 자신과 참을 알고 그 참을 실천하는 삶을 살고자 하는 사람은 찾아보기 어렵다. 사람들은 병이 낫고 기적을 구경하고 천국에 간다고 하는 결과를 붙잡고자 예수를 찾았다. 복음서에 나타나는 예수의 처절한 고독은 이 주제와 이어져 있다.

예수는 황금과 권력을 얻는 길을 제시하지 않고 '나가 누구인지, 곧 아버지가 누구인지를 알아가는 길을 제시했다. 그리고 각자가 새로운 시작을 할 수 있도록 무한한 가능성을 열어주었다. 인간의 모든 차별과 억압에서 벗어나고자 하는 인류의 꿈을 제시하였다.

나가 누구인지 알려면 아버지가 누구인지 알아야 한다. 나를 알아가는 길을 가는 사람은 살아계신 하나님 아버지를 알게 된다. 아버지가 누구냐에 따라 그의 정체성이 드러난다. 하나님이 아버지라면 그 자식은 누구인가? 예수는 하나님의 말씀을 받은 사람은 신이라고 선언했다.

"너희 율법에도 '내가 너희에게 신이라' 하였다고 기록되어 있지 않느냐? 그러니 하나님의 말씀을 받은 사람들을 신이라고 한 성경이 틀린 것이 아니라면, …"(요 10:34-35)

부활하신 후에 예수는 막달라 마리아에게 **너의 아버지와 나의 아버지는 하나이다**라고 말씀하였다(요 20:17). 바로 이것이 복음이다. 우리는 예수와 나의 하나님 아버지를 알아보는 생명의 길을 가고 있다.

예수는 생명의 길을 가는 사람들에게 좁은 길 좁은 문으로 들어가라고 경고했다. 좁은 문이란 본성을 통과하는 문이다. 그 문을 통과할 때 '나' 아닌 그 무엇들을 나로 착각하는 나가 아니라 신성의 '나'를 깨닫게 된다. 좁은 문은 물질로 통과할 수 없는 문이고, 에고로 통과할 수 없는 문이다. 그러나 나를 알게 하는 지혜의 말씀이 나를 넘어서게 한다.

　나를 찾아가는 길을 잃어버리고 돈을 찾아가는 길을 향해 떼 지어 몰려가는 자본주의 사회에서 자신을 발견하고 아버지를 찾아가는 사람들은 이 세상에 합당하지 않을 것이다. 예수를 따르는 사람들은 이 세상에 대하여 금식하는 사람들이다. 이 금식을 통하여 'I AM'으로서의 '나'가 되고 어머니의 자궁으로 태어난 나가 이제는 자궁 없이 새로 태어난 '나'가 된다.

52장

예수께서 이 말씀을 모두 마치시고

마태 26:1-30

예수의 십자가 수난을 다룬 26-27장의 시작은 "예수께서는 말씀을 모두 마치시고"(26:1)로 시작되고 있다. 예수께서 설교로 하실 수 있는 모든 말씀은 끝이 났다. 이제 무엇이 남았는가? 말씀을 들었거나 읽은 사람들은 말씀을 실제 삶으로 살아야 할 결단만이 남아 있다. 이제 예수께서도 입이 아니라 몸으로 보여주고 증거하는 길이 남아 있다. 그것은 한 알의 밀알이 땅에 떨어져 영원히 사는 길을 가는 일이다. 그리하여 '이런 일이 일어났다.'

그리스도 의식을 완성하는 길

수난이 시작되면서 예수를 둘러싼 사람들은 양과 염소로 갈라졌다. 예수에게 환호하던 민중들은 당시 지도자들인 바리새파와 율법학자들의 편으로 돌아섰다. 이해관계에 따라 조변석개(朝變夕改)하는 민심의 표변이다. 또 달란트 비유에서처럼 한 달란트 받은 셋째 종과 칭찬받은 다른 종들처럼 완전히 다른 대척점을 보여주고 있다. 나는 마태가 인생의 핵심을 관통하는 지혜로 제시한 달란트 비유의 관점으로 본문을 비추어 보고자 한다.

인간은 누구에게나 저마다 다른 달란트, 곧 재능이 주어져 있다. 그것은 하나님의 소유로서 잠시 맡겨주신 것이다. 인생이란 이 사실을 깨닫고 자신의 쾌락과 탐닉을 위해서만 재능을 사용하지 않고 사람들의 삶과 의식을 고양시키는 데 사용해야 한다. 그러기 위해서 기존의 지식과 직업에 자신을 한정 짓지 않고 내가 더 나은 나가 되기 위해 배우고 성장하기 위해 노력해야 한다.

내가 부모라면 좋은 부모가 되기 위해 노력해야 한다. 거기에 제한은 없다. 자녀의 심신 양육은 물론 올바른 성장과 치유를 위해 자녀의 다양한 필요를 채워주기 위해 노력해야 한다. 내가 직장인이라면 직업인으로서의 전문성을 기르고 평화롭고 따뜻한 직장의 분위기를 조성하기 위한 배려를 할 줄 알아야 한다. 나의 달란트를 사용할 수 있는 범위는 무한하다.

그리스도인은 어디에 있든지 위대한 영혼이 되기 위한 길을 가는 사람으로서의 자기 역할이 있다. 나는 왜 여기에 있는가? 하루의 삶과 그 안에서 일어나는 인간관계와 여러 상황 속에서 '나'는 하늘 아버지의 뜻을 이 땅에 가져오기 위하여 여기에 있다. 나는 더 풍요로운 생명을 발견하고 누리고 나누어야 한다.

예수는 인간의 밥은 목구멍으로 넘기는 밥만이 아니라 영생으로 인도하는 밥이 있다고 말씀했다.

"너희는 썩어 없어질 양식을 얻으려 애쓰지 말고 영원한 생명에 이르게 하는 양식을 얻으려 애써라. 이 양식은 인자가 너희에게 주려는 것이다. 아버지 하나님께서 이 목적을 이루기 위해 나를

보내셨다."(요 6:27)

자신에게 주어진 삶의 기회를 어떻게

26장은 자신의 달란트를 의로운 예수를 죽이는 데 사용하고 있는 대제사장들과 백성의 원로라고 하는 지도층, 그리고 그들의 하수인으로 전락한 예수의 제자 가룟 유다가 등장하고 있다. 그런가 하면 예수의 머리에 향유를 부어 죽음을 예비하는 여인이 등장하고 있다. 같은 공간과 시간 속에서 자신에게 주어진 삶의 기회를 어떻게 써야 하는가를 본문은 대조적으로 보여주고 있다. 가룟 유다는 예수의 열두 제자라는 명예를 시궁창에 던져 버렸다. 예수는 최후의 만찬 자리에서 자신을 은전 서른 닢에 팔아버린 유다를 향해서 이런 말씀을 남겼다.

"나는 예언의 말씀대로 죽어야 하지만 나를 배신한 그에게는 화가 내릴 것이다. 그는 차라리 세상에 태어나지 않았더라면 더 좋았을 것이다."(마 26:24)

이런 말씀을 면전에서 들으면서도 유다는 "선생님, 저는 아니지요?"라고 뻔뻔함의 극치를 보여주고 있다. 다른 제자들은 예수를 모두 주님이라고 하는데(22), 유다만 랍비라고 호칭(25)하고 있다. 말이 존재의 집이라는 것을 그는 잘 보여주고 있다. 마리아의 향유 사건에 대한 요한복음서의 기록(요 12:1-8)에 보면 유다에 대해 이렇게 말하고 있다.

"그러자 예수의 제자로서 장차 예수를 배반할 자인 가룟 유다가

'그 정도의 향유라면 큰돈이 될 텐데 왜 그것을 팔아 가난한 사람들에게 나누어 주지 않는가?' 하고 말했다. 그가 이렇게 말한 것은 가난한 사람들을 생각해서가 아니라 그는 제자들의 돈을 관리하는 일을 맡고 있으면서 가끔 그 돈을 빼돌리는 도둑이었기 때문이다."(요 8:4-6)

가룟 유다가 받은 은전 30세겔은 율법이 정한 노예 한 사람의 값이었다. "만일 어느 집 여자 노예나 남자 노예를 황소가 들이받아 죽였을 경우에는 황소 임자가 죽은 노예의 몸값으로 은 30세겔을 그 주인에게 물어주어야 하며 들이받은 황소는 돌로 쳐죽여야 한다."(출 21:32) 가룟 유다의 배신에 대한 여러 가지 해석이 있지만 근본적인 것은 돈이라면 스승도 노예 값에 팔아넘기는 그의 어리석고 과한 탐욕이 불러들인 비극이라고 볼 수 있다.

가치는 알아보는 사람을 통해 드러난다

가룟 유다의 배신 과정을 목전에서 지켜보는 예수의 심정은 어땠을까? 그때 예수의 마음을 위로하고 치유한 여인이 있었다. 그녀는 값비싼 향유를 열어 예수의 머리에 부었다. 요한복음은 발에 부어 머릿결로 발을 닦았다 한다. 이는 최대한의 존경과 헌신을 보여주는 태도이다. 요한의 기록에 의하면 그녀는 죽었다 살아난 나사로의 누이이자 마르다의 동생인 마리아이다(요 12:3). 예수는 그녀의 행위에 대하여 "이 여자가 내 몸에 향유를 부은 것은 나의 장례를 위하여 한 것이다"(12)라고 말씀했다.

죽은 자에게 향유를 붓는 것은 유대의 관습이었다. 그러나 예수는 살아있을 때 기름 부음을 받았다. 그녀는 알지 못하고 기름을 부었지만, 예수는 이 일을 예언적 사건으로 말씀했다. 그리고 여인의 행위는 복음이 전파되는 곳마다 전파되고 기억되리라고 말씀하였다. 그러나 여인의 향기로운 미담과 함께 추악한 가룟 유다의 행위도 함께 기억되고 전파되고 있지 않은가? 마태는 이런 관점에서 우리 자신의 삶을 비추어 보라고 애둘러 말씀하고 있다.

요한복음에서는 여인의 행동을 가룟 유다 혼자 비판하고 화를 낸 것으로 되어 있지만, 마태복음서는 가룟 유다의 그럴듯한 불평에 제자들이 모두 동조했다고 기록하고 있다. 예수께 값비싼 나드 향유를 부은 행동을 무가치하고 쓸데없는 짓으로 보는 데는 제자들 모두 마찬가지였다는 것이다. 여타의 제자들은 유다와 다를 바 없이 예수의 상황과 죽음의 의미를 전혀 깨닫지 못한 상태였다.

가치란 그 가치를 알아보는 사람을 통해 드러난다. 물건이나 사람이나 마찬가지이다. 열두 제자 중의 하나인 유다는 예수를 노예 값에 넘겼고, 베다니의 마리아는 노동자 1년분의 값진 향유를 예수에게 발라드렸다. 인생은 바로 이 차이에 있다. 마태복음은 우리가 어떤 인생의 길을 가야 하고 그러기 위해서 어떤 지혜로운 선택과 행동을 해야 하는지 교훈해 주고 있다.

마리아의 길과 가룟 유다의 길은 늘 내 앞에 오고 있다. 그리스도 예수를 그리스도 예수로 알아보는 사람, 그분의 말씀이 얼마나 고귀한 말씀인가를 알아보고 실천하는 사람이 이 세상에서 가장 큰 축복을 받은 사람이다.

53장

아직도 자고 있느냐?

마태 26:36-46

겟세마네에서의 기도 장면을 보면 인류의 생사 문제를 놓고 영혼의 사투를 벌이는 예수와 그 곁에서 잠만 자고있는 제자들이 대조되고 있다. 겟세마네 동산에는 산 자와 죽은 자, 눈뜬 자와 눈먼 자, 깨어 있는 자와 깨어 있지 못한 자가 극명하게 대비되고 있다.

제자들의 잠

제자들의 잠은 상징적 의미가 크다. 그들의 영은 육체적 한계를 뛰어넘지 못하고 잠들어 있다. 그들은 잠자는 의식권의 인류를 상징한다. 잠자는 의식권에 있는 사람들은 성격의 지배를 받고 있다. 성격의 가면을 자신으로 알고 있는 사람은 자신의 생각, 감정, 행동, 소유, 직함 등을 자기 자신이라고 착각한다.

이런 의식권에서는 육체를 나로 알고 있기에 육체를 절대적인 것으로 여긴다. 그들에게 죽음은 소멸이고 육체의 소멸은 그들의 끝이다. 그들은 눈뜨고 돌아다녀도 수많은 그 무엇들을 자기 자신과 동일시하기 때문에 자신이 바로 '나'라는 '실존'을 자각하지 못하고 무엇이 본질인지 알지 못한다. 자신의 집착과 환상을 동일시하기 때문에 자신의 그림자를 실재라고 착각하면서 살아간다.

인간이 하는 모든 행위, 행동, 말, 생각, 감정, 확신, 의견, 버릇 등은 이미 입력된 무의식의 반영이다. 나에게 새로운 생각이 열리고 창조적인 삶을 살아내기 위해서는 이 세상에서 일어나는 일들이, 성서의 인물들에게 일어났던 사건들이 나의 인생에서도 일어나고 있음을 먼저 통찰할 필요가 있다. 성서의 등장인물들은 나를 반영하는 거울이다.

나는 어느 때는 베드로, 또 어느 때는 가룟 유다이다. 성서를 읽으면서 세 번이나 배신한 베드로를 향해 혀를 차기도 한다. 다른 사람들을 바라보며 저 인간은 왜 저러나 하면서 그 사람처럼 나도 왜 저러나 하는 일을 하고 있다. 남들이 하는 일을 바라보면서, 만일 내가 한다면 저 사람보다는 내가 훨씬 더 나을 거라고 생각한다. 만약 내가 제자 가운데 한 사람이었다면 겟세마네에서 눈을 부릅뜨고 깨어 있을 수 있었을까? 예수께서 부르실 때에 베드로처럼 곧바로 배를 버리고 따라나설 수 있었을까?

아버지의 뜻이 이루어지게 하소서

십자가의 길은 아버지의 뜻을 이루기 위해 가는 길이다. 예수는 그 길이 자신을 지구에 보내신 소명의 길임을 확신하고 선택했다. 최후 만찬장에서 잔에 부어지는 포도주에 대한 의미를 마가복음에서는 '모든 사람을 위하여 흘리는 계약의 피다'(막 14:24)라고 되어 있으나, 마태복음은 '이것은 새 계약을 표시하는 나의 피다. 많은 사람의 죄를 용서하기 위하여 흘리는 나의 피다.'(마 26:28)라고 되어 있다.

마태는 예수의 죽음의 의미를 용서와 직결시키고 있다. 예수는 병자를 고칠 때도 단순히 병을 고쳐 주는 데 머물지 않고 죄의 용서를 선언했다. 바리새인들이 이 점에 대해 경악하는 것은 다반사였다.

인간의 질병은 마음의 문제와 연결되어 있다. 예수는 인간의 깊은 무의식 속에 그 시대의 사회적 구조 속에서 강력하게 심어진 죄의식에서 벗어나지 않는 한 해결될 수 없는 사슬을 끊어내고자 했다. 안식일이 사람을 위해 있다는 선언(막 2:23-28)은 그 연장선이라고 볼 수 있다.

마태는 예수의 삶과 죽음은 하나님의 사랑이 드러나는 용서에 있었다고 증언한다. 마태에게 있어 사랑과 용서는 하나이다. 예수의 십자가는 바로 그 증거이다. 예수는 처절한 죽음의 자리에서도 사랑을 잃지 않았고 자신을 못 박고 경멸하는 사람들을 위해 용서의 기도를 바쳤다. 이로 인해 예수를 못 박아 죽여온 사형틀로서의 십자가는 하나님의 사랑과 용서를 드러내는 구원의 상징이 되었다.

신앙은 하나님의 사랑을 깨달아 가는 여정이다. 그것은 동시에 나의 삶 속에서 용서의 힘을 사용함으로써 증거된다. 사소한 것도 용서할 줄 모르는 비정한 사람은 아무리 오래 교회를 다닌다고 해도 예수로부터 배움이 없는 사람이다.

겟세마네 동산에서 예수는 세 번의 기도를 드렸다. 첫 번째는 "아버지, 만일 하실 수만 있으시면 이 잔을 내게서 거두어 주소서"(39)라고 기도했다. 그때 예수는 근심과 번민에 싸여 있었다(37). 그러나 두 번째, 세 번째 기도에서 하나님의 뜻을 받아들이고 "그러나 내 뜻대로 마시고 아버지의 뜻대로 하소서"라고 기도했다. 바로 이 정신이 믿음의 핵심이다. 내 뜻을 십자가에 못 박고 하늘 아버지의 뜻이 내 안에서 살아날 때 신앙의 문이 제대로 열리게 된다.

하늘 아버지의 뜻이 하늘에서 이루어진 것처럼 이 땅에서도 이루어지게 해 달라고 하는 청원의 내용이 주기도문에 있다. 주님 가르치신 기도의 핵심도 여기에 있다. 황금률이라고도 하는 산상수훈의 중심은 주기도문이라고 앞에서 언급한 바 있다. 그렇다면 주기도문의 핵심은 겟세마네에서 드려진 예수의 기도를 통해 드러난다.

배움의 성장, 의식의 성장

우리는 하나님에게서 나와 하나님께 돌아가는 인생의 여정을 지구에서 잠시 보내고 있다. 예수 믿는다고 해서 우리에게 고통과 슬픔이 없는 것이 아니다. 하늘 아버지의 뜻을 따르려고 하기 때문에 더 혹독한 어려움에 처할 수도 있다. 그러나 우리에게 주어진 '하나님의 믿음'으로 우리는 더 깊은 믿음의 성장과 변형을 경험한다. 성장이란 배움의 성장이고 의식의 성장이다.

의식이란 내 안에 있는 무한한 땅이다. 그 땅을 갈아엎어서 우리는 영적 사랑과 지혜의 열매를 수확해야 한다. 그 밭에는 부정적이고 습관적인 정신적, 감정적, 또는 육체적 잡초들이 끊임없이 자라나고 있다. 오늘 우리가 이 자리에 있는 것은 내 영혼의 밭에 거름을 주고 어떤 새로운 씨앗을 뿌려야 하는지를 알기 위해서이다.

의식을 가진 인간이 이 세상에서 거둘 수 있는 최상의 기쁨은 게으름과 습관의 잠에서 깨어나 하늘 아버지의 기쁨을 내 자신과 이 땅에 실현하는 일이다. 나의 영혼이 하나님의 기쁜 수확이 될 수 있도록 성숙해지는 일이다. 오늘의 본문은 자칫하면 잠에서 살다가 잠에서 죽을 수 있다는 것을 경고하고 있다.

내가 한 알의 씨앗으로 떨어진 이후
참 정신없이 살아왔었지
나는 삶이란 싸움이요
투쟁인 줄 알았어
온몸으로 부대끼는 고통의
연속인 줄 알았지
반란의 창날 같은 자존의
끝을 세우며
숨 막히는 무더위와
땡볕으로 갈라지는 논바닥에서
내가 늘어진 적이 몇 번이었던가
그 혼절의 현기증 속에서
지옥이란 저승에 있는 것이
아님을 알게 되었지
지금은 시월
나는 서늘한 바람을 온몸으로 즐기며
흔들리고 있지
씨앗이 열매가 되고
열매가 다시 씨앗이 되는 세월 속에
나의 하늘이 있었음을

알게 되었지

세상은 늘 좋은 일만 있는 것임을.

- 벼

54장

본디오 빌라도에게 고난을 받으사

마태 27:11-26

그리스도인의 신앙고백서인 사도신경에는 '본디오 빌라도에게 고난을 받으사'라는 문장이 있다. 종말의 그날까지 빌라도라는 저주받은 이름은 계속해서 지구 공간에 울려 퍼질 것이다. 왜 하필이면 대제사장 가야바나 배신자 가룟 유다도 아닌 빌라도인가?

빌라도 - 우유부단한 망설임의 사람

예수의 십자가 수난 사건은 유대 지도자들이 예수를 로마 총독인 빌라도에게 이첩시킨 사실을 배경으로 하고 있다. 산헤드린은 재판을 할 수 있었지만 사형 집행권이 없었던 것이다. 예수의 처형은 타락한 유대 종교 지도자들과 세계를 지배했던 로마 권력의 합작 사건이었다.

빌라도는 예수의 무죄를 확신하였다. 그는 소극적으로나마 예수를 풀어주려고 노력은 했었지만, 정치적 주판알을 튕기다가 결국 예수에게 사형을 선고했다. 어쩌면 빌라도는 예수를 종교적인 문제를 일으키는 갈릴리 시골의 지도자쯤으로 여겼을 것이다. 삼백여 년의 세월이 흐른 뒤에 로마가 예수의 복음에 의해 굴복되리라는 것을 어찌 상상이나 할 수 있었을까?

빌라도는 자신의 중심도 신념도 없는 사람이었다. 그의 우유부단한 망설임은 자기 자신에 대한 저주가 되었다. 우유부단한 사람은 자신이 확실하게 경험하고 알고 있는 사실조차도 의심한다. 믿음이 있는 사람의 의심은 위대한 의심이 위대한 믿음을 낳는다는 말처럼 깨달음의 믿음이 열리는 길과 통할 수 있다. 하지만 우유부단한 사람의 의심은 자신에게 주어진 절호의 기회마저 영원히 놓쳐버리는 결과를 가져올 수 있다.

빌라도는 자신의 권력을 무분별하게 사용하여 자신의 인생을 영원히 망쳐버렸다. 그는 우유부단한 망설임으로 가장 중요한 자신의 영혼과 생명을 잃어버린 것이다.

꿈 - 하나님의 숨겨진 언어

빌라도가 재판하고 있을 때 그의 아내가 '무죄한 사람의 일에 관여하지 말라'고 전갈을 보냈다. 그녀는 꿈을 통해 예수의 무죄를 깨닫고 남편에게 충고한 것이다. 외경인 니고데모 복음서 2장에 의하면 그녀의 이름은 클라우디아 프로클라(Claudia Procla)로서 유대교에 귀의하였고 그리스도의 숨은 제자였다고 한다. 그녀는 꿈을 통해 불길한 징조를 예감했다. 마태복음의 특징은 꿈을 강조하고 있다.

1:20 잠에서 깨어나 요셉은 주의 천사가 일러 준 대로 마리아를 아내로 맞아들였다.

2:12 박사들은 꿈에 헤롯에게로 돌아가지 말라는 하나님의 지시를 받고 다른 길로 자기 나라에 돌아갔다.

2:13 주의 천사가 요셉의 꿈에 나타나서 헤롯이 아기를 찾아 죽이려 하니 어서 일어나 아기와 아기 어머니를 데리고 이집트로 피신하여 내가 알려줄 때까지 거기에 있어라.

2:19 헤롯이 죽은 뒤에 주의 천사가 이집트에 있는 요셉의 꿈에 나타나서

2:22 그러다가 그는 다시 꿈에 지시를 받고 갈릴리 지방으로 가서 나사렛이라는 동네에서 살았다.

마태에게 있어 꿈은 하나님의 계시이다. 구약에서도 다니엘의 경우처럼 꿈은 하나님의 계시의 수단으로써 자주 사용되었다. 꿈은 모든 인간에게 하나님이 사용하시는 언어이다. 마태는 이방 여인의 꿈을 통해서 그리스도의 수난의 의미가 계시되었다고 기록하고 있다. 하지만 빌라도 아내의 꿈은 빌라도의 소신 없는 행동을 막지는 못했다.

꿈속에서는 꿈이 현실이다. 마찬가지로 왜곡된 신념은 그 신념이 현실이 된다. 사람들은 행복과 자유를 원한다고 하지만 실제로는 그것을 두려워하면서 도피한다. 자신의 꿈이 깨는 걸 두려워하고 그 꿈속에서 경험하고 있는 쾌락의 자극을 잃어버릴까 두려워한다. 그러나 예수는 진정한 행복과 자유는 이 세상의 세뇌된 꿈에서 깨어날 때 시작된다고 말씀한다.

이 지구에서 영원히 살 것처럼 아등바등 집착하고 있는 일체의 대상이 모두 꿈이다. 내 것이라고 믿고 있는 모든 것, 일체가 꿈이

다. 내가 이러이러했으면 좋겠다고 생각하는 조건들 역시 꿈이다. 이것 없이는 행복할 수 없다고 믿는 것들 역시 꿈이다. 이 꿈에서 깨어날 때 별을 보게 된다. 대낮에도 별은 하늘에 있지만 햇빛에 가려 별은 보이지 않는다. 인생의 어느 한순간, 내가 빛이라고 믿는 태양이 밤하늘의 별을 만나는 데 있어 어둠 그 자체였음을 깨닫게 될 때 새로운 눈을 뜨게 된다.

오늘 새벽 어떤 꿈을 꾸었느냐고
묻지 마시오
내 앞에 앉아있는 그대
나에게 꿈을 묻고 있는 그대가
꿈이 아니겠소
몇 날 몇 밤을 달려가는
지중해의 뱃전에서 나는 보았소
배가 가고 그 뒤를
파도가 달려가고 있지만
바다는 늘 제자리에 있다는 것을.
오늘도 나는 꿈속에서
꿈을 꾸오
어떤 밤바다보다도 깊은
인연의 바다
늘 내 가슴속에 웅크리고 있는
그 꿈을 바라보고 있소.
- 꿈속에서 꾸는 꿈

나는 무죄하니 죄값은 너희가 받으라

　　빌라도는 자신의 심적 부담으로부터 벗어나기 위해 자신이 결백하다고 맹세했다. "너희가 맡아서 처리하여라. 나는 이 사람의 피에 대해서는 책임이 없다"(24)라고 말하였다. 무지몽매한 군중들은 "그 사람의 피에 대한 책임은 우리와 우리 자손들이 지겠습니다"라고 소리쳤다. 그들이 외친 피값은 주후 70년, 예루살렘의 멸망과 600만의 희생을 낸 홀로코스트의 비극으로 이어져 왔다.

　　빌라도가 '나는 무죄하니 죄값은 너희가 받으라'는 의미로 씻은 손은 과연 무죄한 것인가? 의로운 사람인 줄 알면서도 악인들에게 예수를 내어 준 그는 자신의 책임을 회피하기 위해 손을 씻었을 뿐이다. 죄책감을 벗어나기 위해 행했던 그의 행동은 하나님과 역사의 법에 의하여 단죄를 받고 있다. 그는 자신의 기회주의적이고 야비한 태도를 모면하고자 손을 씻었지만, 그의 이름은 '사도신경'에 기록되어 "빌라도에게 고난을 받으사 십자가에 못 박혀 죽으시고…"라고 지금도 회자하고 있다.

　　우유부단한 빌라도 앞에서 예수는 'I AM'(에고 에이미)으로 자신의 실존을 선언했다. 그 무엇들이 아닌 나로서의 '나'라고 하는 예수의 고백은 그리스도인의 정체성이 무엇이어야 하는지를 명확하게 보여준다. 그 정체성을 바탕으로 한 예수의 가르침은 인간은 하나님을 아빠 아버지라고 부를 수 있는 존귀한 존재임을 자각하고 하나님의 자식답게 살아가라는 것이었다. 온 인류가 한 아버지의 자식임을 깨닫고 인간을 차별 없이 사랑하라는 가르침이었다.

55장

엘리 엘리 라마 사박다니

마태 27:32-66

　　인간은 자기 자신을 위해 참되고 선하고 아름다운 삶을 창조할
수 있는 모든 잠재력을 가지고 태어난다. 그것은 무한한 가능성으
로서의 0의 자원이다. 그러나 자신의 자원을 사용할 줄 모르기 때
문에 불행의 감옥을 스스로 만들면서 살아가고 있다. 수백억 통장
이 있어도 비밀번호를 몰라 사용할 줄 모른다면 그것은 아무런 효
용 가치가 없을 것이다. 인간은 자신에 대한 '존재의 진실'을 알기
전까지는 결코 밖으로 나올 수 없는 감옥 속에서 살아간다. 인간
의 영광과 비참함이 여기에서 갈라지게 된다.

인간 존재의 진실은?

　　그렇다면 그 인간 존재의 진실은 무엇인가? 예수는 이에 대
해 인간은 하나님의 자식이며 인류는 한 형제자매임을 말씀했다.
그것은 인간이 만든 계급과 신분에 의해 자행되는 억압이 인간의
신성한 빛을 가리어서는 안 된다는 가르침이었다. 특히 하나님의
이름으로 자행되는 종교적 권력에 대해 분노하였고 건물이 성전이

아니라 인간 한 사람, 한 사람이 하나님의 신성한 나라로서의 존재라고 말씀하였다.

하늘 아버지는 자식들인 인간들에게 풍성함과 행복하게 살 수 있는 권리를 주셨다. 그렇다면 여기에서 물어보자. 예수를 찾는 사람이 행복하지 못하다면 예수의 가르침은 우리 삶에 어떤 의미가 있는 것인가?

창조의 불꽃이 타오르는 예수를 유대교의 완고한 틀로서 감당하기에는 불가능했다. 예수의 신성한 빛을 율법의 그림자로 덮을 수 없었다. 그러나 유대의 권력자들은 무망한 노력을 다했다. 그들은 자신들의 기득권인 현실 구조를 지켜내기 위해 최선을 다한 것이다. 예수의 수난은 이런 배경이 깔려있다.

십자가 위에서의 두 번째 시험

공생애를 시작하기 전, 예수는 광야에서 사십 일 동안 오로지 자신에게 집중하는 망식(忘食)의 시간을 가졌다. 그 뒤를 이어 예수는 세 가지 유혹의 시험을 받았다. 돌로 빵을 만들라고, 성전 꼭대기에서 뛰어내리리라고, 내게 절하면 이 세상 모든 것을 주겠노라는 마귀의 시험을 통과하였다(마 4:1-11). 그 마귀의 시험은 다시 십자가 위에서 치열하게 벌어졌다. 예수의 공생애는 시작과 끝에 세 가지 시험이 배치되어 있다.

군중들은 십자가에 못 박힌 예수에게 "네가 정말 하나님의 아들이거든 어서 네 자신이나 구원하고 그 십자가에서 내려 와 보시지"

(40) 하고 모욕하였다. 대제사장과 율법학자들과 원로들도 "하나님을 믿고 있다니 하나님께 풀어 놓아 그 증거를 보여 주시라고 해" (43) 하며 조롱하고 비웃었다. 십자가에 못 박힌 두 강도도 예수를 모욕하였다(44).

십자가의 처형은 끝까지 하나님을 신뢰하고 자신을 온전히 내어 맡긴 예수의 삶을 총결산하는 사건이었다. 인간이 겪을 수 있는 최고의 고통과 모욕 속에서도 하나님을 향한 '믿음'의 끈을 놓지 않은 사건이었다. 그 참혹한 시험의 통과로 예수는 진정한 하나님의 아들이었음이 증명되었다. 하나님으로부터 버림받은 듯이 보이는 골고다에서 십자가에 매달린 예수는 자신을 조롱하는 인간들을 향해 분노하지 않고 하늘 아버지를 향하여 마지막 기도를 드렸다.

"엘리 엘리 라마 사박다니!" 하고 부르짖으셨다. "이 말씀은 '나의 하나님, 나의 하나님, 어찌하여 나를 버리셨나이까!'라는 뜻이다."(46)

이 부르짖음이야말로 마지막 순간까지 하나님을 놓지 않았던 그리스도의 모습이었다고 마태복음은 증거하고 있다.

내가 내려설 땅은 한 평도 없구나
그리하여 올라선 나의 하늘은
그저 허공
텅 빈 허공일 뿐
하늘도 땅도 아닌 나의 허공에
나는 매달려 있을 뿐
이승은 죽을 일 하나만 남아
가물거릴 뿐

오, 사람 사는 일을 생각하면
이 땅은 눈 캄캄한 절망일 뿐
사람이여
사람이여

　　　　　　　　　　　　- 십자가

엘리 아타(Eli atta)

　히브리어로 Eli atta는 '당신은 나의 하나님이십니다'이다. 그런데 Elia ta로 하면 '엘리아, 오십시오'가 된다. '아버지가 방에'를 '아버지 가방에'로 읽는 것과 유사한 경우이다. 십자가 주변에 있었던 사람들이 예수의 외침을 엘리야를 부르는 것으로 알아들었다는 것은 바로 이 차이였을 것이다.

　십자가로 처형당하는 사람들은 통상 소리를 내지 못하고 혼절의 상태에서 죽게 된다. 그러나 예수는 두 번 큰 소리를 내시고 운명하였다. 마태는 예수의 죽음으로 성전 휘장이 찢어졌고 무덤이 열려 성인들의 몸이 살아났다고 기록했다. 이런 표현은 예수의 죽음으로 죽음의 권세가 무너졌고 예수의 죽음은 세상을 뒤집는 사건이었음을 나타낸다.

　모든 존재의 배후에 있는 사랑의 실상을 깨달았던 예수의 눈에 비친 세상과 사람들은 예수를 심히 마음 아프게 했다. 곧 돌 위에 돌 하나 남지 않고 멸망할 예루살렘을 바라보면서 눈물짓던 예수를 사람들은 비웃었다.

"예루살렘아, 예루살렘아! 예언자들을 죽이고 하나님이 보내신 사람들을 돌로 치는 자여! 암탉이 병아리를 날개 아래 모으듯이 내가 몇 번이나 네 자녀를 모으려고 하였던가? 그러나 너희는 응하지 않았다. 너희 집은 버림을 받아 황폐해질 것이다."(마 23:37-38)

예수가 못 박힌 십자가 사건은 생각할수록 놀랍고 충격적인 일이다. 역사 속에서 그 누구도 예수와 같은 충격을 세상에 주지 못했다. 그 충격으로 사람들은 깨어나게 되고 십자가의 섬광으로 영성의 새 시대가 열리게 되었다. 십자가에서 흘린 피는 여전히 살아서 인간의 영혼을 부르고 있다. 임마누엘의 예수는 지금도 지구의 무덤을 열고 자기 백성을 끌어올려 하나님 나라로 인도하고 있다.

서른세 살의 인간 예수는 한 송이 들꽃과 공중의 새 한 마리에서 하늘의 섭리를 읽어내고 공감했던 순수한 영혼이었다. 하지만 예수를 둘러싼 세월은 참으로 완고했다. 그 세월이 얼마나 힘들었을까?

예수는 로마와 유대의 권력, 그리고 우매한 민중들의 외면과 함부로 대하는 폭력 속에서 눈물을 흘리며 죽음의 장벽을 건너갔다. 그러나 오늘, 예루살렘을 향한 그리스도 예수의 비통한 기도는 이 시대의 교회를 향해 이어지고 있다. 나는 나에게 말씀하시는 예수의 음성을 눈물로 옮겨 적는다.

'그대들은 지금 나에게 무슨 짓을 하고 있는가?
이제 나를 믿는 척하는 시늉은 그만하거라.'

56장

부활 - 죽음이 죽은 사건

마태 28:1-15

　빌라도가 병사들에게 사형집행을 명령하자 병사들은 예수를 '유대인의 왕'이라고 조롱하며 희롱하기 시작했다. 그 이유는 빌라도의 주요 심문 내용이 "당신이 유대인의 왕인가?"(마 27:11)라는 질문이었기 때문이다.

　당시 주홍색은 왕의 컬러였기 때문에 로마 병사들은 예수를 '유대인의 왕'이라고 조롱하기 위해 홍포를 입혔다. 그 옷은 빌라도나 헤롯이 입었던 옷으로 추정한다. 병사들은 왕의 상징인 홍포에 어울리게 가시로 만든 왕관을 씌웠고 왕이 들고 있는 홀 대신에 갈대를 오른손에 쥐어주었다. 그리고 왕 앞에서 무릎을 꿇듯이 예수 앞에 무릎을 꿇고 '유대인의 왕 만세!' 하며 희롱하였다. 그리고 예수에게 침을 뱉으며 갈대를 빼앗아 머리를 때렸다. 유대 지방의 갈대는 한국 땅의 바람에 흔들리는 연약한 갈대가 아니라 막대기 수준으로 자라는 식물이다. 이러한 구타와 모욕이 있은 다음 십자가에 못 박으려고 끌고 나갔다.

무덤을 보러 갔다

안식일이 지난 그 이튿날 새벽 막달라 마리아와 다른 마리아는 무덤을 보러 갔다(마 28:1). 왜 그녀들은 무덤을 찾아갔을까? 여인들은 충격적인 십자가의 사건이 믿어지지 않았고 일어난 일에 대해서 다시 확인하고자 했을 것이다. 마가복음에서는 여인들이 공포에 질려 도망한 것으로 되어 있는데, 마태복음의 여인들은 무덤까지 찾아간 용기 있는 여인들로 기록하고 있다.

여인들이 무덤에 갔을 때 놀라운 광경을 목격했다. "갑자기 큰 지진이 일어나더니 주님의 천사가 하늘에서 내려와 그 돌을 굴려 내고 그 위에 앉았다. 그 천사의 모습은 찬란하게 빛났고 옷은 눈부시게 희었다."(마 28:2-3)

마태복음에서 '주님의 천사'는 예수의 탄생과 부활의 사건에 관여하고 있다. 천사는 하나님의 뜻을 말로 전했을 뿐만 아니라 적극적인 행동으로 무덤의 돌을 치웠다.

예수의 부활 - 나의 부활

천사의 모습과 활동은 부활의 신비가 오늘 나에게 어떻게 이어져야 하는지를 말씀해 주고 있다. 예수의 부활이 오해되는 것은 지구의 시간으로 이천 년 전에 있었던 예수의 부활만 강조되고, 그 부활이 나의 부활로 이어지지 못하는 데 있다. 그리하여 부활주일은 예수의 과거 부활을 기념하는 기념식처럼 되어버렸다. 또한 부활은 죽음 다음에 이루어지는 것으로만 오해되고 있다. 과거 이천 년 전의 부활, 죽은 다음의 미래 부활만 있다면 부활의 복음은 '지금 여기'에 설 자리가 사라진다. 현재가 없다면 과거도 미래도 무의미해진다.

"내가 특히 강조해 둔다. 누구든지 내가 전하는 말을 듣고 나를 보내신 하나님을 믿는 사람은 영원한 생명을 얻을 것이다. 그는 결코 심판을 받지 않는다. 그는 이미 죽음의 세계에서 벗어나 생명의 세계로 들어선 것이다. 내가 분명히 말한다. 때가 오면 죽은 자들이 하나님의 아들인 내 음성을 듣게 될 터인데, 지금이 바로 그때이므로 듣는 사람들은 살 것이다. 그것은 자기 안에 생명을 가지신 아버지께서 아들에게도 그 안에 생명을 갖게 하셨기 때문이다."(요 5:24-26)

"하나님의 자녀들인 우리는 피와 살을 가진 인간입니다. 예수께서도 피와 살을 가진 인간의 모습으로 나셨습니다. 그것은 자신의 죽음을 통해서 죽음이 권세를 가진 악마의 세력을 쳐부수기 위한 것입니다. 이것만이 죽음을 두려워하여 평생토록 공포의 노예가 되어 있는 인간들을 구원해 낼 수 있기 때문입니다."(히 2:14-15)

나는 히브리서의 말씀이 이 시대의 그리스도인들의 가슴속에 새롭게 새겨져야 할 말씀이라고 생각한다. 히브리서는 위대한 믿음으로 죽음을 통과한 선배들의 생애를 본보기로 들면서 그들의 한결같은 인내와 믿음을 본받으라고 권고하고 있다. 지금 나와 상관없는 부활, 아무런 힘도 되지 못하는 부활이라면 과연 예수의 부활은 어떤 의미가 있는 것일까? 죽은 자를 죽은 자들이 장례식을 하는 세상을 향해 예수는 지금 여기의 부활을 특별하게 강조하고 있다. 하나님의 생명, 하나님의 다스림이 없다면 그는 죽은 자이다.

'내가 세상 끝날까지 너희와 항상 함께 있겠다' 하신 말씀처럼 부활하신 예수는 언제나 우리와 함께 임마누엘의 주님으로 계신다. 일상의 삶, 생활 현장에서 임마누엘의 믿음으로 살아가는 사람들은 항상 지금 여기에서 일어나는 부활이 무엇인지를 알게 된다. 지금 여기에서 존재의 부활, 삶의 부활을 경험해 간다. **부활은 죽음으로부터의 자유이다. 에고의 그림자를 완전히 벗어버림으로써 내가 나로부터 벗어난 자유이다. 삶과 죽음이 하나로 만나고 통하는 자유이다.**

그 부활의 삶으로 가는 첫 단계가 무덤의 돌을 치우는 일이다. 그렇다면 그 돌은 구체적으로 무엇인가? 나는 그 물음의 해답을 '성격'에서 찾았다.

인간 의식의 무덤 - 성격(가면)

인간 존재의 중심은 머리의 이성과 가슴의 감성과 배로 상징하는 행동(의지)의 세 가지 에너지 센터가 영혼의 축으로 정렬이 되는 데 있다. 인간의 고통은 각자의 에너지 센터의 중심이 무너진 데서 발생한다. 예를 들어 담배를 끊겠다고 결심한 사람이 삼일도 못 참고 다시 담배를 피우는 경우가 있다. 그때 그의 머릿속에서는 담배를 끊는다고 했지 않느냐라고 질책한다. 그러나 몸은 습관을 이기지 못하고 여전히 담배를 피우고 있다.

머리와 배의 에너지 충돌이 일어날 때 가슴은 행복할 수 없다. 이렇게 되면 팽이 밑의 중심 자리에 구슬이 세 개인 현상이 나타나 회전력을 잃어버리게 된다. 자기 발에 꼬여 스스로 넘어지게 된다. 육에 속한 사람의 현실은 여기에 뿌리를 두고 있다. 바로 이 요인의 특성을 분류한 것이 성격이다.

성격(Personality)의 앞부분 페르소나(persona)는 원래 연극 무대에서 '가면의 입을 통해서 나오는 소리'에서 유래한 라틴어인데 요즘에는 가면의 뜻으로 사용하고 있다. 인간은 나가 아닌 가면을 나로 알고 살아가고 있다. 그 가면은 나가 아닌 것들을 나와 동일시하는 정신착란을 일으킨다. 생각, 기분, 사회적 직함, 소유한 물건의 상표 등을 자기 자신과 동일시하고 있다. '나로서의 나(I AM)'가 없기 때문에 순간마다 돌변하면서 살아가고 있다.

그 무엇들이 아닌 나로서의 나를 깨닫는 것은 복음의 핵심을 이해하는 중요한 주제이다. 또한 살아서 부활을 경험한다는 것이 무엇인지를 구체적으로 이해하게 한다. 이 문제의 해결 없이는 영성과 신성의 차원에 들어설 수 없다.

복음서를 읽을 때마다 가슴을 뜨겁게 하는 것은 자신의 중심과 소명에 대한 확신으로 살아가신 예수의 태도이다. 예수의 하나님은 모세가 시내산에서 만났던 '나는 그 무엇이 아닌 나(I AM)'라고 하는 신이었다. 예수의 존재 중심에는 'I AM'으로서의 '나'가 분명하다. 부활의 세계로 들어가는 문은 'I AM'이다. 나 아닌 것들을 나로 아는 우상의 세계를 벗어나는 일이다.

예수는 빌라도의 법정에서 그 무엇이 아닌 '나로서의 나'를 선언하고 골고다의 길을 갔다. 또한 예수는 자신이 이 세상에 온 소명에 대한 확고부동한 믿음의 태도를 보여주었다.

"너희는 가서 다음과 같은 말씀이 무슨 뜻인지를 배우라. '내가 바라는 것은 제물이 아니라 사랑이다.[71] 나는 스스로 의인이라 칭하는 사람을 부르러 온 것이 아니라 죄 많은 사람들을 하나님께로 돌아오게 하려고 이 세상에 온 것이다."(마 9:13)

죄(罪, 罒 그물 망, 非 아닐 비)는 그물을 뒤집어쓰고 있는 형상으로 조이고 묶여있어 인간 구실을 할 수 없는 상태를 나타낸다. 그리하여 존재의 중심과 삶의 목표를 알지 못하고 살아감을 뜻한다. 예수는 '나(I AM)는 이스라엘의 잃어버린 양을 찾으러 왔다'라고 말씀했다(마 15:24). '잃어버린(apollumi)'은 손상 또는 훼손이라는 뜻도 있다. 죄로 인해 날개가 상처 입고 부러진 새와 같은 상태의 사람들을 회복시켜 자신의 하늘을 날아갈 수 있도록 하겠다는 말씀이다.

인간은 무한히 존귀한 존재이지만 혼란에 빠져 있다. 머릿속에는 알 수 없는 미래에 대한 공포와 죽음에 대한 두려움이 가득 차 있고, 가슴속에는 남과의 비교 의식에 의한 질투와 선망이 지배하고 있다. 또한 그의 뱃속에 가득 찬 재물에 대한 집착에 시달리고 있다.

성격은 깨어나기 전까지는 그 사람의 전부이다. 성격이 바로 그 사람이다. 인간은 모두 성격이라고 하는 인간 의식의 가면이 있다. 인간은 자신을 기만하는 가면을 쓴 채 그 가면을 나로 알고 살아

---

71)   호세아 6:6

가고 있다. 자신의 소중한 자원과 에너지를 가면을 만들고 유지하는 데 사용하고 있다.

인간의 삶이 존귀한 이유

내가 나로 깨어나면 성격의 자아 안에 더 이상 머무를 수 없다. 사람들의 평가와 평판에 전전긍긍하지 않는다. 예수의 거듭남에 대한 가르침은 자신을 쓰레기통으로 사용하는 삶에서 보물창고로의 변화를 촉구하고 있다. **그것은 머리에는 황금빛 지혜를, 가슴에는 샘처럼 솟아나는 사랑을, 배에는 강력한 존재의 믿힘을 바로 세우는 일이다. 그리스도 의식으로 깨어나기 위해서는 하나님의 권능과 그리스도의 지혜와 성령의 사랑이 삼위일체의 균형으로 나에게 이루어질 때 가능하다.**

가면의 실체를 이해하는 것은 내 안의 신성한 빛을 드러내고자 함이다. 그것은 참의 빛이 나를 통해 나타나는 일이다. 이 빛이 우리의 눈을 뜨게 하고 나의 머리, 배, 가슴에서 일어나는 작용들을 그대로 바라보게 한다. 이때 나를 평화롭게 하는 지혜와 사랑과 힘의 조건들이 꽃처럼 피어난다.

인간관계의 지혜는 나의 눈으로 나를 보는 것이 아니라 상대의 눈으로 나를 보는 데 있다. 신앙의 지혜는 예수의 눈으로 나를 바라보고자 하는 데 있다. 이 눈이 멀게 되면 거짓이 참으로 둔갑하게 되고 삶이 시들게 된다. 아직 오지도 않은 미래의 일까지 걱정을 찍어내며 살아가게 된다.

거짓은 인간 고통의 원인이다. 거짓에는 대가가 있다. 우리 눈을 어둡게 하여 인간 본성의 순수함을 빼앗아 간다. 더 큰 문제는 하나님이 우리 안에 주신 신성한 불꽃을 꺼버리게 한다. 이 불꽃이 꺼질 때 나의 생명과 몸은 위험에 빠지게 된다. 그것은 걱정과 염려의 강력한 에너지 베일(13장 참조)에 휩싸이게 되기 때문이다.

삶은 물질로부터 시작해서 신성을 향해 나아간다. 하나의 세포로부터 몸을 입은 존재가 되고, 육체 의식으로부터 영적 자각과 신성에 이르기까지 인간은 이 땅에서 성장과 성숙의 길을 경험해 간다. 인간으로서의 '나'가 지금 여기에 있기까지 우주의 나이가 시작된 빅뱅(대폭발, Big Bang) 이후 138억 년의 멀고 먼 여정이 있었다. 우주가 시작된 이래 인간은 동물의 단계를 지나 신성의 문턱에 와 있다. 인간의 몸과 삶이 존귀한 이유가 여기에 있다.

> 지구의 가장 높은 봉우리에
> 내가 만나야 할 내가 있다
> 그곳에서 손짓하는 나를
> 만나러 가는 길은
> 가장 위험하고 머나먼 길
> 우리는 그 길을 함께 가고
> 함께 오르는 사람들이다
> 우리는 지상에 함께 키환한 별
> 바람의 소리에 춤을 추고
> 노래하고
> 시간의 강물 위에서 피어나는

만물들에게 미소를 보낸다
가을 강물 속에 내려와 있는
하늘을 바라보듯
우리는 여기에서 서로의 하늘을
함께 바라보고 있다
나의 나
너의 너로

- 봉우리

지구에 보냄 받은 목적

가면의 정체를 알고 가면을 벗은 사람은 누구와도 친구가 될 수 있다. 인간뿐만 아니라 공중의 새와 들의 백합과도 친구가 된다. 새는 스스로 새이고 백합은 어디에서 피어나건 백합이다. **새와 백합은 가장 자기다운 '나'의 화신이다. 예수는 자유로운 공중의 새요, 향기 나는 들의 백합이었다. 어떤 차원의 공간에 있건 지금 여기에서 하나님과 함께 계셨다.** 예수는 하나님을 아빠 아버지라고 불렀고 이 우주를 향유하는 삶을 살아내셨다. 우리도 그리스도와 함께 바람도 되고 구름도 되고 파도와 바다도 될 수 있고 만물과 함께 춤출 수 있다.

이런 일이 가능하려면 가면을 나로 아는 착각에서 벗어나야 한다. 가면을 벗은 자유인은 가면을 자기로 알고 속아 사는 사람들의 가면을 벗겨 주는 일을 하게 된다. 이것이야말로 복된 자비행이고 우리가 지구에 보냄을 받은 목적이다.

나를 짓누르고 가로막고 방해하고 있는 무덤의 돌은 무엇인가? 애벌레가 고치 속에서 나비가 되면 그동안 자신을 보호해준 고치에서 벗어나야 한다. 너무나도 익숙한 고치 안의 세상을 벗어나 더 큰 세상으로 새롭게 태어나야 한다. 그렇지 못할 때 나비는 자신이 날아야 할 하늘이 무엇인지조차 알지 못하고 죽게 된다.

인류의 비극은 고치로 비유할 수 있는 세상에서 깨어나지 못한 채 죽어가는 것이다. 자신의 소명을 알지 못하고 삶을 마감하는 것이다. 이런 관점에서 내가 가장 나다운 나로 살아갈 수 있는 길이 무엇인가를 예수의 십자가와 부활 사건은 보여주고 있다.

무덤의 돌을 치워버린 사람

예수의 **부활은 인류가 절대적으로 피할 수 없다고 믿어온 죽음이 죽은 사건이다.** 부활로 인해 죽음의 절대성은 상대성으로 바뀌었다. 부활은 우리에게 사망과 생명, 그 어느 쪽을 이 지구에서 살아있는 동안 선택해야 할 과제임을 제시한다. 죽음을 두려워하거나 피하지 않고 죽음 속으로 들어선 예수는 죽음의 알이 깨어진 자리에서 삶이 제대로 깨어난다는 사실을 증명하였다. 우리는 죽음을 선택했던 예수를 통해 그리스도 예수의 마음을 품을 수 있게 되었다(빌 2:5-6). 에고의 무덤을 열고 나와 돌이 치워진 부활의 삶을 살게 되었다.

자기 무덤의 돌이 치워진 사람들은 예수께서 그러하셨듯이 두려움을 넘어설 수 있다. 어디를 가든지 아빠 하나님의 보호하심이 있으리라는 절대적인 확신이 있다. 부활의 삶을 사는 사람은 어떤 위협도 권위도 두려워하지 않는다. 그는 결핍 의식에 시달리지 않고 넘치는 감사로 하나님을 찬양한다. 바로 이런 사람들이 살아있는 부활의 사람들이다.

인간이 도달할 수 있는 가장 높은 지성을 뛰어넘어 계시는 하나님과 접촉을 한 사람들은 고차원의 생명 의식, 곧 부활의 생명에 도달한다는 것을 보여주었다. 그리스도 안에 계신 하나님은 우리 각자 안에도 계신다. 생명이 올라오는 봄날의 산천들이 우주적 생명으로 꽉 차 있듯이 내 안에 계신 하나님을 나타내고 구현하여 자신의 잠재적 가능성을 제대로 발휘하는 사람이 참사람이요 그리스도인이다.

지금 나를 누르고 있는 돌문을 치워 주시기를 기도하자. 내 안의 쓰라림과 회한의 바위를 걷어내고 부활의 새 생명이 움터 올라오도록 하자. 망설이는 일이 있다면 즉시 실행해보자. 단단하고 무거운 흙덩이를 뚫고 올라오는 순들처럼 여리지만 강력한 능력을 발휘해 보자.

경각산에 봄이 오면
씨앗 속의 하늘이 너도 나도
꽃으로 피어나지요
그대도 이봄을 만나면
기다리던 그대의 하늘이
꽃처럼 열리겠지요
봄날에
이승의 산천들이 꽃밭이 되듯
사람들 모두 꽃이 되는 날

난 그런 새봄을
꿈꾸고 있지요

- 경각산의 봄

　마태복음에 새겨진 예수의 숨결

57장

그리스도인으로 산다는 것

마태 28:16-20

이제 마태복음의 마지막 결말에 도달했다. 마태복음은 예수의 도전적인 가르침이 기록되어 있다. 4라고 하는 숫자로 상징되는 안정된 질서를 깨뜨려 5의 신세계로 탈출하게 하는 예수의 말씀은 견고한 율법의 문자적 윤리를 뛰어넘어 인류에게 자기 감옥을 깨고 나가는 완전의 윤리를 제시하고 있다. 그 윤리는 구체적 결단과 행동을 요구한다.

분열로 인한 적대감이 소용돌이치는 세계 속에서 인류가 지향해야 할 윤리적 가치의 핵심은 조건 없는 사랑과 용서를 통한 화해이다. 지구환경이 위기에 처할수록 공동체와 개인이 살아남을 수 있는 방법은 서로 싸우지 않고 상생을 도모할 수 있는 용서와 화해의 태도이다. 교회는 바로 이 용서와 화해를 연습하고 배우는 도장이어야 한다.

임마누엘 - 삶의 열쇠

마태는 유대인으로서의 예수를 말하고 있다. 그 이유는 예수가 구약성서에서 언급하는 인간과 하나님과의 계약을 성취한 인물이기 때문이다. 마태에게 있어 이스라엘은 하나님과의 약속이 여전히 유효한 백성이다. 그는 유대인들이 예수에 대한 오해를 풀고 예수를 영접하기를 원했다. 마태복음의 일차적인 목적은 여기에 있다. 마태복음의 중심 주제는 모든 인간은 하늘 아버지의 자녀로서 형제자매이기 때문에 아버지를 알고 그분을 신뢰하는 믿음이 중요하다는 데 있다. 이 믿음이 인간의 원초적 두려움과 결핍의식을 극복하게 한다.

이런 관점에서 마태는 예수가 하나님 아버지를 얼마나 신뢰하면서 사셨던 분인가를 구체적으로 전하고 있다. 짐승의 밥그릇인 구유에서 시작되어 십자가에서 마감한 쓰라린 생애 동안, 어떤 상황에서도 하늘 아버지를 향한 믿음의 끈을 놓지 않았던 삶을 전해주고 있다.

마태는 인생을 살아가면서 원죄처럼 뿌리내린 두려움에 떨지 말고 예수처럼 아버지에 대한 신뢰에 뿌리를 두고 살아가라고 강조한다. 마태가 전하는 예수의 삶은 '하나님께서 우리와 함께 계신다'라는 임마누엘의 믿음이다. 우리는 무엇보다 지금 여기에서 임마누엘의 하나님과 함께 있음을 알아차려야 한다. 지구에서의 삶을 잘 건너가게 하는 징검돌이 임마누엘의 믿음이다. 이 임마누엘의 믿음이 삶의 열쇠이다.

임마누엘은 내가 지금 이 순간 '예수 안에서 예수와 함께' 있음을 확증한다. 이때 우리는 내가 눈을 뜬 자이며 진정으로 살아있는 자라는 사실을 자각한다. 성서의 말씀은 눈을 뜬 자에게 주어지는 선물이다. 글을 모르는 문맹인도 두 눈 뜨고 책을 보고 있을 수는 있다. 그는 책을 거꾸로 잡고 있으면서도 책을 읽고 있다고 착각한다. 이것은 두려운 진실이고 사실이다. 말씀을 읽을 수 있는 눈이 열리고 들을 수 있는 귀가 열린 사람이 그리스도인이다. 그렇다면 내가 지금 예수 안에 있는가 아니면 밖에 있는가 하는 물음에 답이 될 것이다.

마태복음 1장에서의 아기 예수는 28장에서 임마누엘의 주님으로 완성되었다. 그 덕분에 나는 시공을 초월하여 계시는 임마누엘의 하나님과 여기에 있다.

교회 - 세상을 초대하는 곳

마태복음의 마지막 메시지는 부활하신 예수는 우리 곁에서 우리와 함께 계시고, 우리가 가야 할 길을 우리와 함께 가신다고 말씀하고 있다. 교회는 부활의 새 소식을 세상에 전해야 한다. **교회는 부활하신 예수를 독점하는 곳이 아니다. 교회는 세상 끝까지 모든 사람을 예수의 제자로 삼고 세례를 주기 위하여 제자들을 온 세상에 파견해야 한다.**

최근의 통계는 기독교 인구의 급격한 감소를 보여주고 있다. 그러나 한편에서는 '가나안' 신자들이 급증하고 있다. 믿음이 있으면서도 교회에 출석하지 않는 '안 나가' 신자를 '가나안' 신자라고 부른다. 교회는 바로 그런 사람들을 향해 눈을 돌려야 한다. 그리고 예수를 알고자 하는 사람들에게 누구에게든지 복음을 전할 수 있는 실력을 길러야 한다.

세관원 마태는 예수의 부름에 응답한 사람으로서 예수를 직접 체험한 사람이었다. 그는 예수를 통해 하나님을 향한 무한 신뢰를 배웠고 하나님의 자녀가 된다는 것은 자유의 체험이라는 것을 체득했다. 신분과 계급과 성별을 초월하여 인간 그 안에 깃들어 있는 신의 형상으로서의 절대성을 존중하는 예수를 그는 배웠다.

마태가 만난 그리스도 예수는 모든 인간을 가슴에 품는 스승이었다. 그 가슴에서 새로운 공동체로서 교회가 출현하게 되었다. 오늘의 현실에서 교회의 모습은 교회의 원형에 비추어 본다면 아직도 아득하게 먼 실정이다. 그것은 집 나간 아들이 아버지에게 돌아가는 근본 경험(He came to himself), 곧 거듭남에 신앙의 뿌리를 두지 않기 때문일 것이다. 그럼에도 불구하고 온갖 우여곡절을 겪어가면서 때가 차면 장성한 믿음의 분량에 도달하게 될 것이고 세계사 속에서 주어진 한국교회의 사명을 감당하게 될 것이다.

예수는 자기 십자가를 지고 나를 따르라고 말씀했다. 각자가 져야 할 십자가는 일차적으로 각자의 에고이다. **육적 본성의 에고는 부활의 삶으로 깨어나게 하는 고치 역할을 한다. 우리는 에고를 이해하고 넘어서는 자기 수련과 수행이 필요하다. 바로 여기에 그리스도인이기 때문에 마구잡이로 살 수 없는 특별함이 있다.**

사람을 성장시키는 것은 외부로부터 들어오는 에너지이다. 신성한 의식으로서의 예수의 말씀은 우리의 잠재적 자원들을 깨어나게 하고 의식을 성장시킨다. 그리고 삶으로부터 깨어나 삶으로부터 떠오르게 한다. 모든 가능성에 도전할 수 있는 힘을 가지고 이 세상을 기죽지 않고 살아가게 한다.

삶의 변화란 예전 같으면 심각하고 긴장했을 만한 일들이나 인간관계에 대해 가벼워지고, 순간마다 찾아오는 삶의 조건들에 대해 깨어서 인식하게 되는 것이다. 호기심이 가득한 어린아이처럼 자연의 아름다움에 더 깊이 눈이 열리고, 식탐이 줄어들어 마구 먹지 않고, 홀로 있어도 충만한 기쁨을 누리는 것이다.

예수를 어디에서 찾고 있는가?

천사는 부활하신 예수를 무덤에서 찾지 말고 갈릴리로 가라고 했다. 예수는 최후의 만찬에서 "그러나 내가 다시 살아난 뒤에는 너희보다 먼저 갈릴리로 갈 것이다"(마 26:32)라고 말씀했다. 갈릴리는 예수 운동의 근거지였다. 복음 전파의 시발지요 중심지였다(행 10:37). 공생애 기간뿐만 아니라 부활 이후에도 예수의 주 활동은 갈릴리에서 이루어졌고 승천의 장소도 갈릴리였다(행 1:10-11).

갈릴리는 예루살렘과 먼 곳이고 갈릴리에서 무슨 선한 것이 나오겠느냐고 말할 만큼 상대적으로 소외되고 멸시받는 땅이었다. 그러나 갈릴리는 부활하신 예수로 인해 생명 운동의 진원지가 되었다. 나사렛 예수는 갈릴리 사람이었다. 이스라엘은 예루살렘에서 멸망했지만 온 인류를 한 수레에 태우는 영적 이스라엘은 갈릴리에서 시작되었다. 잘린 나무에서 나온 새싹(사 11:1)은 나사렛 동네의 예수에게서 시작되었다. "이새의 그루터기에서 햇순이 나오고 그 뿌리에서 새싹이 돋아난다."(사 11:1-9 참조)

마태복음에서 '나사렛 사람'이란 말은 메시아와 동의어라고 볼 수 있다. 예수를 메시아로 부르고 그분의 길을 함께 가는 제자들 역시 나사렛 사람이라 불렀다. 오늘날에도 그리스도인의 영적 뿌리는 예루살렘이 아니라 갈릴리의 나사렛이다. 예수는 멸시받는 사람들을 먼저 찾아가야 한다고 말씀하신다. 교회가 갈릴리를 잃어버릴 때

복음은 생명력을 잃어버리고, 그것은 '나(I AM)'를 잃어버리는 결과를 초래한다고 말씀하신다. 이 시점에서 우리는 왜 예수를 예루살렘 예수라 하지 않고 나사렛 예수라 부르는지 숙고해야 한다.

나 자신이 나의 미래이다

우리는 무엇보다 먼저 자기 자신을 사랑하고 주어진 삶을 사랑할 줄 알아야 한다. 그런 사람들이 기쁨의 세계인 하나님의 나라를 유업으로 받게 된다. 침묵과 고요 속에서 거룩한 영을 구하는 자들에게 신성의 문이 열리게 된다.

나는 세관에서 예수의 부름에 즉각적으로 응답했던 결단과 행동의 사람 마태를 통해 지금 나 자신이 나의 미래를 만들어내고 있다는 사실을 더 깊이 실감한다. **마태가 예수의 부름에 응하지 않았다면 그는 나와 아무런 상관이 없었을 것이다. 알고 보면 지금 이 순간은 예수의 부름에 응답하는 긴박한 순간이다. 지금 이 순간이야말로 내 인생의 마지막 순간이며 가장 특별한 시간이다.**

예수는 삶을 통해 우리에게 말씀하셨고 지금도 말씀하고 계신다. 삶은 상상이 아니라 지금 여기에서의 현실이다. 목이 마를 때 상상 속의 물을 찾지 말고 물을 찾아 직접 마시는 것이 삶이다. 내 안의 샘물을 이웃과 넉넉하게 나누는 삶이 그리스도인의 소명이다. 바로 이 사실을 기억하는 자들에게 마태는 마지막 이 말씀을 선물처럼 주고 있다.

"내가 세상 끝날까지 항상 너희와 함께 있겠다."(마 28:20)

참고문헌

가스펠서브, 교회용어사전, 생명의말씀사, 2013.

그랜드 종합주석, 성서교재간행사, 1992.

김광수, 한국기독교전래사, 기독교문사, 1974.

김태항, 카발라의 신비열쇠, 하모니, 2009.

남북한 병행성경, 문광서원, 2021.

류영모, 다석 마지막 강의: 육성으로 듣는 동서회통의 종교 사상, 교양인, 2010.

류영모, 박영호, 다석어록-죽음에 생명을 철망에 희망을, 홍익재, 1993.

미타 마사히로, 그노시스: 신의 카드를 뒤집은 인간, 서두환 역, 다른세상, 2007.

민남현, 성 바오로 사도의 신학과 영성, 바오로 딸, 2019.

송혜경, 영지주의, 한남성서연구소, 2014.

안셀름 그륀, 예수, 구원의 스승, 이성우 역, 분도출판사, 2004.

오윤태, 한국기독교사(한국경교사편), 혜선문화사, 1973.

원어연구해설, 벧엘성서간행사, 1986.

이병창,　　나의 하느님이 물에 젖고 있다, 미래문화사, 1997.

　　　　　메리 붓다마스, 침묵의향기, 2007.

　　　　　심봉사 예수, 보민출판사, 2016.

하마터면, , 2022.

에니어그램을 넘어 데카그램으로, 정신세계사, 2011.

이영헌, 로마서 강해, 바오로 딸, 2016.

장석렬, 성서 속의 윤회와 환생, 청진, 2011.

최상한, 불국사에서 만난 예수, 돌베개, 2012.

한국민족문화대백과사전, 한국정신문화연구원, 1991.

현대어 성경 개정판, 성서원, 2013.

Bible Hub

Franz Carl Andres, Annemarie Schimmel, 수의 신비와 마법, 고려원 미디어, 1996.

Louis Fischer, The Essential Gandhi, Published by Vintage, 2002.

Marc-Alain Quaknin, 수의 신비, 살림, 2006.

Origen, Cavadini, John C.(FRW), De Lubac, Henri(INT) 저자(글), On First Princi-
ples, Christian Classics, 2013.

Origen, On First Principles, G.W. Butterworth 번역, Gloucester, Mass:Peter Smith,
1973.

Rowan A. Geer, trans. Origen, New York: Paulist Press, 1979.

W. Scott Palmer 편집, The confessions of Jacob Boehme, Harper & Brother, 1954.

富山昌德, 日本史 중의 佛敎와 景敎, 東京大出版會, 1969.